8가지 실습으로 완성하는 블로그 자동화

만들면서 배우는

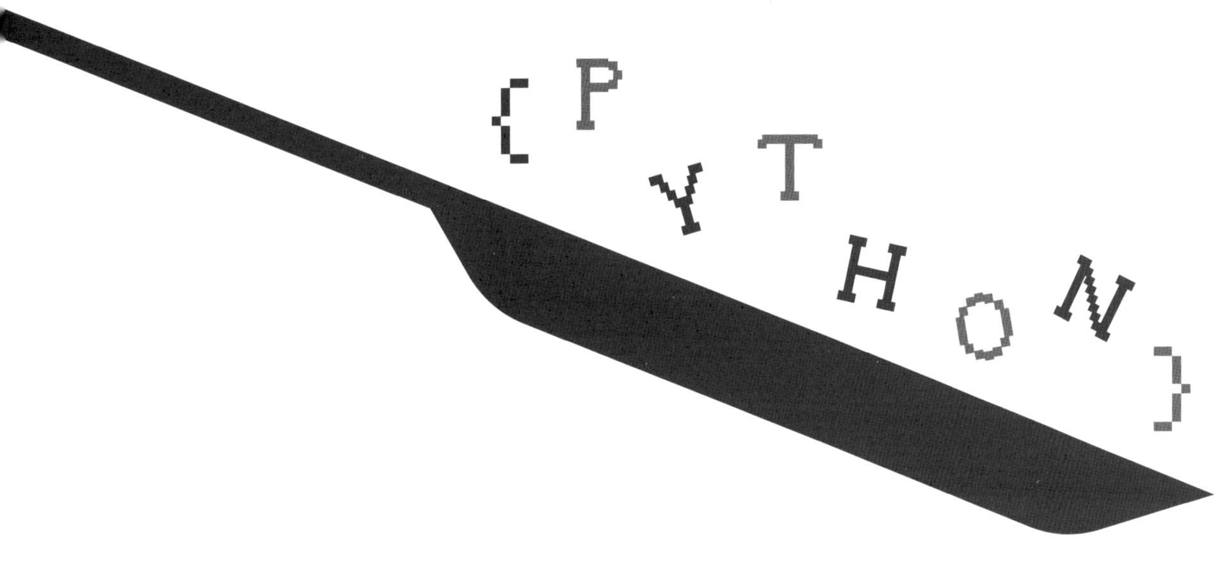

파이썬 프로젝트

윤성필 지음

8가지 실습으로 완성하는 블로그 자동화

만들면서 배우는

파이썬 프로젝트

서문

《만들면서 배우는 파이썬 프로젝트》는 사람들이 파이썬과 코딩을 배우다가 포기하는 행동을 개선해보고자 펴냈습니다. 저도 대학 시절 C 언어를 배웠지만 흥미를 붙이지 못하고 포기한 경험이 있습니다. 당시 수업은 실제 프로그램 설계가 아닌, 문법 규칙을 위주로 가르쳤고 암기하는 데 많은 시간을 할애하였습니다. 그렇지만 실전 영어를 위해 영문법을 달달 외우는 것 같아 연산자, 제어문, 함수를 활용하기 전에 금방 지루해졌습니다. 흥미를 갖지 못하니 수업만 들으면 하품이 나와 좋지 못한 성적으로 C 언어 수업을 마무리하였습니다. 그랬던 제가 블로그 운영을 자동화해보겠다는 결심 하나로 파이썬 공부를 시작하였고 마침내 스스로 실용적인 프로그램을 만들 수 있었습니다.

코딩에 관심이 없던 제가 어떻게 프로그램까지 만들 수 있었을까요? 바로 코딩 학습에 확고한 목적이 있었기 때문입니다. 그래서 C 언어는 쉬이 다가가기 어려웠고, 파이썬은 즐겁게 공부할 수 있었습니다. 이유가 막연하면 배움을 지속하기 어려워집니다. 소소하더라도 자신만의 동기가 있어야 지치지 않고 처음과 같은 마음으로 목표를 향해 끝까지 나아갈 수 있습니다.

여러분도 '머릿속에만 있던 아이디어를 끄집어내 프로그램으로 구현해 보겠다!'라는 목표를 갖고 다시 한번 파이썬에 한 발짝 다가가길 바랍니다. 유용한 프로젝트를 설계한다는 넓은 관점에서 그간 배운 개념을 어떻게 활용할지 충분히 고민하면서 접근하면 좋겠습니다. 책의 취지가 코드 한 줄 한 줄의 의미를 파악하는 것이 아니기에 기초적인 설명은 과감히 지양하였습니다. 다만 학습 효율을 위해 각 장에서 필요한 개념은 '사전 지식 정리하기' 단계에 넣어 두었습니다. 처음에는 개념을 외우려 하지 말고 가볍게 이해만 한 뒤 넘어가길 권하며, 직접 실습으로 개념을 익히길 바랍니다.

지금은 궁금한 점이 생기면 바로 포털 사이트를 찾아보거나, 새로이 출시되는 AI를 활용하여 원하는 답을 쉽게 얻을 수 있습니다. 동시에 코딩으로 업무와 일상 생활이 좀 더 편리해지기 위해 배우는 분들이 많아지고 있습니다. 이 가운데 우리는 '진정한 학습'을 소홀히 해서는 안 됩니다. 너무 쉽게 얻은 내용은 금방 휘발되니 조금 고생하더라도 몸소 체득하는 과정은 중요합니다. 기본 개념을 조합하여 어떻게 원하는 형태로 구현할지 생각하는 시간을 갖는 것은 아주 좋은 훈련이 될 것입니다.

책 읽는 방법

1. 각 단계를 그대로 따라서 두세 번 실습해 보고 다시 사전 지식 정리 파트를 숙지합니다.
2. 장 마지막에 있는 과제를 실습해 보기 전 설계 순서를 어떻게 나누어야 할지 나름대로 생각해봅니다.
3. 실습과 과제가 어느 정도 익숙해졌다면 아이디어를 하나둘 붙여서 나만의 프로그램으로 발전시킵니다. 단, 처음에는 거창한 목표보다 실습에서 뻗어나갈 수 있는 정도의 목표를 세우고 차근차근 시작해봅시다.

저자 소개

직장 생활만으로는 큰 소득을 마련하기 어렵다고 판단하여 블로그 운영에 관심을 갖고, 비교적 안정적으로 수익 창출이 가능하다고 알려졌던 워드프레스 운영에 도전하였다. 하지만 초기에는 수익이 낮고 유입률 대비 반복 작업이 상당히 많았다. 그래서 작업을 자동화할 수 있는 방안은 없을까 고민하다가 파이썬을 접하게 되었다.

다양한 자동화 툴을 만들면서 혼자만 사용하기 아쉬워 네이버 카페 '블로그 운영을 똑똑하게 하는 사람들'을 개설하였고, 회원의 요청으로 자동 포스팅 프로그램 제작에 이르렀다. 자동 포스팅 프로그램과 여러 블로그 운영을 도와주는 자동화 툴을 제공하면서 회원들의 서로 다른 니즈를 알게 되었다. 따라서 프로그램을 일방적으로 배포하기보다 개인의 목적에 맞는 프로그램을 스스로 만들 수 있도록 프로그램을 만드는 방법을 교육하기로 결심하였다.

'파이썬으로 나만의 블로그 자동화 프로그램 만들기' 강의를 개설하였고 일상생활을 하면서 블로그 관리를 하고 싶은 사람들의 호응을 받고 있다. 더불어 네이버 카페 '파이썬으로 블로그 자동화 마스터하는 사람들(파자마)'을 추가로 개설하여 파이썬 학습을 도와주고 있다. 앞으로도 사람들이 파이썬을 더 쉽고 재미있게 학습하여 현장에서 활용할 수 있도록 교육 콘텐츠를 확장해나갈 것이다.

유튜브	**파이썬Master** youtube.com/@pythonnblog
카페	**블로그 똑똑하게 하는 사람들(블똑사)** cafe.naver.com/cookiehouse1 **파이썬으로 블로그 자동화 마스터하는 사람들(파자마)** cafe.naver.com/clsrn555
인프런	inf.run/2UKLp
크몽	kmong.com/gig/664218

추천사

많은 분들이 블로그를 시작할 때 어떻게 블로그를 키울 수 있는지 모르겠다는 질문을 하며 막막해합니다. 그럴 때 《만들면서 배우는 파이썬 프로젝트》를 권하고 싶습니다. 오늘날 파이썬은 '생산성을 위한 필수 도구'로 자리잡아 자동화 시스템을 만드는 데도 큰 도움이 되기 때문입니다.

파이썬을 처음 공부한 뒤 막상 실용적으로 활용하려고 하면 과정이 복잡해져서 파이썬을 금방 포기하게 됩니다. 하지만 이 책은 단계별 가이드에 맞는 예시 코드가 자세하게 나와 있어 따라하기만 한다면 큰 어려움 없이 프로그램을 구현해볼 수 있습니다. 특히 장의 마지막에 있는 과제로 실전 감각을 키울 수 있습니다. 가장 큰 묘미는 자동화 프로그램을 만듦으로써 시간을 단축한다는 점입니다. 《만들면서 배우는 파이썬 프로젝트》를 읽으며 블로그 관리에 자신감도 얻고, 나아가 반복 작업에 묶여 있던 시간을 과감히 덜어내 보시기 바랍니다.

박덕훈 튜브웍스 대표

정보 교과를 가르치다 보면 문법은 익혔지만 정작 무엇을 만들어야 할지 몰라 막막해하는 학생들을 자주 만납니다. 《만들면서 배우는 파이썬 프로젝트》는 이들에게 단순한 코딩 연습을 넘어 문제를 정의하고 해결하는 소프트웨어 개발의 정석을 안내해줍니다.

우선 코드를 바로 작성하기보다 첫 번째 설계 순서 수립하기 단계를 통해 실전에서 컴퓨팅 사고력을 훈련시킵니다. 논리적으로 복잡한 문제를 분해하고 구조화하는 과정은 막연한 아이디어를 구체적인 알고리즘으로 변환하는 능력을 길러줍니다. 또한 Qt Designer를 활용한 GUI 프로그래밍을 도입하여 검은 콘솔 창을 벗어나 실제 소프트웨어를 구현하는 경험을 제공합니다. 더불어 개발 과정에서 필연적으로 마주하는 다양한 오류 상황을 미리 짚어주고 예외 처리 방법을 상세히 안내하여 실패를 두려워하지 않는 단단한 개발자로 성장하도록 돕습니다.

단순한 이론 학습을 넘어 실전 프로젝트의 즐거움을 깨닫게 해줄 《만들면서 배우는 파이썬 프로젝트》는 파이썬이라는 도구로 무엇을 어떻게 만들면 좋을지 알려주는 훌륭한 멘토입니다.

송승훈 환서중학교 정보 교사

추천사

경험 많은 사업가들은 반복 노동보다 시스템 자동화가 훨씬 큰 효율을 안겨준다는 사실을 알고 있을 것입니다. 또한 오늘날 작업을 간소화하게 해주는 기술이 많이 나왔지만, 그중 파이썬은 범용성이 높고 수고를 덜어주는 대표적인 프로그래밍 언어로 다양한 분야에서 쓰입니다.

따라서 파이썬을 기반으로 한 자동화 프로그램의 작동 방식을 한 번 배워놓으면 또 다른 자본(프로그램)으로 노동(시간)을 최소화할 수 있을 것입니다. 지금껏 디지털 노마드가 아닌 디지털 노가다로 온라인 창업을 하는 분들은 선택이 아닌 필수로 이 책을 활용하길 바랍니다.

이시혁 하이프미디어 대표

파이썬의 실력을 한 단계 더 성장하고 싶은 분들에게 큰 도움이 되는 책입니다. 물론 초급자도 부담 없이 따라갈 수 있도록 처음부터 필요한 개념을 차근차근 설명해주기 때문에 이해하기 쉽습니다. 특히 공식 문서를 어떻게 활용하는지 체계적으로 알려주는 점이 인상적입니다.

프로그램을 만들 때 공식 문서에 어떻게 접근해야 할지 감이 잡히지 않았던 분들이라면 《만들면서 배우는 파이썬 프로젝트》를 통해 자연스럽게 문서를 탐색하고 이용하는 능력을 익힐 수 있을 것입니다. 또한 OpenAI API 활용 방법이 담겨 있어 최신 기술의 흐름을 반영한 실습을 할 수 있다는 이점도 있습니다.

파이썬 기초를 다진 후 실전에서 다루는 학습을 하고 싶으신 분, 혹은 토이 프로젝트를 진행하며 성장하고 싶은 분들께 추천해드립니다.

김이현 개발자 취업준비생

추천사

《만들면서 배우는 파이썬 프로젝트》는 단순히 파이썬 문법을 나열하는 것을 넘어, 반복적이고 번거로운 작업들을 자동화하는 '실전 기술'을 알려줍니다. 썸네일 제작부터 GPT를 활용한 원고 생성, 그리고 워드프레스 자동 포스팅까지 자동화 운영에 필요한 도구들을 자신의 손으로 직접 만들어 볼 수 있습니다.

특히, '설계 순서, 사전 지식 정리, 구현' 순으로 이어지는 단계별 구성은 코딩을 처음 하는 초보자도 앞으로 무엇을 해야 하는지 계획적으로 안내합니다. 단순히 코드를 따라 치는 것에 그치지 않고, 설계 원리를 세세하게 설명하여 응용력을 길러주는 점이 인상적입니다.

파이썬을 배웠지만 막상 무엇을 만들어야 할지 막막했던 분들, 그리고 효율적인 자동화 도구를 사용하고 싶은 분들에게 이 책을 권합니다.

한덕윤 컴퓨터공학과 대학생

목차

목차

4장 자동 포스팅 프로그램

부록

1장

썸네일 자동 생성 프로그램

썸네일 자동 생성 프로그램 제작을 통해서 특정 사이트의 데이터를 가져오는 방법과 데이터 유형을 다루는 방법을 배울 수 있다. 초보자라면 막막할 수 있지만, 응용 프로그래밍 인터페이스(Application Programming Interface, API) 샘플 코드를 활용하면서 차근차근 프로세스를 따라가보자.

주요 목표

버튼을 클릭하면 배경 사진 위에 문구가 새겨진 썸네일을 만들어주는 프로그램을 제작한다.

1.1 설계 순서 수립하기

썸네일(Thumbnail)이란 원본 사진, 그림, 영상 등을 한눈에 알아보기 쉽게 작은 미리보기 이미지로 줄여 놓은 것으로 블로그 글이 검색 포털에 노출이 될 때 보이는 대표 사진이 있다. 물론 썸네일을 필수적으로 등록해야 하는 것은 아니지만, 썸네일을 등록하면 네이버나 구글과 같은 검색 포털에서 눈에 띄기 때문에 썸네일을 갖추지 않은 글보다 방문자 유입이 더 많이 이루어질 수 있다. 하지만 블로그를 운영하면서 썸네일을 직접 만드는 것은 무척 번거로운 일이다. 물론 미리캔버스와 캔바와 같은 템플릿 사이트에서도 썸네일을 만들 수 있다. 하지만 그것조차도 번거롭게 느껴질 수 있다. 그래서 1장에는 블로그에 사용할 썸네일을 자동으로 만들어주는 프로그램을 만들어볼 것이다.

파이썬 프로그램을 설계하기 전에 만들 프로그램의 동작이 어떤 세부 동작으로 구성되어 있는지 쪼개봐야 한다. 물론 세부적인 단계까지 나눌 필요는 없고 설계하기 쉬운 수준까지 나누면 된다. 만약 이러한 작업 없이 바로 완성본을 만들려고 하는 경우 프로그램 제작이 무척 어렵게 느껴질 수 있다. 혹자는 파이썬 기본서를 펼쳐 들지만 원하는 대로 만들어지지 않아 혼란만 가중되는 경우도 있다. 최종 프로그램 GUI(Graphic User Interface) 디자인은 **[그림 1-1]**과 같다.

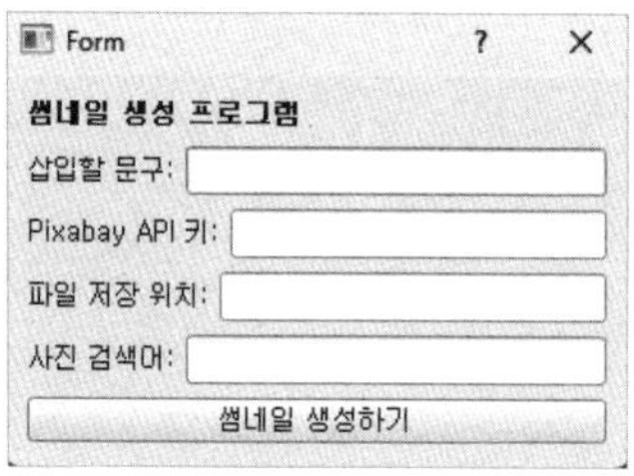

[그림 1-1]

[그림 1-1]처럼 배경 이미지 위에 일정한 사각형을 위치시키고, 그 위에 글자를 입력하는 프로그램을 만들 것이다. 글자의 길이는 적절하게 나누어 두 줄로 작성할 수 있도록 한다.

| 개요 |

1. 배경이 될 이미지를 내려받고, 이미지는 미리 지정한 규격으로 조절한다.
2. 배경 이미지 중앙에 직사각형을 넣는다.
3. 썸네일에 삽입할 문구와 파일을 저장할 경로 주소를 프로그램에 입력한다.
4. 완성한 썸네일을 지정한 경로에 저장한다.

| 생각해보기 |

어떤 프로그래밍 언어를 접하든 실전 응용 능력을 기르려면 기본서를 펼치기보다는 구현할 동작을 잘게 쪼개는 연습을 해야 한다. 그러면 작업 순서가 굉장히 단순해져서 쌓은 지식을 연마하기 쉽다.

우선 썸네일을 제작하려면 배경이 될 이미지가 필요하다. 단색 배경의 이미지든, 어떤 문양이 들어가 있는 이미지든 PNG, JPG 등의 파일 확장자인 배경 이미지 파일이 필요하다. 썸네일을 자동으로 만들고 싶다면 이미지를 가져오는 경로가 일반적인 사이트와 다른 곳이어야 한다는 것을 유추해 볼 수 있다. 이미지는 무료 이미지 사이트에서 찾아볼 수 있다. 대표적인 곳으로 픽사베이(Pixabay)와 펙셀스(Pixels)가 있다. 저작권 걱정이 없는 이미지 사이트이기 때문에, 마음 편히 가져올 수 있다. 이곳에서 이미지를 검색하면 이미지 크기가 천차만별이라는 점을 알 수 있다. 블로그 썸네일은 규격이 정해져 있기 때문에, 특정 크기로 변환해야 한다.

여기까지 생각했다면 그다음에 이어질 동작은 정해져 있다. 배경 이미지 위에 사각형을 그리고 문구를 새기는 것이다. 당연히 코드를 짤 때는 순차적으로 직사각형을 그리는 부분, 문구를 넣는 부분을 설계하면 된다. 각각의 구분 동작이 되는 것이다. 마지막으로 완성된 썸네일을 지정한 경로에 저장하는 동작을 구현하면 된다.

1.2 사전 지식 정리하기

1.3 코드로 구현하기에서 본격적으로 다루겠지만, 핵심 내용을 미리 정리해보려고 한다. 크롤링(crawling) 프로그램을 만드는 데 활용되는 API, 주로 다루는 데이터 형태인 리스트와 딕셔너리, 파이썬 프로그래밍을 더욱 쉽게 만들어줄 모듈 개념에 대해 알아보겠다.

키 포인트 1 API

API란 대상 서버와 통신하기 위한 매개체이다. API를 통해서 서버에 원하는 정보를 요청하고, 답변을 받는다. 대중에게 공개된 API를 오픈 API라고 한다. 저작권 무료 이미지를 제공하는 픽사베이와 펙셀스도 오픈 API 서비스를 제공하고, 유명한 부업 사이트인 쿠팡 파트너스도 API 서비스를 제공한다. 보통 오픈 API 서비스를 제공하는 곳에서는 샘플 코드가 공개된다. 파이썬으로 프로그램을 만드는 입장에서 API 서비스를 이용할 때 제공되는 코드가 없는지 먼저 확인해야 한다. 샘플 코드는 제공 업체에 따라 조금씩 차이가 있지만 큰 틀에서는 세 가지 구조로 나뉜다.

1. 서버에 접근하기 위한 API 키 인증 단계
2. 인증된 API 키를 통해서 서버로부터 데이터를 받아오는 단계
3. 받아온 데이터 중 필요한 부분을 선별하는 단계

경우에 따라 두 번째 단계까지 한꺼번에 진행된다. 외울 필요는 없지만 구조를 이해하면 API 샘플 코드를 활용하는 데 도움이 될 것이다.

[코드 1-1]은 OpenAI에서 제공하는 샘플 코드이다. os.environ['OPENAI_API_KEY']는 환경 변수에 OPENAI API 키를 입력하는 과정이다. 이렇게 입력된 API 키는 OpenAI 서버에 제공되며, 서버는 이를 바탕으로 사용자 인증을 수행한 뒤 요청에 포함된 입력값을 이용하여 최종 답변을 생성한다. 마지막 답변 중에서 글자로 된 부분을 선택해 출력하는 부분이 print(completion.choices[0].message)로 표현된다.

```
from openai import OpenAI
import os

os.environ['OPENAI_API_KEY'] = "Insert your API KEY"
client = OpenAI()
completion = client.chat.completions.create(
  model="gpt-4o",
  messages=[
    {"role": "system", "content": "You are a helpful assistant."},
    {"role": "user", "content": "Hello!"}
  ]
)
print(completion.choices[0].message)
```
[코드 1-1]

키 포인트 2 리스트와 딕셔너리

리스트(list)는 여러 개의 요소를 하나의 데이터 묶음으로 만드는 파이썬 자료형이다. 예를 들면, **[코드 1-2]**같이 표현된다. 변수 a에는 숫자 1, 2, 3 즉 세 개의 항목이 들어있는 리스트가 저장되었다. 리스트의 항목은 꼭 숫자가 아니더라도 변수 b, c에 저장된 것처럼 작은따옴표(', ')로 감싸졌거나 혹은 큰따옴표(", ")로 감싸진 문자열 데이터가 들어갈 수도 있고, 또 다른 리스트도 항목으로 들어갈 수 있다.

```
a = [1,2,3]
b = [1,3,4,'A']
c = [2,'C','D',[2,3,5]]
```
[코드 1-2]

딕셔너리(dictionary)란 키(key)와 밸류(value)가 한 쌍을 이룬 파이썬 자료형이다. 형태는 **[코드 1-3]**과 같다. '가', '나', '다'는 키라고 하며, 1, 2, '안녕하세요'는 밸류라고 한다. 따라서 밸류값을 찾을 때도 키값을 활용한다. 리스트에 들어갈 수 있는 요소가 다양하듯이, 딕셔너리 밸류값에도 다양한 유형의 데이터가 들어갈 수 있다. **[코드 1-3]**의 변수 b에 저장된 딕셔너리처럼 숫자, 문자열뿐 아니라 리스트 혹은 또 다른 딕셔너리가 들어갈 수도 있다.

```
a = {'가': 1, '나': 2, '다': '안녕하세요'}
b = {'가': 1, '나': [1,2,3], '다': {'A':23}}
```

[코드 1-3]

키 포인트 3 파이썬 모듈

파이썬 모듈이란 다른 사용자가 쉽게 가져와 쓸 수 있도록 만들어 둔 일종의 정의된 함수 모음이다. 가장 간단한 예로 랜덤(random)이라는 모듈이 있다. 이 모듈은 수치의 범위를 지정하면, 그중에서 임의의 숫자를 뽑아주는 기능이 있다. 다시 말하면 일정 범위에서 임의의 숫자를 뽑는 프로그램을 만들고자 할 때 필요한 과정을 직접 코딩하지 않고 랜덤 모듈 하나를 쓰는 것으로 [코드 1-4]처럼 간단히 구현할 수 있다. 만약 랜덤 모듈이 없다면, 범위를 지정하고 일정한 조건을 만들어 지정한 범위 내에 있는 숫자들을 조건에 비교해 보는 과정 등을 직접 코딩해야 한다.

```
import random


A = [1,2,3,4,5]
print(random.choice(A))
```

[코드 1-4]

파이썬은 이런 내장 모듈 외에도 다양한 모듈 레퍼런스를 보유하고 있다. 우리는 해당 모듈을 설치한 후 코드 본문에 임포트(import)로 설치한 모듈을 불러오면 된다. 대부분의 외장 모듈은 pip install 명령어로 설치가 가능하다. VS Code(Visual Studio Code)에서 터미널 창을 연 후 설치 명령어를 입력한다. 이후 코드를 작성할 때 코드 본문 최상단에 import requests, import random같이 모듈을 불러오는 코드를 넣어준다.

1.3 코드로 구현하기

1.1 설계 순서 수립하기의 **개요**에서 살펴본 것처럼 네 단계로 진행할 것이다. 다만 3, 4단계의 경우 설계 구상 단계를 나누는 것이 바람직하지만 코드상으로 간단하기 때문에 한 번에 설명하겠다.

1. 배경이 될 이미지를 내려받고, 이미지는 미리 지정한 규격으로 조절한다.

앞서 픽사베이나 펙셀즈에서 이미지를 무료로 가져올 수 있다고 하였다. 구글에 'pixabay api'라고 검색을 해보자. 그러면 Pixabay API Documentation를 발견할 수 있다.

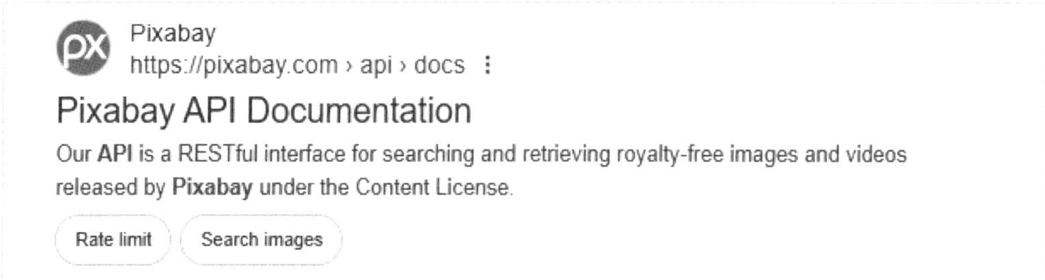

[그림 1-2]

이제, Pixabay API Documentation 문서에 접속해서 살펴보자. 쭉 스크롤하면, **[그림 1-3]**과 같이 이미지 정보를 요청할 URL이 있고 요청의 응답 결과가 나와 있다.

Example

Retrieving photos of "yellow flowers". The search term `q` needs to be URL encoded:

https://pixabay.com/api/?key=38565912-4cedba226fb7932f20f7eee36&q=yellow+flowers&image_type=photo

Response for this request:


```
{
"total": 4692,
"totalHits": 500,
"hits": [
    {
        "id": 195893,
        "pageURL": "https://pixabay.com/en/blossom-bloom-flower-195893/",
        "type": "photo",
        "tags": "blossom, bloom, flower",
        "previewURL": "https://cdn.pixabay.com/photo/2013/10/15/09/12/flower-195893_150.jpg"
        "previewWidth": 150,
        "previewHeight": 84,
        "webformatURL": "https://pixabay.com/get/35bbf209e13e39d2_640.jpg",
        "webformatWidth": 640,
        "webformatHeight": 360,
        "largeImageURL": "https://pixabay.com/get/ed6a99fd0a76647_1280.jpg",
        "fullHDURL": "https://pixabay.com/get/ed6a9369fd0a76647_1920.jpg",
        "imageURL": "https://pixabay.com/get/ed6a9364a9fd0a76647.jpg",
        "imageWidth": 4000,
        "imageHeight": 2250,
        "imageSize": 4731420,
        "views": 7671,
        "downloads": 6439,
        "likes": 5,
        "comments": 2,
        "user_id": 48777,
        "user": "Josch13",
        "userImageURL": "https://cdn.pixabay.com/user/2013/11/05/02-10-23-764_250x250.jpg",
    },
    {
        "id": 73424,
        ...
    },
    ...
]
}
```


[그림 1-3]

하지만 초보자는 이것을 어떻게 활용해야 할지 감이 잘 오지 않을 수 있다. 이런 경우 깃허브(GitHub)라는 사이트에 접속해서, 샘플 코드가 있는지 확인해보는 것이 필요하다. 각 장의 과제를 통해서 API를 자세히 이해할 수 있지만, 첫 번째 과제부터 API를 이해하기 어려울 수 있으므로 같이 찾아보겠다.

[그림 1-4]와 같이 깃허브에 접속한 후 상단 바에 'thesumitshrestha/Pixabay-API-Images'를 검색한다. 검색 결과 README.md, key.py, pixabay_images.py가 보인다.

여기서 pixabay_images.py를 클릭한다.

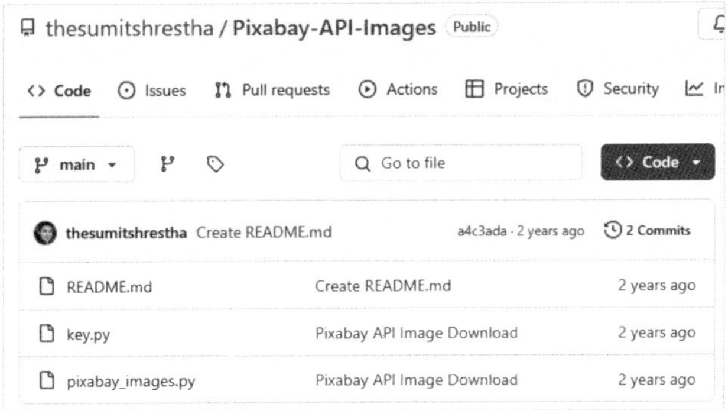

[그림 1-4]

pixabay_images.py 파일 안에 샘플 코드가 들어있는 것을 확인할 수 있다. 초보자라도 주석으로 어떤 동작을 수행하는 코드인지 작성되어 있기 때문에 이해가 가능하다.

Code Blame 24 lines (18 loc) · 623 Bytes

```
import requests
import key

# Input from the user
name = input("Enter images you want to download: ")

# Accessing API from Pixabay for 200 images
url = f'https://pixabay.com/api/?key={key.api_key}&q={name}&image_type=photo&per_page=200'

# Requests URL
request = requests.get(url)

# Getting JSON Data
json_data = request.json()

# Looping the hits array in API
for image in json_data['hits']:
    name = image['id']
    img_url = image['largeImageURL']
    r = requests.get(img_url, stream=True)

    # Downloading multiple files in current folder
    with open(str(name) + '.jpg', 'wb') as f:
        f.write(r.content)
```

[그림 1-5]

[그림 1-5]를 살펴보면 url 변수에 저장된 요청 URL이 Pixabay API Document에서 본 URL 형태와 동일한 점을 알 수 있다. 다시 Pixabay API Documentation으로 돌아가 https://pixabay.com/api/? 뒤에 나오는 요청 변수가 뜻하는 바가 무엇인지 살펴보자.

Parameters에서 key는 사용자에게 부여된 고유의 API 키를 말한다. q는 검색어, image_type은 이미지 타입을, per_page는 페이지당 출력 결과의 개수를 나타낸다. 만약 per_page를 지정하지 않는 경우는 페이지당 20개의 결과가 출력된다. page는 출력할 페이지 수를 의미하고, 지정하지 않는 경우 하나의 페이지만 출력한다. **[그림 1-5]**의 코드를 살펴보면 한 페이지와 함께 200개의 이미지 검색 결과를 모두 출력하게 된다. 즉, 실행 결과 출력값의 형태는 **[그림 1-3]**와 같이 나오고, "hits"라는 키 안에 중괄호({, })로 둘러싸인 데이터가 200개 포함된다. 이 데이터를 하나씩 처리하기 위해 **[그림 1-5]**의 코드에서는 for 문의 사용을 추론할 수 있다.

Parameters

key (required)	*str*	Your API key:
q	*str*	A URL encoded search term. If omitted, *all images* are returned. This value may not exceed 100 characters. Example: "yellow+flower"
image_type	*str*	Filter results by image type. Accepted values: "all", "photo", "illustration", "vector" Default: "all"
page	*int*	Returned search results are paginated. Use this parameter to select the page number. Default: 1
per_page	*int*	Determine the number of results per page. Accepted values: 3 - 200 Default: 20

[그림 1-6]

한 장의 사진만 추출할 것이기 때문에, per_page를 3으로 수정하여 코드를 작성하는 과정을 더욱 간소화할 수 있다. **[그림 1-6]**의 설명에 따르면 최솟값이 3이기 때문이다. q에 입력되는 **[그림 1-5]** 코드의 변수 name은 키워드를 뜻하는 것이기 때문에, 키로 변경한다. 프로그램 실행 시 변수 key와 API_KEY를 입력받기 위해 문자열 입력이 가능한 input 함수를 사용한다. **[그림 1-5]**의 코드를 인용하여, **[코드 1-5]**와 같이 사진을 내려받는 코드를 구성할 수 있다.

```
import requests
import json

key = input("사진 추출할 키워드를 입력하세요.")
API_KEY = input("Pixabay API 키를 입력하세요.")
```

```
path = input("생성한 썸네일 이미지를 저장할 주소를 입력하세요.")

url=f'https://pixabay.com/api/?key={API_KEY}&q={key}&image_type=photo&per_page=3'
request = requests.get(url)

json_data = request.json()
```

[코드 1-5]

이미지 데이터를 요청한 결과를 request라는 변수에 저장하고, 데이터 타입을 딕셔너리라는 데이터 형식으로 변환하여 json_data라는 변수에 다시 저장한다. 참고로 json이란 데이터를 주고받을 때의 일정한 규격이라고 할 수 있는데, 파이썬의 딕셔너리 표기법과 동일하다. request 값에 json 메서드를 붙인 것은 해당 규격의 데이터를 파이썬의 딕셔너리로 인식할 수 있도록 변환하는 것을 말한다. 딕셔너리에 대해서는 **1.2 사전 지식 정리하기**에 설명했는데, **[그림 1-3]**과 연계하여 차차 설명하겠다.

만약 파이썬 기초 개념에 대해서 아무것도 모르더라도 구글에서 파이썬 중괄호 의미처럼 간단히 검색해보면 **[그림 1-3]**의 데이터 형태가 딕셔너리라는 것을 알 수 있다. 그렇다면 이제 파이썬 공식 문서(docs.python.org)에 접속하여 구체적인 내용을 확인할 수 있다. 파이썬 공식 문서 튜토리얼 5.5를 보면, 다음 **[그림 1-7]**과 같이 딕셔너리의 용법에 대해 설명해 놓은 박스를 발견할 수 있다.

```
>>> tel = {'jack': 4098, 'sape': 4139}
>>> tel['guido'] = 4127
>>> tel
{'jack': 4098, 'sape': 4139, 'guido': 4127}
>>> tel['jack']
4098
>>> del tel['sape']
>>> tel['irv'] = 4127
>>> tel
{'jack': 4098, 'guido': 4127, 'irv': 4127}
>>> list(tel)
['jack', 'guido', 'irv']
>>> sorted(tel)
['guido', 'irv', 'jack']
>>> 'guido' in tel
True
>>> 'jack' not in tel
False
```

[그림 1-7]

공식 문서에 기록된 부가 설명을 참조한 후, 첫 번째 줄부터 보면 딕셔너리 데이터의 형태는 {“key”: “value”, “key”: “value”}임을 알 수 있다. 밸류값을 도출하기 위해선 딕셔너리명에 대괄호를 붙이고 그 안에 키값을 기재하면 된다는 점은 두 번째 줄 tel[‘guido’]로부터 알 수 있다. 이후로도 **[그림 1-7]**에서는 다양한 용법을 소개하고 있지만, 시험공부처럼 모든 내용을 알아야 하는 건 아니기 때문에 필요한 부분만 확인하면 된다.

같은 방법으로, 대괄호로 구분된 데이터를 확인해 보면 리스트를 알 수 있다. 파이썬 공식 문서 튜토리얼 3.1.3에는 **[그림 1-8]**과 같이 리스트의 용법에 대해 나온다. 리스트는 대괄호와 쉼표를 이용해서 항목을 표기한다. 그리고 두 번째 박스에서 볼 수 있듯이 squares[0]는 리스트 squares의 첫 번째 항목인 1을 출력한다. 즉, 리스트는 첫 번째 항목의 인자가 0, 두 번째 항목의 인자가 1인 셈이다.

Python knows a number of *compound* data types, used to group together other values. The most versatile is the *list*, which can be written as a list of comma-separated values (items) between square brackets. Lists might contain items of different types, but usually the items all have the same type.

```
>>> squares = [1, 4, 9, 16, 25]
>>> squares
[1, 4, 9, 16, 25]
```

Like strings (and all other built-in sequence types), lists can be indexed and sliced:

```
>>> squares[0]  # indexing returns the item
1
>>> squares[-1]
25
>>> squares[-3:]  # slicing returns a new list
[9, 16, 25]
```

[그림 1-8]

그렇다면 **[그림 1-3]**의 값을 다루는 방법을 금방 이해할 수 있다. 먼저 가장 큰 딕셔너리 구조에서 “hits”라고 이름 붙여진 키값의 밸류값을 추출한다. 방금 작성한 **[코드 1-5]**의 변수 json_data에 대하여 json_data[‘hits’]는 실제 이미지 URL이 들어 있는 데이터를 포함한 밸류값이 되고, 결괏값은 리스트가 된다. **[그림 1-3]**처럼 리스트 안에는 다시 이미지 정보를 표시하는 딕셔너리들이 리스트의 항목들로 들어 있다. 여기서 첫 번째 이미지를 선택할 것이므로, json_data[‘hits’][0]가 최종적으로 뽑아내고자 하는 이미지 정보가 된다. 따라서, json_data[‘hits’][0]는 다시 딕셔너리 데이터가 된다. 이것을 보기 좋게 image라는 변수에 다시 저장하고, 이미지 URL을 의미하는 데이터를 뽑아낸다. 키값 “largeImageURL”의 밸류값을 뽑아내어 img_ url 변수에 저장한다. 이어서 도출되는 URL에 다시 requests 요청을 하여 이미지를 다운받는다.

추가로 출력할 썸네일 이미지 파일의 이름이 될 변수 name을 정의하고, open 함수 안에 이미지 파일을 저장할 경로 주소를 지정해 주어야 한다. name은 단순하게 "썸네일"로 지정하고, open 함수 안의 파일 경로 주소는 path라는 변수로 지정하여 실행할 때 직접 입력받게 한다. 지금까지의 과정은 **[코드 1-6]**로 정리할 수 있다.

```
import requests
import json

key = input("사진 추출할 키워드를 입력하세요.")
API_KEY = input("Pixabay API 키를 입력하세요.")
path = input("생성한 썸네일 이미지를 저장할 주소를 입력하세요.")

url=f'https://pixabay.com/api/?key={API_KEY}&q={key}&image_type=photo&per_page=3'
request = requests.get(url)

json_data = request.json()

image = json_data['hits'][0]
img_url = image['largeImageURL']
r = requests.get(img_url, stream=True)

name = "썸네일"
with open(path + "/" + str(name) + '.jpg' , 'wb') as f:
  f.write(r.content)
```

[코드 1-6]

이제 사진 다운로드를 완료했다. 단계 1에서 남은 과제는 받은 이미지를 원하는 크기로 조절하는 것이다. 구글에 'python image'를 검색해보자. 검색 결과를 보면 PIL(Pillow) 라이브러리를 사용한다는 것을 쉽게 알 수 있다. 그럼 PIL의 공식 문서 Pillow Documentation(pillow.readthedocs.io/en/stable)을 열람해보겠다.

Pillow (PIL Fork) 10.4.0 documentation

- Reference
  - Image Module
  - ImageChops ("Channel Operations") Module
  - ImageCms Module
  - ImageColor Module
  - ImageDraw Module
  - ImageEnhance Module
  - ImageFile Module
  - ImageFilter Module
  - ImageFont Module
  - ImageGrab Module
  - ImageMath Module
  - ImageMorph Module
  - ImageOps Module
  - ImagePalette Module
  - ImagePath Module
  - ImageQt Module
  - ImageSequence Module
  - ImageShow Module
  - ImageStat Module
  - ImageTk Module
  - ImageTransform Module
  - ImageWin Module (Windows-only)

[그림 1-9]

다양한 모듈이 있지만, Image 모듈이 가장 기본이 되는 모듈임을 알 수 있다. Image 모듈을 열람하여 'resize'란 검색어로 내용을 찾아보자.

↑ Back to top

```
Image.resize(size: tuple[int, int], resample: int | None = None, box: tuple[float, float,
    float, float] | None = None, reducing_gap: float | None = None) → Image        [source]
```

Returns a resized copy of this image.

PARAMETERS:

- **size** – The requested size in pixels, as a 2-tuple: (width, height).
- **resample** – An optional resampling filter. This can be one of `Resampling.NEAREST`, `Resampling.BOX`, `Resampling.BILINEAR`, `Resampling.HAMMING`, `Resampling.BICUBIC` or `Resampling.LANCZOS`. If the image has mode "1" or "P", it is always set to `Resampling.NEAREST`. If the image mode specifies a number of bits, such as "I;16", then the default filter is `Resampling.NEAREST`. Otherwise, the default filter is `Resampling.BICUBIC`. See: Filters.
- **box** – An optional 4-tuple of floats providing the source image region to be scaled. The values must be within (0, 0, width, height) rectangle. If omitted or None, the entire source is used.
- **reducing_gap** – Apply optimization by resizing the image in two steps. First, reducing the image by integer times using `reduce()`. Second, resizing using regular resampling. The last step changes size no less than by `reducing_gap` times. `reducing_gap` may be None (no first step is performed) or should be greater than 1.0. The bigger `reducing_gap`, the closer the result to the fair resampling. The smaller `reducing_gap`, the faster resizing. With `reducing_gap` greater or equal to 3.0, the result is indistinguishable from fair resampling in most cases. The default value is None (no optimization).

This resizes the given image from `(width, height)` to `(width/2, height/2)`:

```
from PIL import Image

with Image.open("hopper.jpg") as im:

    # Provide the target width and height of the image
    (width, height) = (im.width // 2, im.height // 2)
    im_resized = im.resize((width, height))
```

[그림 1-10]

위와 같이 이미지 재조정이 가능한 resize 메서드에 대한 내용을 찾을 수 있다. 다만 윗부분의 설명을 보았을 땐 size, resample, box, reducing_gap 등 입력해야 하는 변수가 많은 것으로 혼동이 될 수 있다. 하지만 **[그림 1-10]**의 예시 코드를 보면 최종적으로 변경할 이미지의 가로(width), 세로(height) 크기만 입력해도 된다는 점을 알 수 있다. 그렇다면 **[코드 1-6]**은 다음 **[코드 1-7]**과 같이 정리할 수 있다.

```
import requests
from PIL import Image

key = input('사진 추출할 키워드를 입력하세요.')
API_KEY = input('Pixabay API 키를 입력하세요.')
path = input('생성한 썸네일 이미지를 저장할 주소를 입력하세요.')
url=f'https://pixabay.com/api/?key={API_KEY}&q={key}&image_type=photo&per_page=3'
request = requests.get(url)
json_data = request.json()
image = json_data['hits'][0]
img_url = image['largeImageURL']
r = requests.get(img_url, stream=True)
name = '썸네일'
with open(path + '/' + str(name) + '.jpg' , 'wb') as f:
    f.write(r.content)

with Image.open(path + '/' + str(name) + '.jpg') as im:
    im_resized = im.resize(('width 사이즈, px 단위', 'height 사이즈, px 단위'))
    im_resized.save(path + "/파일명.jpg")
```

[코드 1-7]

여기서 반복되는 내용인 "path + '/' + str(name) + '.jpg'"를 address라는 변수로 묶고, 최종 이미지의 가로, 세로를 각각 600px로 정의하면 **[코드 1-8]**처럼 수정할 수 있다.

```
import requests
from PIL import Image

key = input('사진 추출할 키워드를 입력하세요.')
API_KEY = input('Pixabay API 키를 입력하세요.')
path = input('생성한 썸네일 이미지를 저장할 주소를 입력하세요.')
url=f'https://pixabay.com/api/?key={API_KEY}&q={key}&image_type=photo&per_page=3'
request = requests.get(url)
json_data = request.json()
image = json_data['hits'][0]
img_url = image['largeImageURL']
r = requests.get(img_url, stream=True)
name = '썸네일'
address = path + '/' + str(name) + '.jpg'
with open(address , 'wb') as f:
    f.write(r.content)

with Image.open(address) as im:
    im_resized = im.resize((600, 600))
    im_resized.save(path + "/파일명.jpg")
```

[코드 1-8]

2. 배경 이미지 중앙에 직사각형을 넣는다.

단계 1을 해결할 때 이미지를 다루는 모듈로 PIL이 있다는 점을 확인하였다. 배경 이미지 위에 다각형을 그리는 것도 PIL 모듈에서 찾을 수 있다. 구글 검색창에 'python draw image' 등을 검색하면 ImageDraw 모듈이 필요하다는 점도 금방 알 수 있다. ImageDraw 모듈에 관한 문서를 열람하면 **[그림 1-11]**처럼 이미지 위에 회색 십자가를 그리는 예제 코드가 있다. 잘 찾아왔다는 의미이다.

Example: Draw a gray cross over an image

```
import sys
from PIL import Image, ImageDraw

with Image.open("hopper.jpg") as im:

    draw = ImageDraw.Draw(im)
    draw.line((0, 0) + im.size, fill=128)
    draw.line((0, im.size[1], im.size[0], 0), fill=128)

    # write to stdout
    im.save(sys.stdout, "PNG")
```

[그림 1-11]

그다음 오른쪽 메뉴의 [Methods]를 보면 열거된 메서드 내역을 확인할 수 있다. 하나씩 살펴보면 다각형을 그리는 polygon() 메서드인 [ImageDraw.polygon()]이 있다.

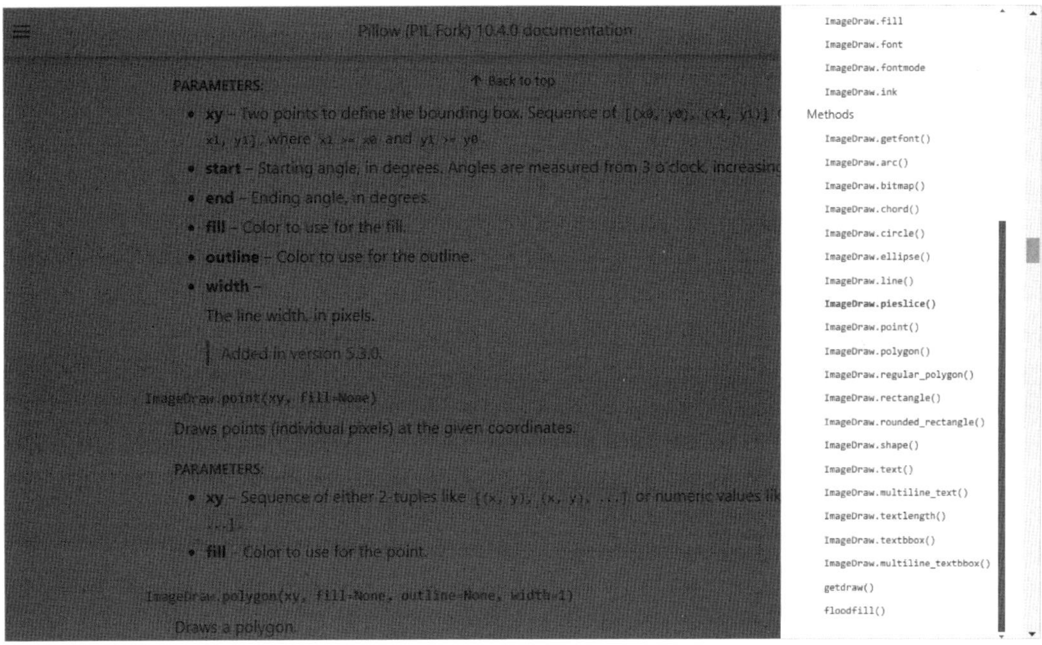

[그림 1-12]

ImageDraw.polygon() 메서드 문서를 클릭하면 다음과 같은 설명이 나온다.

```
ImageDraw.polygon(xy, fill=None, outline=None, width=1)                [source]
```

Draws a polygon.

The polygon outline consists of straight lines between the given coordinates, plus a straight line between the last and the first coordinate. The coordinate pixels are included in the drawn polygon.

PARAMETERS:

- **xy** – Sequence of either 2-tuples like `[(x, y), (x, y), ...]` or numeric values like `[x, y, x, y, ...]`.
- **fill** – Color to use for the fill.
- **outline** – Color to use for the outline.
- **width** – The line width, in pixels.

[그림 1-13]

먼저 어떤 원리로 그려지는지 설명이 나와 있다. 다각형의 외곽선은 각 좌표 사이에 그려지며 첫 번째 좌표와 마지막 좌표를 잇는 선이 추가된다. 예를 들어 네 개의 좌표를 기재한다면 사각형이 되는 것이고, 다섯 개의 좌표를 기재한다면 오각형이 된다. 이 좌표를 xy 파라미터에 x 좌표와 y 좌표의 한 쌍으로써 표기한다. 좌표의 개수에는 제한이 없다. **[그림 1-14]**를 보면 쉽게 이해할 수 있다. 사각형을 그리고자 한다면 네 쌍의 좌표를 xy 파라미터에 넣어야 한다. fill 파라미터는 그려진 다각형 안에 채울 색상값을, outline 파라미터는 외곽선의 색상값을, width는 외곽선의 두께를 설정하는 값임을 알 수 있다. 다각형 안의 색상만 채울 것이므로 xy와 fill 파라미터만 기재하면 된다.

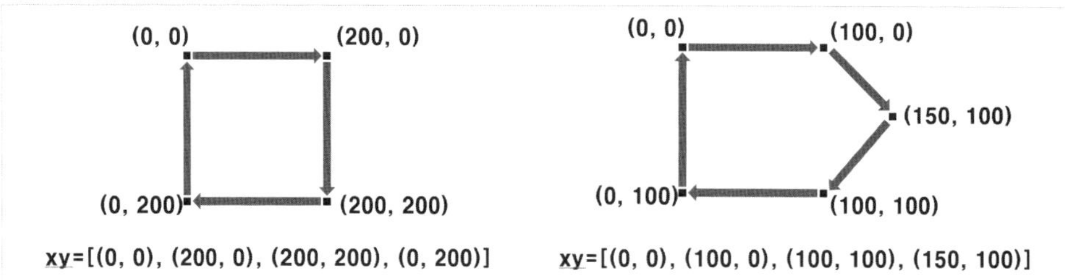

[그림 1-14]

컴퓨터 좌표는 좌측 최상단을 (0, 0)으로 기준점을 잡고 우측으로 갈수록 x 좌표값이 증가한다. 또 하단으로 내려갈수록 y 좌표값이 증가한다. 여기서는 배경 이미지의 크기를 가로와 세로를 각각 600px로 잡았기 때문에, 좌표의 최솟값은 (0, 0)이고, 최댓값은 (600, 600)이 된다. 다만 세로축을 삼등분으로 나누어 1/3 지점과 2/3 지점 사이만 표시한다. 그렇다면 네 개의 좌표 쌍은 (0, 200), (600, 200), (600, 400), (0, 400)이 된다. 그전에 **[그림 1-11]**에서 소개한 대로, 수정할 이미지 파일에 ImageDraw.Draw 클래스를 적용한 후, 메서드를 적용해야 한다. 이것을 코드에 반영하면 **[코드 1-9]**와 같이 작성할 수 있다.

```
from PIL import Image, ImageDraw


draw = ImageDraw.Draw(im_resized)
coordinate = [(0, 200), (600,200), (600,400), (0, 400)]
color = (0, 153, 153, 170)
draw.polygon(polygon_points, fill = color)
```

[코드 1-9]

참고로 다각형 안을 채우는 색상을 의미하는 변수 color는 RGBA 형식으로 지정하였다. RGBA 색상에 관해서는 RGBA 색상표와 같은 검색어로 검색하면 금방 이해할 수 있다. **[코드 1-9]**에 기재한 값은 푸른빛을 띠는 색상이다. 다음으로 단계 3, 4를 함께 설명하겠다.

3. 작성할 문구를 입력받고, 글자를 기재한다. 그리고 위치를 설정한다.

4. 완성된 썸네일을 지정한 경로에 저장한다.

단계 2와 같이 배경 이미지에 다각형을 그린 것처럼, 글자도 비슷한 방법으로 쓸 수 있다. ImageDraw 모듈을 찾은 것처럼 PIL 라이브러리 공식 문서의 reference를 참조하면 **[그림 1-15]**처럼 ImageFont라는 모듈을 발견할 수 있다.

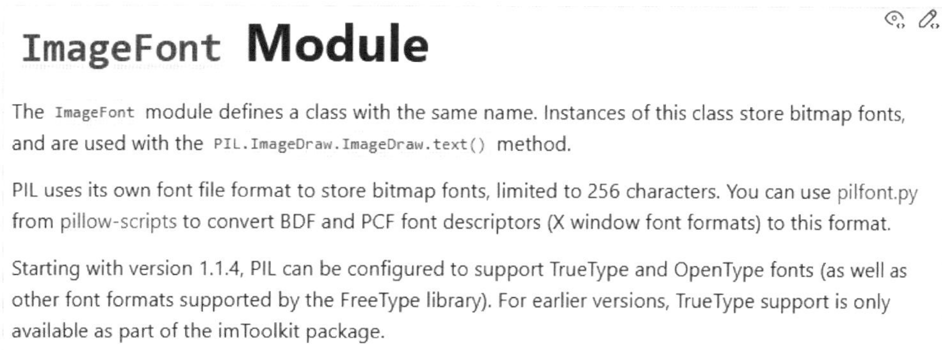
ImageFont Module

The ImageFont module defines a class with the same name. Instances of this class store bitmap fonts, and are used with the PIL.ImageDraw.ImageDraw.text() method.

PIL uses its own font file format to store bitmap fonts, limited to 256 characters. You can use pilfont.py from pillow-scripts to convert BDF and PCF font descriptors (X window font formats) to this format.

Starting with version 1.1.4, PIL can be configured to support TrueType and OpenType fonts (as well as other font formats supported by the FreeType library). For earlier versions, TrueType support is only available as part of the imToolkit package.

[그림 1-15]

'support TrueType and OpenType fonts'에서 TrueType(TTF)과 OpenType(OTF)을 지원함을 알 수 있다. 이는 디지털 글꼴을 표현하는 방식의 차이로 결정되는 글꼴 타입인데, 프로그램 설계할 때 글꼴의 차이를 깊게 이해할 필요는 없으므로 이 정도로 넘어가겠다. 다만 원하는 글꼴을 내려받을 때 TTF 타입을 받을 것인지, OTF 타입을 받을 것인지는 임의로 선택해야 한다. 여기서는 TTF 타입을 활용하겠다.

[그림 1-15]에 이어서 **[그림 1-16]**에서는 용법에 관한 예시 코드가 나온다. "ImageFont.truetype"의 첫 번째 인자는 폰트의 파일명과 함께 해당 파일이 위치한 경로를 입력해야 함을 알 수 있다. 두 번째 인자는 픽셀 단위의 글자 크기이다. **[그림 1-16]**의 "draw.text((10,25), 'world', 'font=font')" 부분에 대해서 직접적으로 부연 설명을 한 부분은 없지만, 지금까지의 설계 과정을 잘 따라왔다면 굳이 부가 설명을 보지 않아도 이해할 수 있다.

Example ¶

```
from PIL import ImageFont, ImageDraw

draw = ImageDraw.Draw(image)

# use a bitmap font
font = ImageFont.load("arial.pil")

draw.text((10, 10), "hello", font=font)

# use a truetype font
font = ImageFont.truetype("arial.ttf", 15)

draw.text((10, 25), "world", font=font)
```

[그림 1-16]

다음은 **[그림 1-16]**의 자세한 설명이다. PARAMETERS의 font에 해당하는 내용을 살펴보면 된다.

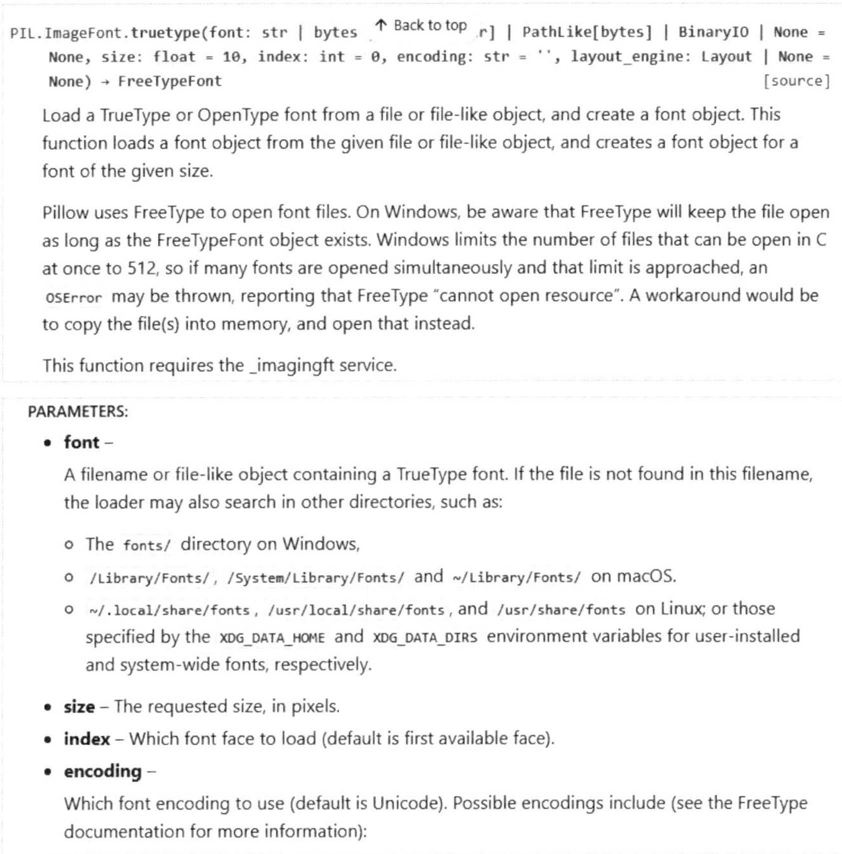

PIL.ImageFont.truetype(font: str | bytes | PathLike[str] | PathLike[bytes] | BinaryIO | None = None, size: float = 10, index: int = 0, encoding: str = '', layout_engine: Layout | None = None) → FreeTypeFont [source]

Load a TrueType or OpenType font from a file or file-like object, and create a font object. This function loads a font object from the given file or file-like object, and creates a font object for a font of the given size.

Pillow uses FreeType to open font files. On Windows, be aware that FreeType will keep the file open as long as the FreeTypeFont object exists. Windows limits the number of files that can be open in C at once to 512, so if many fonts are opened simultaneously and that limit is approached, an `OSError` may be thrown, reporting that FreeType "cannot open resource". A workaround would be to copy the file(s) into memory, and open that instead.

This function requires the _imagingft service.

PARAMETERS:

- **font** –
  A filename or file-like object containing a TrueType font. If the file is not found in this filename, the loader may also search in other directories, such as:
  - The `fonts/` directory on Windows,
  - `/Library/Fonts/`, `/System/Library/Fonts/` and `~/Library/Fonts/` on macOS.
  - `~/.local/share/fonts`, `/usr/local/share/fonts`, and `/usr/share/fonts` on Linux; or those specified by the `XDG_DATA_HOME` and `XDG_DATA_DIRS` environment variables for user-installed and system-wide fonts, respectively.
- **size** – The requested size, in pixels.
- **index** – Which font face to load (default is first available face).
- **encoding** –
  Which font encoding to use (default is Unicode). Possible encodings include (see the FreeType documentation for more information):

[그림 1-17]

먼저 폰트를 다운로드하자. 나눔 고딕체를 받아볼 것인데, 폰트는 네이버 글꼴 모음 사이트(hangeul.naver.com/font)에서 무료로 받을 수 있다.

[그림 1-18]

압축을 푼 후 '나눔 글꼴 > 나눔 고딕 > NanumFontSetup_TTF_GOTHIC' 경로에 TTF 형식의 나눔 고딕 파일을 확인할 수 있다. **[그림 1-17]**에서 확인한 것처럼 font 인자는 이 경로를 입력하면 된다.

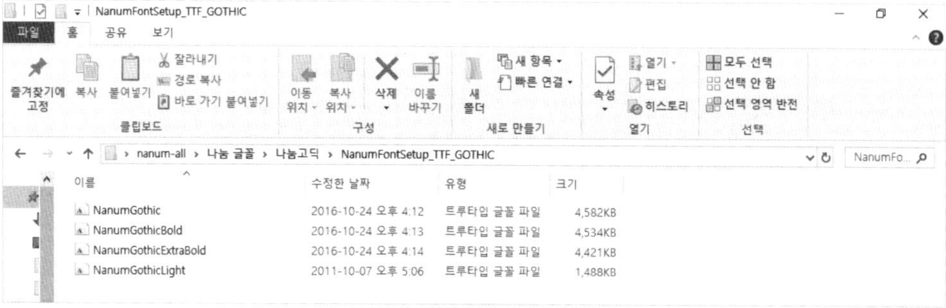

[그림 1-19]

이제 글자를 쓰기 시작할 위치 좌표만 정하면 된다. 가장 보기 좋은 썸네일은 문구가 배경 이미지 정중앙에 위치하는 것이다. 이 위치를 정하기 위해 가로, 세로 두 개의 축으로 나누어서 생각할 필요가 있다.

먼저 가로축을 생각해보자. 이미지 중앙에 글자를 배치하려면, 배경 이미지의 가로 길이에서 삽입할 전체 문구의 가로 길이를 뺀 뒤, 그 값을 절반으로 나눈 지점을 글자의 시작 위치로 지정한다. 세로축 역시 배경 이미지 세로 길이에서 삽입할 전체 문구의 세로 길이를 뺀 뒤, 그 값을 절반으로 나눈 지점을 글자의 시작 위치로 지정한다. 문구의 폭과 가로 길이는 Pillow 모듈 내 ImageFont 모듈의 getbbox()라는 메서드를 통해서 얻을 수 있다. bbox는 바운딩 박스(Bounding box)의 약어로, 문구를 사각형으로 감싼 박스를 말한다. getbbox()를 통해 네 개의 꼭짓점의 좌표를 얻을 수 있다. getbbox()를 취한 결과 네 개의 픽셀값으로 반환된다는 점을 확인할 수 있다. **[그림 1-20]**의 "returns bounding box (in pixels) of given text."를 보면 getbbox() 용법을 확인할 수 있다.

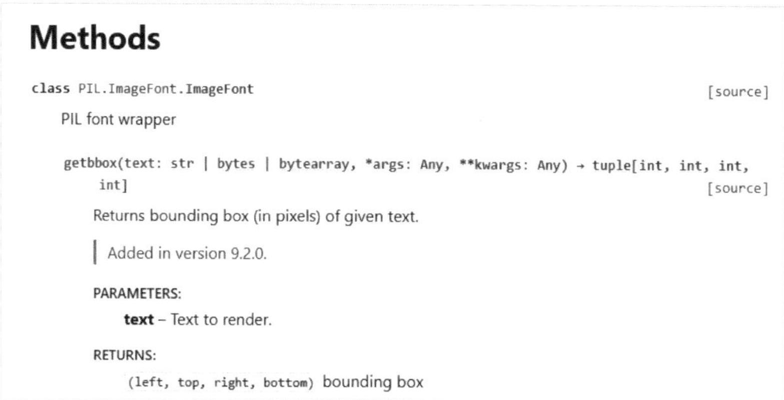

Methods

`class PIL.ImageFont.ImageFont` [source]

PIL font wrapper

`getbbox(text: str | bytes | bytearray, *args: Any, **kwargs: Any) → tuple[int, int, int, int]` [source]

Returns bounding box (in pixels) of given text.

Added in version 9.2.0.

PARAMETERS:

text – Text to render.

RETURNS:

`(left, top, right, bottom)` bounding box

[그림 1-20]

getbbox()의 개념과 글자의 위치를 계산하는 방법은 아래에 더 자세하게 표현하였으니 참고하길 바란다.

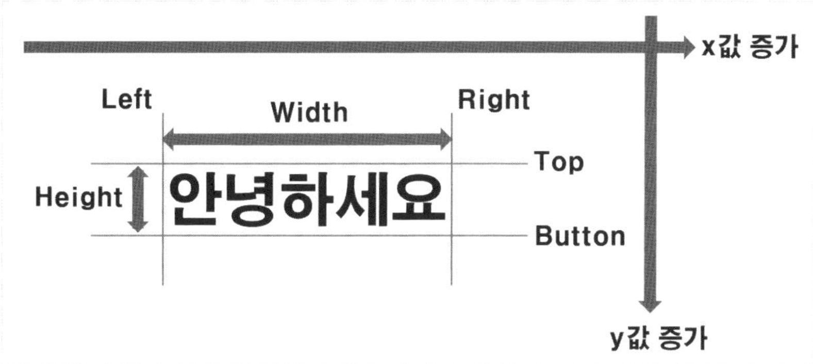

[그림 1-21]

편의상 폰트 TTF 파일은 단계 1에서 지정한 경로 path와 같은 위치에 저장하는 것으로 하고, 폰트는 45px로 하겠다. 이 과정을 코드로 나타내면 다음과 같다. getbbox() 메서드 안의 첫 번째 항목은 썸네일에 작성할 텍스트를 넣어준다.

```
from PIL import Image, ImageDraw, ImageFont

path = input('생성한 썸네일 이미지를 저장할 주소를 입력하세요.')
name = input('썸네일에 들어갈 문구를 입력하세요.')

address = path + '/' + str(name) + '.jpg'

with Image.open(address) as im:
    im_resized = im.resize((600, 600))

draw = ImageDraw.Draw(im_resized)
font = ImageFont.truetype(path + '/NanumGothic.ttf', 45)

left, top, right, bottom = font.getbbox(name)

height = bottom - top
```

```
width = right - left
width_line_location = 600 - width - (600 - width)/2
height_line_location = 300 - height/2

draw.text((width_line_location, height_line_location), name, font=font)
im_resized.save(address)
```
[코드 1-10]

width_line_location은 가로축의 위치, height_line_location은 세로축의 위치를 나타내는 변수로써 명칭은 임의로 지정한다. 글자가 썸네일 중앙에 위치하기 위해서는 가로축의 경우 썸네일 가로 길이에서 **[그림 1-21]**에서 표현된 width를 뺀 길이를 좌우 측에 동일하게 분배해야 한다. 마찬가지로 세로축도 썸네일 세로 길이에서 height를 뺀 길이를 위아래에 동일하게 분배한다.

한편 넣고자 하는 문구는 name 변수에 저장하고, name 변수는 input 함수로 입력받은 값을 받아온다. 최종적으로 이렇게 변경한 이미지 상태를 저장한다. save 메서드는 단계 1에서 찾아보았던 Image 모듈에서 찾을 수 있다. 모든 것을 반영하여 최종적으로 작성한 코드는 다음과 같다.

```
from PIL import Image, ImageDraw, ImageFont
import requests

key = input('사진 추출할 키워드를 입력하세요.')
API_KEY = input('Pixabay API 키를 입력하세요.')
path = input('생성한 썸네일 이미지를 저장할 주소를 입력하세요.')
name = input('썸네일에 들어갈 문구를 입력하세요.')

address = path + '/' + str(name) + '.jpg'

url=f'https://pixabay.com/api/?key={API_KEY}&q={key}&image_type=photo&per_page=3'
request = requests.get(url)
json_data = request.json()
image = json_data['hits'][0]
```

```
img_url = image['largeImageURL']

r = requests.get(img_url, stream=True)

name = '썸네일'
with open(address , 'wb') as f:
    f.write(r.content)

with Image.open(address) as im:
    im_resized = im.resize((600, 600))
    im_resized.save(path + "/파일명.jpg")

font = ImageFont.truetype(path + '/NanumGothic.ttf', 45)
left, top, right, bottom = font.getbbox(name)

height = bottom - top
width = right - left
width_line_location = 600 - width - (600 - width)/2
height_line_location = 300 - height/2

draw = ImageDraw.Draw(im_resized)

draw.text((width_line_location, height_line_location), name, font=font)
im_resized.save(address)
```
[코드 1-11]

1.4 GUI로 구현하기

GUI 디자인은 Qt Designer라는 프로그램을 활용할 것이다. 구글에 'Qt Designer 다운로드'라고 검색하면 내려받을 수 있는 사이트를 금방 찾을 수 있다. 만약 찾기 어렵다면 필자가 운영하는 네이버 카페(cafe.naver.com/clsrn555)에서 내려받아도 좋다.

》그래픽 디자인하기

GUI란 그래픽 사용자 인터페이스로, 사용자가 사용하기 쉽도록 블록이나 이미지로 프로그램의 입출력 구조를 묘사한다. 다시 말하면 입력값을 입력할 칸과, 프로세스를 실행시킬 트리거 버튼을 배치하는 것이다. 그럼 다음과 같이 디자인을 해보자.

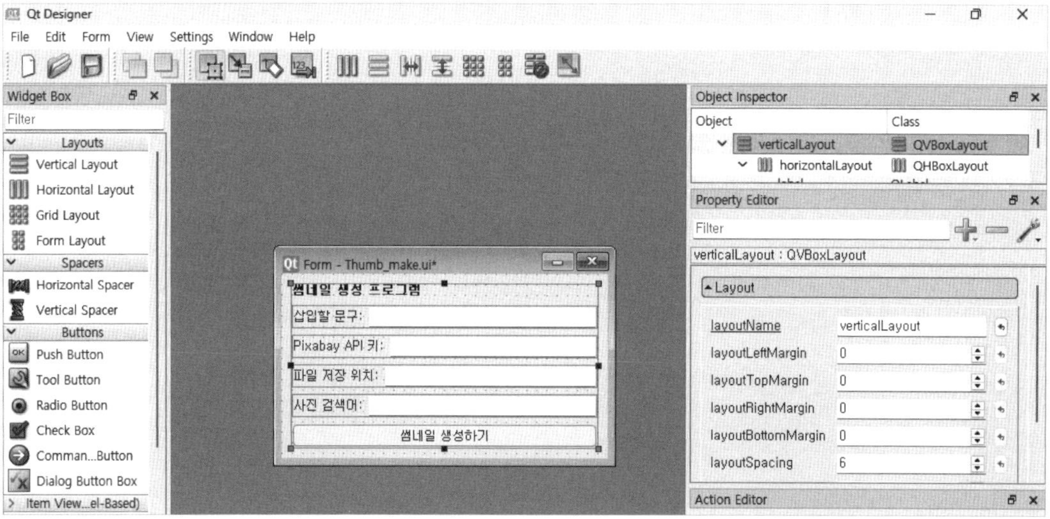

[그림 1-22]

Qt Designer는 사용자가 더욱 직관적으로 디자인할 수 있도록 도와주는 툴이다. Qt Designer를 실행하면 **[그림 1-23]** 같은 창이 뜨는데, 여기에서 [templates₩forms]에서 [Widget]을 선택한 후 <Create>를 클릭한다.

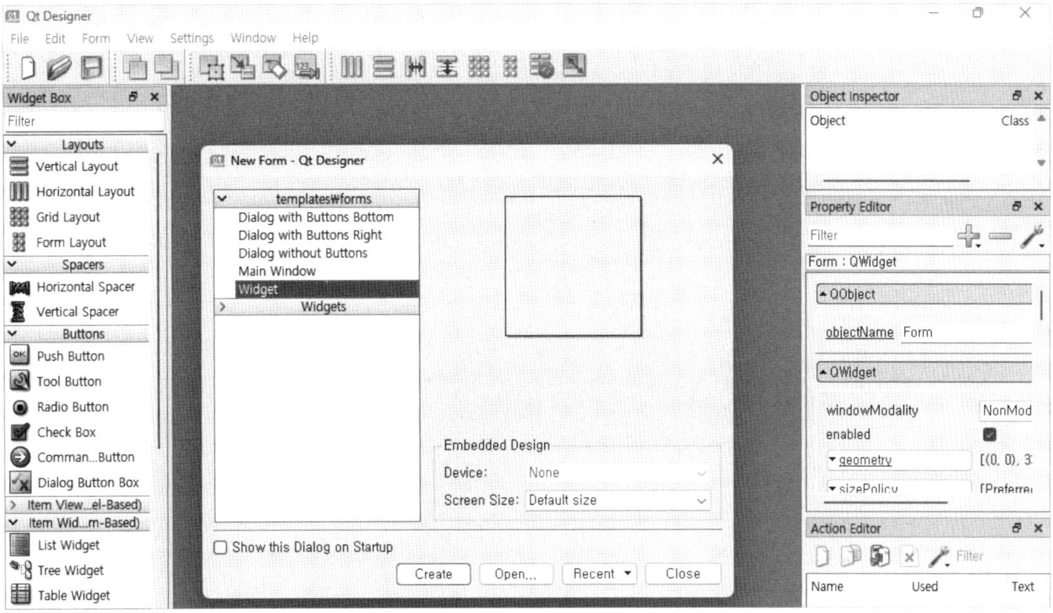

[그림 1-23]

빈 창이 생성되는 것을 확인할 수 있다. 이 상태에서 Layout을 먼저 짜고, 좌측 메뉴의 요소들을 활용하여 우리가 필요로 하는 것을 배치한다. Layout은 요소들을 넣을 골격을 만드는 것이다. 좌측 탭에서 [Layouts]의 종류를 찾아볼 수 있는데, 주로 [Vertical Layout]과 [Horizontal Layout] 두 가지를 사용할 것이다. 전자는 요소들을 수직으로 쌓고, 후자는 요소들을 수평으로 쌓는다.

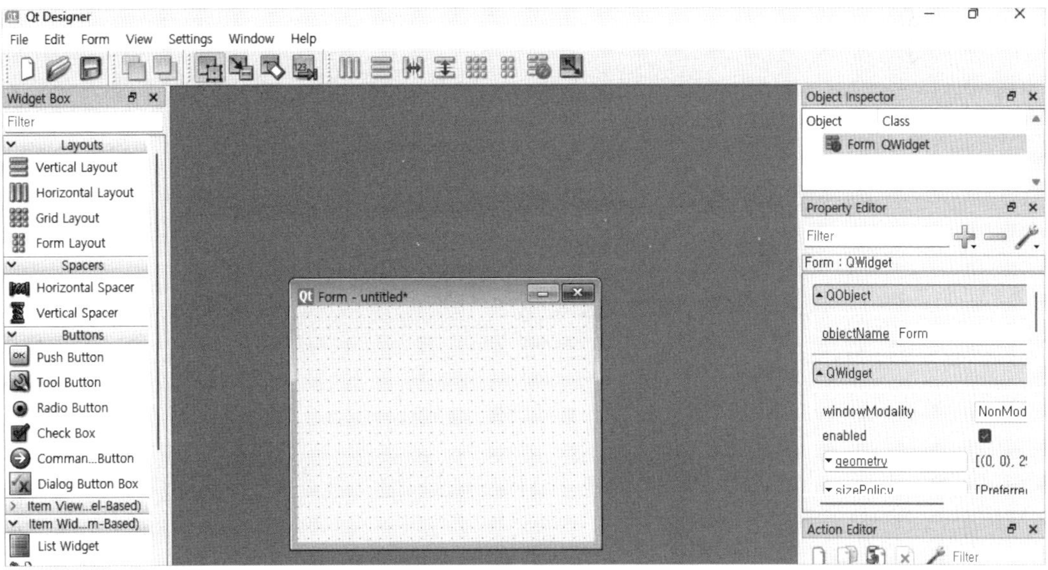

[그림 1-24]

Horizontal Layout을 빈 Form 란에 클릭하여 끌어놓고, 삽입할 문구, Pixabay API 키, 파일 저장 위치, 사진 검색어를 입력할 칸을 만든다. 입력 칸의 이름은 [Display Widgets]의 [Label]을 사용한다.

검색어를 직접 입력하는 칸은 좌측 탭의 [Input Widgets]에서 [Line Edit]을 사용하면 된다. 궁금한 요소들을 Form 란에 끌어보면 금방 어떤 요소를 활용해야 할지 감이 온다. 단일 요소는 수직으로 적층할 때 배치하면 되므로 두 개 이상의 요소로 결합한 수평 요소만 먼저 만든다.

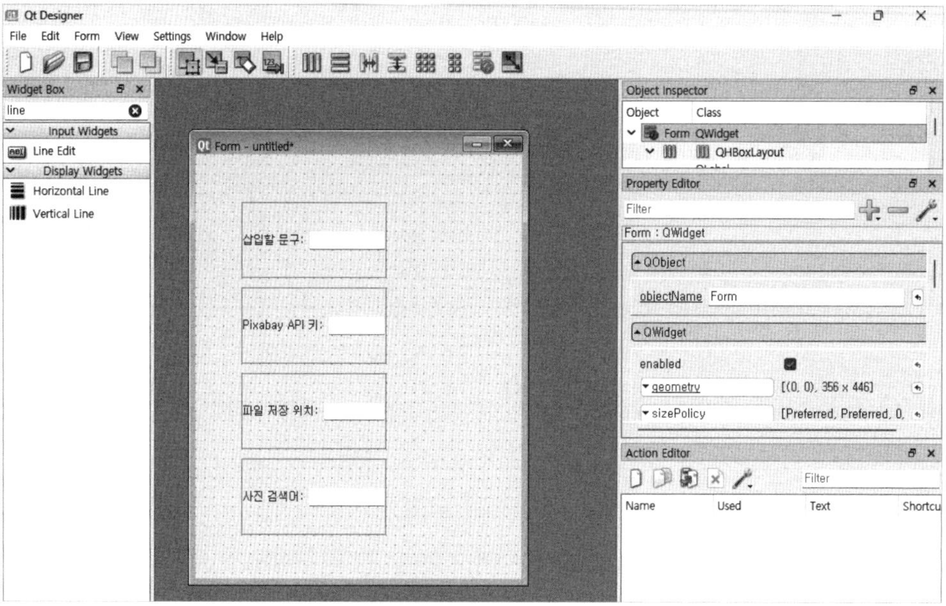

[그림 1-25]

입력값을 넣을 칸을 다 만들었다면 이제 Vertical Layout을 끌어온 후 만들어놓았던 블록을 다음과 같이 수직으로 쌓아주면 된다.

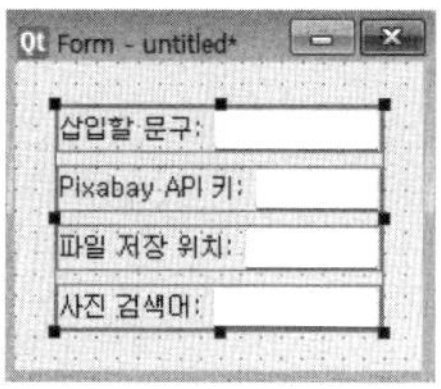

[그림 1-26]

여기서 어떤 프로그램인지 기재하기 위해 TextLabel 칸을 맨 위에 배치하고, 맨 아래에는 썸네일 생성 버튼을 배치한다.

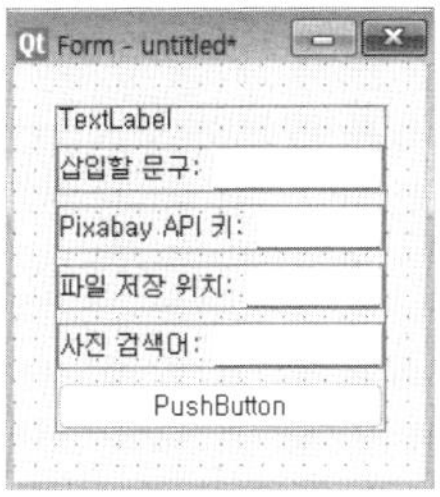

[그림 1-27]

이후 TextLabel에는 썸네일 생성 프로그램을, PushButton에는 썸네일 생성하기를 삽입한다. 이렇게 배치를 끝낸 후 요소를 쌓아놓은 블록이 아닌 배경에 커서를 둔 후 우 클릭을 한다.

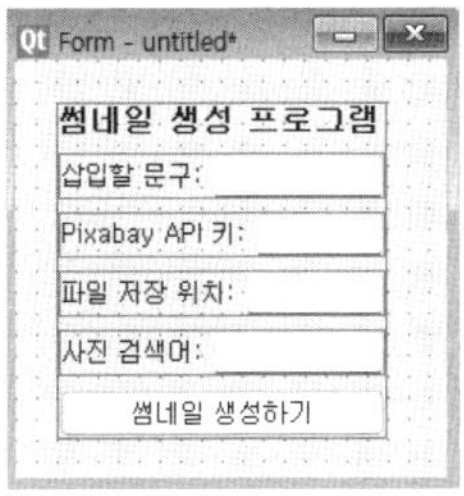

[그림 1-28]

[Layout] 항목에서 [Lay Out in a Grid]를 선택하면 요소 블록이 전체 창 크기에 맞추어진다.

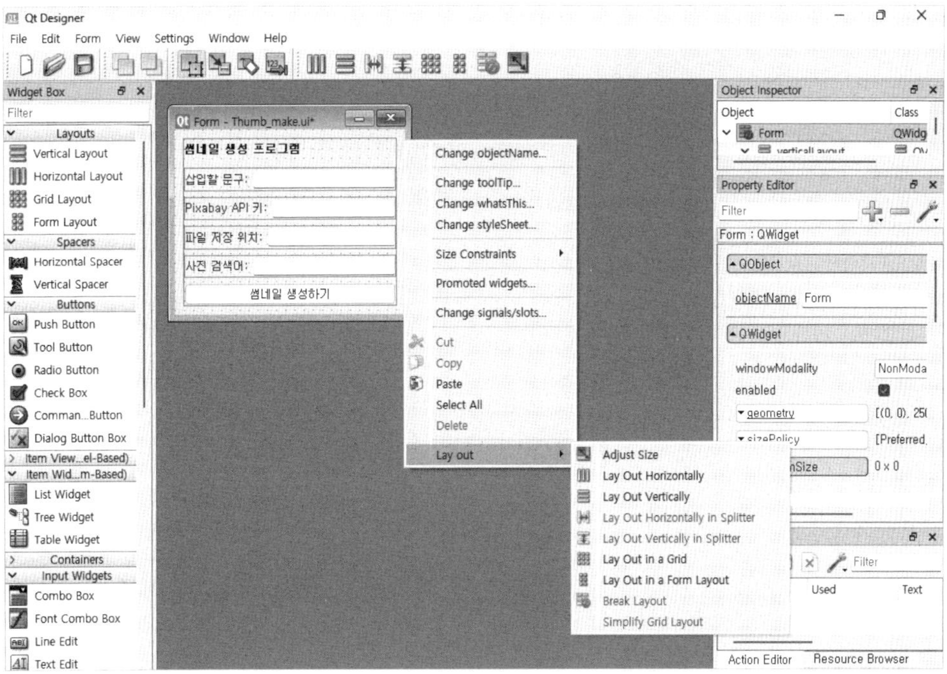

[그림 1-29]

프로그램을 실행할 때 표시되는 레이아웃 디자인은 모두 끝났다. 이제 창의 제목도 설정해보겠다. **[그림 1-30]**과 같이 Qt Designer 화면에서 우측 메뉴의 [Property Editor]에서 [acceptDrops]의 하위 메뉴 [windowTitle]에 빈칸을 상징하는 Form을 기재할 수 있다. 여기에 Thumbnailmaker 등 명명하고 싶은 단어를 쓰면 된다. 마지막으로 <Ctrl> + <S>를 눌러 디자인을 저장한다. 파일을 최초로 저장하는 경우 저장 위치를 선택할 수 있는 창이 뜨며, 원하는 파일명을 지정한다. 여기서는 Thumb_make.ui로 정하겠다.

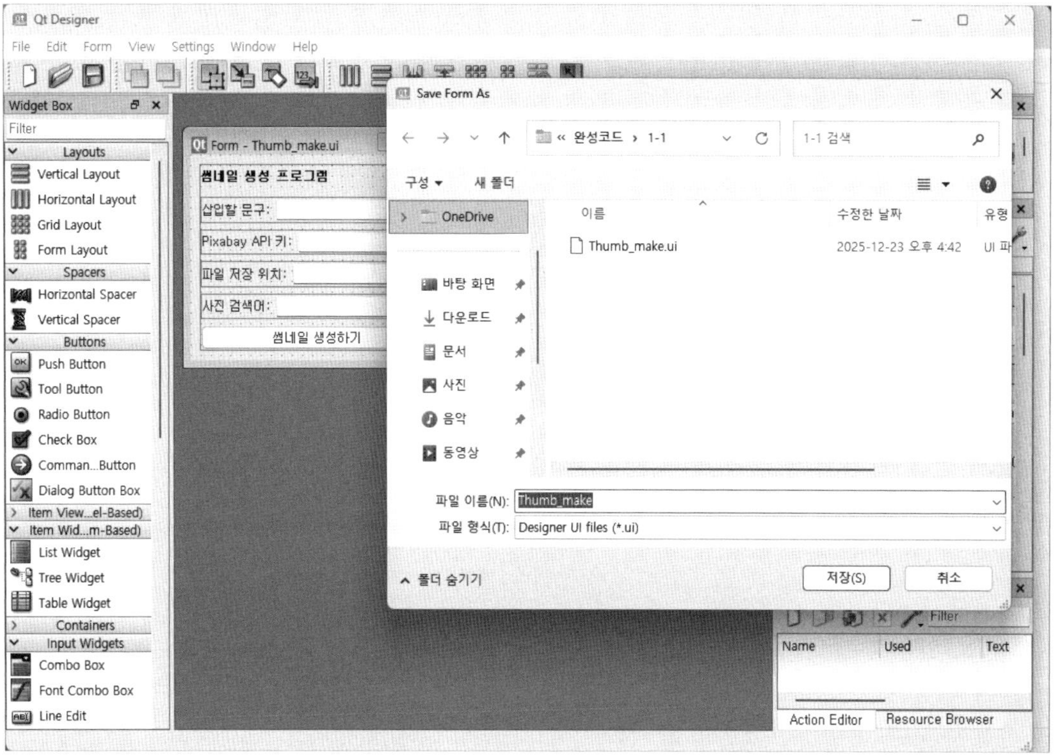

[그림 1-30]

코드로 디자인한 요소를 통제하기 위해서는 삽입할 문구, Pixabay API 키 등과 같은 통제가 필요 없는 요소로 굳이 짓지 않아도 된다. 반대로 어떤 값을 입력하는 칸이나 버튼은 반드시 이름을 지어야 한다. 요소 이름은 요소를 클릭한 후 우측 메뉴의 [Property Editor]에서 [QObject]의 하위 메뉴 [objectName]에서 지어주면 된다. 여기서는 paragraph로 이름을 정하겠다.

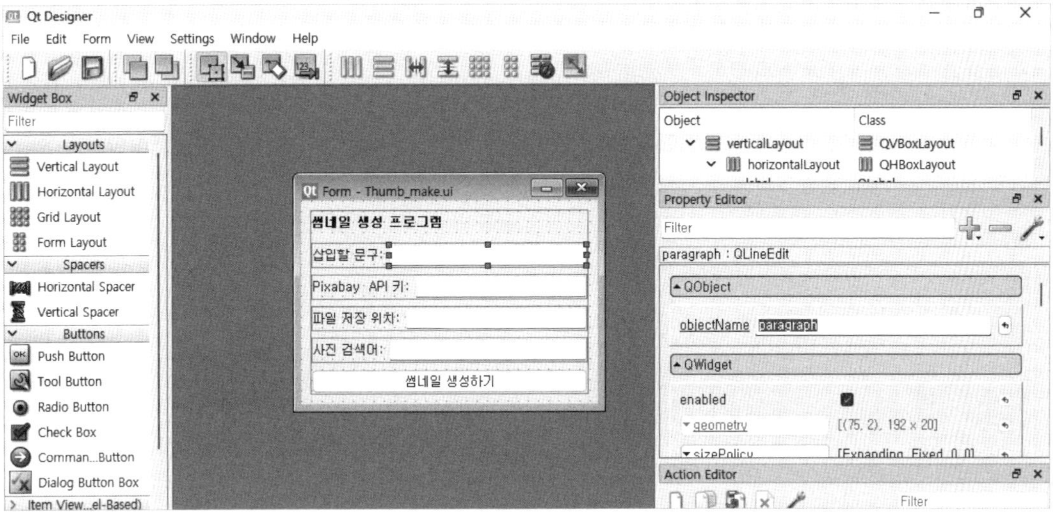

[그림 1-31]

요소의 특징에 따라 이름은 다음과 같이 정하면 된다.

요소명	요소 역할	요소 이름
LineEdit	삽입할 문구 입력 칸	paragraph
LineEdit	Pixabay API 입력 칸	pixakey
LineEdit	파일 저장 위치 입력 칸	location
LineEdit	사진 검색어 입력 칸	imgkey
PushButton	썸네일 생성하기 버튼	thumbnailmake

》결합하기

Qt Designer로 디자인한 ui 파일과 설계했던 코드를 결합한다. 먼저, **[코드 1-12]**는 Qt Designer를 사용하는 한 반복적으로 사용할 수 있는 코드다. 하나의 창을 구성하는 골격이라고 생각하면 된다. 따라서 썸네일 제작 프로그램을 사용하는 것 외에 다른 프로그램을 제작할 때도 사용할 수 있다.

```
import os
import sys
from PyQt5.QtWidgets import *
from PyQt5 import uic

BASE_DIR = os.path.dirname(os.path.abspath(__file__))
UI_PATH = "ui파일명.ui"

class MainDialog(QDialog):
    def __init__(self):
        QDialog.__init__(self, None)
        uic.loadUi(os.path.join(BASE_DIR, UI_PATH), self)

QApplication.setStyle("fusion")
app = QApplication(sys.argv)
main_dialog = MainDialog()
main_dialog.show()

sys.exit(app.exec_())
```

[코드 1-12]

Structure 1은 ui 파일의 경로를 VS Code에서 인식하도록 해주는 코드로 다음과 같다.

```
BASE_DIR = os.path.dirname(os.path.abspath(__file__))
UI_PATH = "ui파일명.ui"
```

Structure 1

설계하고 있는 파이썬 파일(.py)이 존재하는 위치로 ui 파일을 이동시켜 준 후, UI_PATH 변수에 ui 파일명을 넣는다. Structure 2는 Widget 골격을 나타내는 코드로 다음과 같다.

```
class MainDialog(QDialog):
    def __init__(self):
        QDialog.__init__(self, None)
        uic.loadUi(os.path.join(BASE_DIR, UI_PATH), self)
```

```
    def (함수명)(self):
        ...

def (함수명)(self):
        ...
```
Structure 2

주요한 코드를 실행할 버튼을 정의해 준다. Qt Designer로 UI를 디자인할 때 썸네일 생성을 시작할 버튼의 명칭을 thumbnailmake라고 이름을 붙인다.

이 버튼을 누르면 썸네일을 생성하는 코드가 실행되는데, **[코드 1-13]**처럼 **[코드 1-12]**를 수정할 수 있다. "clicked.connect"는 thumbnailmake라는 요소를 눌렀을 때 Thumbnailmake_func 라는 함수로 연결된다는 것을 의미한다. Thumbnailmake_func 함수는 Widget 안에서 구동되기 때문에 **[코드 1-13]**처럼 Class 모듈 내에서 또 다른 함수로써 정의할 수 있다.

```
import os
import sys
import requests
import json
from PIL import Image, ImageDraw, ImageFont
from PyQt5.QtWidgets import *
from PyQt5 import uic


BASE_DIR = os.path.dirname(os.path.abspath(__file__))
UI_PATH = "ui 파일명.ui"

class MainDialog(QDialog):
    def __init__(self):
        QDialog.__init__(self, None)
        uic.loadUi(os.path.join(BASE_DIR, UI_PATH), self)
        self.thumbnailmake.clicked.connect(self.Thumbnailmake_func)
```

```
    def Thumbnailmake_func(self):



QApplication.setStyle("fusion")
app = QApplication(sys.argv)
main_dialog = MainDialog()
main_dialog.show()

sys.exit(app.exec_())
```

[코드 1-13]

이제, 지금까지 적은 코드를 Thumbnailmake_func 함수 안에 붙여 넣으면 **[코드 1-14]**처럼 작성할 수 있다. 여기서 수정해야 할 부분은 input() 함수와 UI_PATH 변수 부분이다. UI_PATH 변수는 방금 저장한 파일명인 "Thumb_make.ui"로 설정한다. 참고로 Thumb_make.ui 디자인 파일은 exe 파일로 최종 빌드하기 전까지는 VS Code로 메인 파이썬 파일(.py)을 실행하는 위치에 있어야 한다. 문제는 input() 함수이다. VS Code로 코드를 작성할 때는 VS Code상에서 입력값을 넣었지만, 이제 독립적인 프로그램에서 입력값을 넣어야 한다.

```
import os
import sys
from PyQt5.QtWidgets import *
from PyQt5 import uic
import request
from PIL import Image, ImageDraw, ImageFont

BASE_DIR = os.path.dirname(os.path.abspath(__file__))
UI_PATH = "Thumb_make.ui"

class MainDialog(QDialog):
    def __init__(self):
        QDialog.__init__(self, None)
        uic.loadUi(os.path.join(BASE_DIR, UI_PATH), self)
```

```
    self.thumbnailmake.clicked.connect(self. Thumbnailmake_func)

def Thumbnailmake_func(self):
    key = input("사진 추출할 키워드를 입력하세요.")  #imgkey
    API_KEY = input("Pixabay API 키를 입력하세요.") #pixakey
    path = input("생성한 썸네일 이미지를 저장할 주소를 입력하세요.") #location
    name = input("썸네일에 기재할 문구를 입력하세요.")  #paragraph

    url=f'https://pixabay.com/api/?key={API_KEY}&q={key}&image_type=photo&per_
    page=3'
    request = requests.get(url)

    json_data = request.json()

    image = json_data['hits'][0]
    img_url = image['largeImageURL']
    r = requests.get(img_url, stream=True)

    address = path + "/" + str(name) + '.jpg'
    with open(address , 'wb') as f:
       f.write(r.content)

    with Image.open(address) as im:
       im_resized = im.resize((600, 600))

    draw = ImageDraw.Draw(im_resized)
    polygon_points = [(0, 200), (600,200), (600,400), (0, 400)]
    color = (0, 153, 153, 170)
    draw.polygon(polygon_points, fill = color)

    font = ImageFont.truetype(path + "/NanumGothic.ttf", 45)
```

```
        left, top, right, bottom = font.getbbox(name)
        height = bottom - top
        width = right - left

        width_line_location = 600 - width - (600 - width)/2
        height_line_location = 300 - height/2

        draw.text((width_line_location, height_line_location), name, font=font)
        im_resized.save(address)

QApplication.setStyle("fusion")
app = QApplication(sys.argv)
main_dialog = MainDialog()
main_dialog.show()

sys.exit(app.exec_())
```

[코드 1-14]

사용자 인터페이스(User Interface, UI) 디자인을 할 때 입력 칸을 Line Edit으로 배치한다. input 함수를 받는 변수 key, API_KEY, path, name은 각각 imgkey, pixakey, location, paragraph라고 이름 붙인 LineEdit 속성에 입력된 값을 가져온다. LineEdit으로 값을 입력받는 코드는 self.(Lineedit 이름).text()이다. 이는 Qt Designer 공식 문서에서도 확인할 수 있는데, 간단한 내용이기 때문에 굳이 공식 문서까지 알아보지 않아도 된다. 구글에 'QLineEdit'이라고 검색하면 자세한 내용을 확인할 수 있다. 따라서 최종적인 설계 결과는 다음과 같다.

```
import os
import sys
from PyQt5.QtWidgets import *
from PyQt5 import uic
import requests
from PIL import Image, ImageDraw, ImageFont
```

```
BASE_DIR = os.path.dirname(os.path.abspath(__file__))
UI_PATH = "Thumb_make.ui"

class MainDialog(QDialog):
    def __init__(self):
        QDialog.__init__(self, None)
        uic.loadUi(os.path.join(BASE_DIR, UI_PATH), self)
        self.thumbnailmake.clicked.connect(self. Thumbnailmake_func)

    def Thumbnailmake_func(self):
        key = self.imgkey.text()
        API_KEY = self.pixakey.text()
        path = self.location.text()
        name = self.paragraph.text()

        url=f'https://pixabay.com/api/?key={API_KEY}&q={key}&image_type=photo&per_
        page=3'
        request = requests.get(url)

        json_data = request.json()

        image = json_data['hits'][0]
        img_url = image['largeImageURL']
        r = requests.get(img_url, stream=True)

        address = path + '/' + str(name) + '.jpg'
        with open(address , 'wb') as f:
           f.write(r.content)

        with Image.open(address) as im:
           im_resized = im.resize((600, 600))
```

```
        draw = ImageDraw.Draw(im_resized)
        polygon_points = [(0, 200), (600,200), (600,400), (0, 400)]
        color = (0, 153, 153, 170)
        draw.polygon(polygon_points, fill = color)

        font = ImageFont.truetype(path + '/NanumGothic.ttf', 45)

        left, top, right, bottom = font.getbbox(name)
        height = bottom - top
        width = right - left

        width_line_location = 600 - width - (600 - width)/2
        height_line_location = 300 - height/2

        draw.text((width_line_location, height_line_location), name, font=font)
        im_resized.save(address)

QApplication.setStyle("fusion")
app = QApplication(sys.argv)
main_dialog = MainDialog()
main_dialog.show()

sys.exit(app.exec_())
```

[코드 1-15]

실행 결과는 다음과 같다. 사진은 사과로, 삽입 문구는 '썸네일 제작 프로그램'으로 한다.

[그림 1-32]

과제 글 요약 프로그램

1장의 프로그램을 설계해보면서 익힌 API 개념을 완벽히 단련할 수 있는 유사한 과제다. 앞서 프로그램 만들 때 데이터를 가져올 대상 사이트가 이미지 무료 사이트였다면, 이번 과제에서는 자신의 블로그에서 데이터를 가져와보자.

주요 목표

URL을 입력하면 내용이 요약되는 프로그램을 만들어보자. URL을 입력하면 해당되는 URL의 글을 가져올 수 있다. 가져온 글은 간추려 프로그램 화면상에 출력하고, 결과는 텍스트 파일로 추출할 수 있도록 한다.

프로그램을 만들기 앞서 두 가지 힌트를 알려주겠다. 첫째, requests 모듈을 사용한다. 둘째, 글을 요약해 주는 모듈의 사용법을 찾아본다. 그럼 힌트를 유의하며 프로그램을 설계해보자.

설계 순서 수립하기

블로그를 운영하면 외부 링크를 적극 이용해야 할 때가 있다. 외부 링크란 타 페이지를 자신의 블로그로 연결하는 링크를 말한다. 이를 백링크(Backlink)라고도 한다. 주요 포털에 검색 노출이 되는 것도 중요하지만, 검색 포털의 영향이 미치지 못하는 곳에서 트래픽을 끌어올 수 있기 때문이다. 예를 들면 트위터나 핀터레스트와 같은 SNS 채널이 있다. 검색 포털은 키워드 위주로 검색 결과를 띄워주지만, SNS 채널은 사용자의 사용 패턴에 따라 게시물을 노출한다. 그렇기에 외부 링크를 활용하면 두 마리의 토끼를 잡을 수 있다.

백링크는 블로그의 신뢰도를 높이는 역할도 한다. 여러 매체에서 자신의 블로그 주소를 언급한다는 것을 검색 포털에서 검색 순위에 긍정적인 영향을 준다. 과거에 비해 백링크의 중요도가 낮아졌지만, 여전히 블로그를 운영하는 많은 사람들은 백링크를 적극 활용하고 있다. 백링크를 생성할 때는 앵커 텍스트(Anchor Text)를 활용하는 것이 좋다.

앵커 텍스트는 다음과 같이 문구에 밑줄이 그어져 있고 문구를 클릭하면 다른 사이트로 넘어간다.

[그림 1-33]

또한 앵커 텍스트만 써서 링크를 삽입하기 보다, 링크의 부가적인 설명을 같이 작성하는 편이 더 좋다. 예를 들어서 워드프레스에 구체적인 내용을 작성하고, 티스토리에 요약한 글을 작성하여 워드프레스로 이동하는 링크를 넣는다. 워드프레스는 전 세계에서 가장 널리 사용되는 오픈 소스 기반 웹 사이트 제작 도구이다. 주로 네이버와 구글 노출에 장점이 있지만 티스토리는 다음 포털에 노출되기 쉬우므로 상호 보완적으로 활용할 수 있다. 티스토리 역시 네이버와 구글 노출이 가능하다는 점에서, 콘텐츠가 중복될 위험도 피할 수 있다.

글 요약 프로그램은 앞서 설계한 썸네일 제작 프로그램에 비해 단순하다. 그렇다고 단계를 나누지 않고 무작정 뛰어들면 실력 향상에 도움이 되지 않는다. 또, 예상치 못한 오류에 당황할 수 있다. 최종 프로그램 GUI 디자인은 **[그림 1-34]**와 같다.

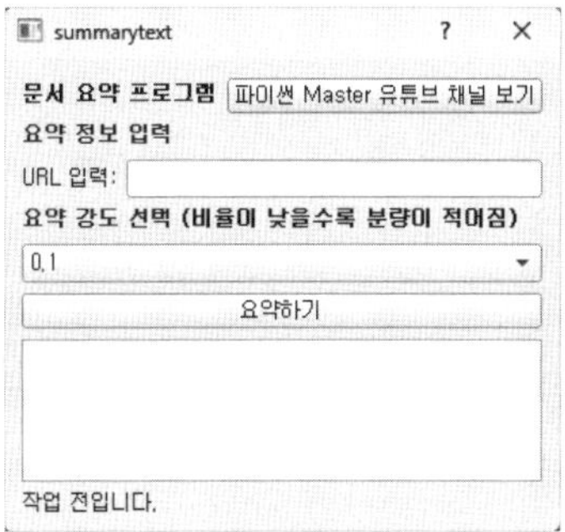

[그림 1-34]

한 가지 참고할 사항은 인터넷에 존재하는 모든 웹 사이트 URL을 적용할 수는 없다. 각 웹 사이트의 구조가 다르기 때문에, 경우에 따라서 해당 사이트의 내용을 가져오지 못 한다. 따라서 웹 사이트의 내용을 가져올 수 없는 경우는 오류를 표시하는 방법으로 설계한다.

| 개요 |

1. 사이트 URL에 접속하여 본문을 가져온다.

2. 가져온 내용에 summarizer 모듈을 적용한다.

| 생각해보기 |

우선 본문을 가져와야 한다. 임의의 웹 사이트에 접속하고 <F12>를 눌러 개발자 도구를 확인해보자. 보통 웹 사이트는 HTML/CSS로 작성되기 때문에 본문은 <p> 태그로 감싸져 있음을 확인할 수 있다. 다음은 워드프레스 사이트에 접속하여 개발자 도구를 연 화면이다. 따라서 웹 사이트의 글을 가져오기 위해선 <p> 태그에 포함된 내용을 읽어와야 한다.

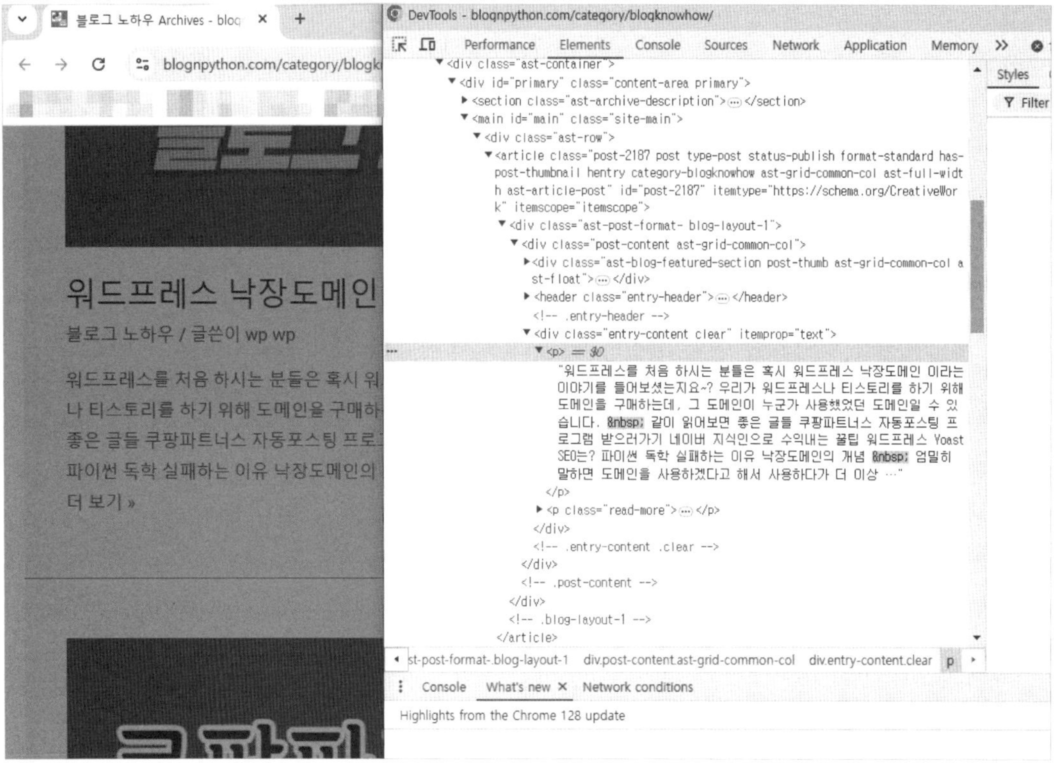

[그림 1-35]

썸네일 제작 프로그램을 설계하면서 requests 모듈을 사용했다. requests 모듈을 통해 URL 정보를 픽사베이 서버에 제공한 후 이미지 정보를 가져왔다. 마찬가지로 해당 사이트의 내용을 가져올 때도 requests 모듈을 활용해볼 수 있다. 그리고 가져온 내용을 쉽게 요약할 방법은 없는지 찾아볼 수 있다. 파이썬은 유용한 모듈이 많이 존재하기 때문에, 자신이 원하는 기능을 일부 구현하는 모듈을 찾는 것이 어렵지 않다. 마지막으로 가져온 내용을 요약해주는 파이썬 모듈에 적용하면 된다.

사전 지식 정리하기

requests는 중요한 개념 중 하나이지만, 암기를 할 필요는 없다. 공식 문서에서 용법에 대해 구체적으로 확인할 수 있기 때문이다. 따라서 과제에서는 어떠한 골격과 용법을 가지고 있는지 확인하고 활용법을 익히자.

키 포인트 requests

requests는 웹 사이트 크롤링에 가장 많이 사용되는 모듈 중 하나로써 셀레니움(Selenium)과 양대 산맥을 이루고 있는 모듈이다. 단순히 웹 페이지의 내용을 가져오려는 경우에는 셀레니움보다 간편하고 빠르기 때문에 requests가 많이 활용된다. requests에는 다양한 메서드가 존재하지만, 주로 GET과 POST 방식을 가장 많이 활용한다. GET 방식은 웹 사이트를 호스팅하는 웹 서버의 데이터를 불러오는 데 사용되고, POST 방식은 해당 웹 서버에 추가 정보를 보내 추가 작업을 요청하는 데 사용된다. 예를 들면 다음과 같다.

```
GET 방식
param = {'Key1': 'Value1', 'Key2':'Value2'}
requests.get("URL", params = param)

requests.get("URL&Key1=Value1&Key2=Value2")

POST 방식
data = {'Key1': 'Value1', 'Key2': 'Value2'}
requests.post("URL", data = data)
```

[코드 1-16]

GET 방식도 POST 방식의 data 매개 변수처럼 별도의 정보를 제공할 수 있다. 다만 GET 방식에서는 data 매개 변수가 아닌 params 매개 변수로 데이터가 입력되며, 이는 URL에 첨부되는 변수가 된다. 다시 말하면 GET 방식에서 params 매개 변수로 입력되는 값은 requests 요청을 보낼 URL의 변수를 추가하는 것이고, POST 방식에서의 data 매개 변수의 입력값은 requests 매개 변수의 결괏값을 변동시키는 요소가 된다. 또한 requests로 받아온 웹 사이트 HTML 정보를 분석하기 위해서는 BeautifulSoup란 모듈과 같이 사용해야 한다.

requests, BeautifulSoup 모두 파이썬 내장 모듈이 아니기 때문에 따로 설치해야 한다.

```
requests 설치: pip install requests
BeautifulSoup 설치: pip install bs4
```

설치는 [그림 1-36]처럼 새로운 명령어 터미널을 열고 pip 명령어를 입력하면 된다.

[그림 1-36]

코드로 구현하기

코드로 구현하는 과정은 두 단계로 진행된다. 첫 번째 단계를 통해서 공식 문서를 활용해볼 것이고, 두 번째 단계에서 간단하게 관련 파이썬 모듈을 적용할 것이다.

1. 사이트 URL에 접속하여 본문을 가져온다.

앞서 언급한 대로, requests 모듈을 검색하는 것으로 설계를 시작해보자. requests 공식 문서(requests.readthedocs.io)는 구글에 'Python requests official document'로 검색하여 접속할 수 있다. 다음은 구글 검색 결과 섹션이다.

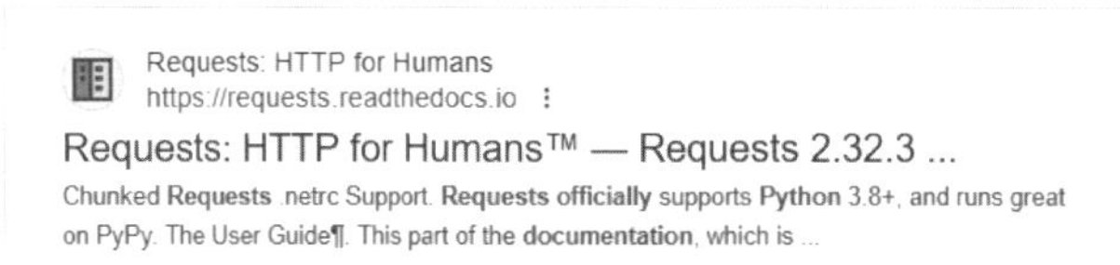

[그림 1-37]

requests 공식 문서에 접속하면 메인 화면에 다음과 같은 내용이 뜬다. 이것은 requests의 가장 기본적인 용법이다. 어떤 특정 URL의 정보를 가져오려면 get 메서드를 사용한다는 의미이다. requests.get(url, auth = ()) 형태로 정리할 수 있는데, auth 매개 변수는 URL 접속 권한에 관한 정보를 제공할 때 사용한다. 접속하고자 하는 URL이 특정 사용자의 접근을 차단하고 있는 경우에는 auth 매개 변수를 반드시 지정해야 한다. 하지만 보통의 웹 사이트는 많은 사용자에게 노출되어야 하므로 접근 제한 조건이 없는 경우가 많아 대부분 auth 매개 변수를 입력하지 않아도 된다.

```
>>> r = requests.get('https://api.github.com/user', auth=('user', 'pass'))
>>> r.status_code
200
>>> r.headers['content-type']
'application/json; charset=utf8'
>>> r.encoding
'utf-8'
>>> r.text
'{"type":"User"...'
>>> r.json()
{'private_gists': 419, 'total_private_repos': 77, ...}
```

[그림 1-38]

requests 요청을 한 결과는 .status_code, .headers, .encoding, .text, .json() 총 다섯 가지로 출력을 할 수 있다. 다만 HTML/CSS 로 작성된 본문을 가져와야 해서 네 번째 방법인 .text를 이용한다. 다섯 번째의 경우 딕셔너리와 유사한 형태의 데이터를 불러올 때 사용하여, 과제와 연관이 없다. 즉 웹 사이트의 HTML/CSS 소스를 가져오면, 텍스트 데이터로 추출이 된다. 파이썬 데이터 형식은 str이다. 문제는 필요한 정보 <p> 태그에 담긴 문구뿐이라는 것이다. <p> 태그만을 골라내기 위해서는 현재의 데이터 형식을 선택하기 쉽도록 변환해야 한다. 그 역할을 하는 것이 BeautifulSoup이라는 유명한 모듈이다.

BeautifulSoup 공식 문서(beautiful-soup-4.readthedocs.io)에 접속하면 설치 방법과 함께 간단한 용법을 소개하고 있다. **[그림 1-39]**은 그중 일부이다. 첫 번째 과제에서 모듈을 설치한 것처럼 BeautifulSoup도 pip install 명령어를 사용하여 설치할 수 있다.

Beautiful Soup 4 is published through PyPi, so if you can't install it with the system packager, you can install it with `easy_install` or `pip`. The package name is `beautifulsoup4`. Make sure you use the right version of `pip` or `easy_install` for your Python version (these may be named `pip3` and `easy_install3` respectively).

```
$ easy_install beautifulsoup4

$ pip install beautifulsoup4
```

[그림 1-39]

다음으로 파서(parser)에 관한 개념이 나온다. 파서란 불러온 HTML 정보를 이해할 수 있는 구조로 변환하는 기능을 말한다. 다시 말하면 str 데이터로 가져온 HTML 코드를, 태그는 태그로 글자는 글자로 인식하도록 만든다. 다음처럼 공식 문서의 설명과 같이 BeautifulSoup을 사용하려면 파서를 설치해야 하는데, HTML 구문을 분석하는 HTML 파서는 기본적으로 내장이 되어 있어 별도의 설치가 필요 없다.

Installing a parser

Beautiful Soup supports the HTML parser included in Python's standard library, but it also supports a number of third-party Python parsers. One is the lxml parser. Depending on your setup, you might install lxml with one of these commands:

```
$ apt-get install python-lxml

$ easy_install lxml

$ pip install lxml
```

[그림 1-40]

BeautifulSoup 공식 문서를 더 살펴보면 **[그림 1-41]**과 같이 용법이 나온다.

Navigating the tree¶

Here's the "Three sisters" HTML document again:

```
html_doc = """
<html><head><title>The Dormouse's story</title></head>
<body>
<p class="title"><b>The Dormouse's story</b></p>

<p class="story">Once upon a time there were three little sisters; and their names were
<a href="http://example.com/elsie" class="sister" id="link1">Elsie</a>,
<a href="http://example.com/lacie" class="sister" id="link2">Lacie</a> and
<a href="http://example.com/tillie" class="sister" id="link3">Tillie</a>;
and they lived at the bottom of a well.</p>

<p class="story">...</p>
"""

from bs4 import BeautifulSoup
soup = BeautifulSoup(html_doc, 'html.parser')
```

[그림 1-41]

HTML 파서로 분석할 문서가 담긴 변수를 BeautifulSoup 모듈의 인자로 넣는다. 그리고 파서의 종류를 두 번째 인자인 'html.parser'에 넣는다. 분석 결과를 soup라는 변수에 저장되며, **[그림 1-42]**처럼 필요한 요소들을 선택하여 값을 추출할 수 있다.

Here are some simple ways to navigate that data structure:

```
soup.title
# <title>The Dormouse's story</title>

soup.title.name
# u'title'

soup.title.string
# u'The Dormouse's story'

soup.title.parent.name
# u'head'

soup.p
# <p class="title"><b>The Dormouse's story</b></p>

soup.p['class']
# u'title'

soup.a
# <a class="sister" href="http://example.com/elsie" id="link1">Elsie</a>

soup.find_all('a')
# [<a class="sister" href="http://example.com/elsie" id="link1">Elsie</a>,
#  <a class="sister" href="http://example.com/lacie" id="link2">Lacie</a>,
#  <a class="sister" href="http://example.com/tillie" id="link3">Tillie</a>]

soup.find(id="link3")
# <a class="sister" href="http://example.com/tillie" id="link3">Tillie</a>
```

[그림 1-42]

[그림 1-38]에서 requests 모듈로 가져온 HTML 문서를 text 형태로 받아올 수 있다는 점을 배웠다. 그렇다면 웹 사이트의 본문을 가져와서 HTML 구문 분석을 한 결과를 나타내는 코드는 다음과 같이 나타낼 수 있다. response.text에 담긴 내용은 str 데이터이기 때문에 필요로 하는 태그를 골라낼 수 없지만, soup는 가능하다.

```
import requests
from bs4 import BeautifulSoup


URL = input('요약하고 싶은 웹 페이지의 URL을 입력하세요.')
response = requests.get(URL)
soup = BeautifulSoup(response.text, 'html.parser')
```

[코드 1-17]

[그림 1-42]에 보면 태그를 선택하는 방법에 대해서도 알 수 있다. 예시 코드 soup.find_all('a')에는 하이퍼링크를 뜻하는 <a> 태그를 선택하는 방법이 서술되어 있다. 자료에 포함된 모든 a 태그를 가져오라는 뜻이다. 그 결과를 리스트 형태의 데이터형으로 받는다.

동일하게 <p> 태그도 선택할 수 있다. 여기서 잠깐 웹 사이트의 <p> 태그가 어떻게 구성되어 있는지, 필자의 사이트에 다시 접속하여 개발자 도구로 살펴보겠다. **[그림 1-43]**을 보면 <p> 태그가 상당히 여러 개 분포한다는 것을 알 수 있다. 줄 바꿈이 있을 때나 <p> 태그가 새로 생성되고 있음을 확인할 수 있다.

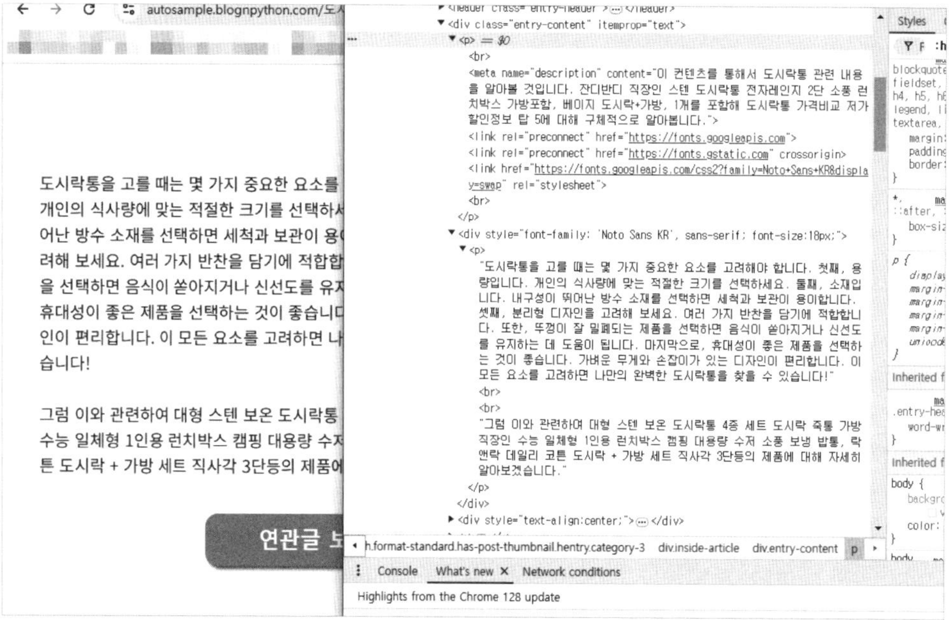

[그림 1-43]

대부분의 웹 사이트는 본문을 한 문단으로 열거하지 않기 때문에, **[그림 1-42]**의 find_all 메서드의 용법처럼 여러 개의 <p> 태그가 리스트 데이터로 저장되는 사실을 유추할 수 있다. 그 데이터를 paragraphs라는 새로운 변수에 저장해보겠다. 문제는 요약하기 위해서 paragraphs 데이터 자체로는 불가능하다. 이 리스트 데이터를 다시 문장으로 만들어야 요약이 가능하다.

검색 포털에 'list to str'과 같이 검색해보자. 파이썬 공식 문서를 통해서도 쉽게 할 수 있지만, 간단한 개념이기 때문에 일반 포털 검색으로도 해결할 수 있다.

구글에 검색하면 **[그림 1-44]** 처럼 검색 결과를 엿볼 수 있다.

Stack Overflow
https://stackoverflow.com › questions › how-to-convert-... ⋮

How to convert list to string [duplicate] - python

2011. 4. 11. — Use ''.join : xs = ['1', '2', '3'] s = ''.join(xs) If the **list** contains integers, convert the elements to **string** before joining them.

convert **list** into **string** in python3 - Stack Overflow	2016년 5월 22일
What means Workers = **List[str]**? How to add string?	2021년 10월 27일
Convert **list to string** using python - Stack Overflow	2015년 11월 10일
How to concatenate (join) items in a **list** to a single **string**	2012년 9월 17일

stackoverflow.com 검색결과 더보기

[그림 1-44]

리스트를 문자열 데이터로 바꿀 수 있는 해결책을 알기 위해 들어가본다. 그러면 다음과 같이 짤막한 답변을 볼 수 있다.

Use `''.join`:

```
xs = ['1', '2', '3']
s = ''.join(xs)
```

[그림 1-45]

문제는 paragraphs라는 변수에 들어 있는 항목의 내용이다. <p> 태그를 가져왔기 때문에, 이 변수 안에 있는 각 요소도 <p> 태그로 감싸져 있다. 이를테면 '<p>안녕하세요</p>'와 같다. 따라서 태그를 제외하고, 문자만 추출해야 한다. 그에 대한 해답은 다시 BeautifulSoup의 공식 문서에서 찾을 수 있다. **[그림 1-46]**처럼 get_text() 메서드를 활용한다.

get_text()

If you only want the human-readable text inside a document or tag, you can use the `get_text()` method. It returns all the text in a document or beneath a tag, as a single Unicode string:

```
markup = '<a href="http://example.com/">₩nI linked to <i>example.com</i>₩n</a>'
soup = BeautifulSoup(markup, 'html.parser')

soup.get_text()
'₩nI linked to example.com₩n'
soup.i.get_text()
'example.com'
```

You can specify a string to be used to join the bits of text together:

```
# soup.get_text("|")
'₩nI linked to |example.com|₩n'
```

You can tell Beautiful Soup to strip whitespace from the beginning and end of each bit of text:

[그림 1-46]

[그림 1-45]의 코드 중간에 각 항목을 하나씩 뺀 후 get_text()를 적용하는 과정을 코드로 표현해야 한다. 예시 코드에는 세 개의 인자밖에 없지만, 실제로 웹 사이트의 <p> 태그를 크롤링하면 리스트 항목의 개수는 더 늘어난다. 즉, 반복적인 동작이 필요하므로 반복문이 필요하다는 것을 유추할 수 있다. 파이썬의 반복문도 for 문으로 표현한다. 다시 파이썬 공식 문서로 이동해 보자. 다음은 파이썬 공식 문서 튜토리얼 4.2에 접속했을 때 처음 접하게 되는 예시 코드이다.

```
>>> # Measure some strings:
>>> words = ['cat', 'window', 'defenestrate']
>>> for w in words:
...     print(w, len(w))
...
cat 3
window 6
defenestrate 12
```

[그림 1-47]

words라는 리스트에는 cat, window, defenestrate라는 세 개의 문자열이 항목으로 들어 있다. 이 항목이 for w in words라는 반복문을 거치면서 하나씩 꺼내져 w라는 변수에 저장된다. 결괏값을 보면 첫 번째 항목인 cat이 가장 먼저 출력되고, 문자열의 길이를 출력하는 len() 함수로 인해 3이 출력된다. 그 결과 코드도 다음과 같이 써볼 수 있다.

```
import requests
from bs4 import BeautifulSoup

URL = input('요약하고 싶은 웹 페이지의 URL을 입력하세요.')
response = requests.get(URL)
soup = BeautifulSoup(response.text, 'html.parser')

paragraphs = soup.find_all('p')

for paragraph in paragraphs:
    paragraph.get_text()
```

[코드 1-18]

[그림 1-45] 코드를 적용하려면, paragraph.get_text() 결과를 다시 리스트로 만들어야 한다. 즉 빈 리스트 공간을 별도의 변수에 지정한 후, paragraph.get_text()를 순차적으로 추가할 수 있

다. 파이썬 공식 문서 튜토리얼 4.2를 아래로 스크롤하면, 리스트 항목의 추가 방법에 대해서도 **[그림 1-48]**과 같이 나온다. 'The method append( ) shown in the example is defined for list objects; it adds a new element at the end of the list.'을 읽어보면 리스트명에 .append 메서드를 적용하라는 것을 알 수 있다. 샵(#)에 see below가 기재가 되어 있는데, 아래 설명을 보라는 이야기이다.

```
>>> def fib2(n):  # return Fibonacci series up to n
...     """Return a list containing the Fibonacci series up to n."""
...     result = []
...     a, b = 0, 1
...     while a < n:
...         result.append(a)    # see below
...         a, b = b, a+b
...     return result
...
>>> f100 = fib2(100)    # call it
>>> f100                # write the result
[0, 1, 1, 2, 3, 5, 8, 13, 21, 34, 55, 89]
```

This example, as usual, demonstrates some new Python features:

- The `return` statement returns with a value from a function. `return` without an expression argument returns `None`. Falling off the end of a function also returns `None`.
- The statement `result.append(a)` calls a *method* of the list object `result`. A method is a function that 'belongs' to an object and is named `obj.methodname`, where `obj` is some object (this may be an expression), and `methodname` is the name of a method that is defined by the object's type. Different types define different methods. Methods of different types may have the same name without causing ambiguity. (It is possible to define your own object types and methods, using *classes*, see Classes) The method `append()` shown in the example is defined for list objects; it adds a new element at the end of the list. In this example it is equivalent to `result = result + [a]`, but more efficient.

[그림 1-48]

[코드 1-18]에서 문단을 연결하는 부분을 다시 코드로 작성하면 **[코드 1-19]**같이 수정할 수 있다.

```
texts = []
for paragraph in paragraphs:
    texts.append(paragraph.get_text())

content = ' '.join(texts)
```

[코드 1-19]

여기까지의 결과를 종합하면 다음과 같다.

```
import requests
from bs4 import BeautifulSoup

URL = input('요약하고 싶은 웹 페이지의 URL을 입력하세요.')
response = requests.get(URL)
soup = BeautifulSoup(response.text, 'html.parser')

paragraphs = soup.find_all('p')

texts = []
for paragraph in paragraphs:
    texts.append(paragraph.get_text())

content = ''.join(texts)
```

[코드 1-20]

코드를 실행하면 [그림 1-49]에서 보는 것처럼 웹 사이트의 본문이 정상적으로 불러와지는 것을 확인할 수 있다.

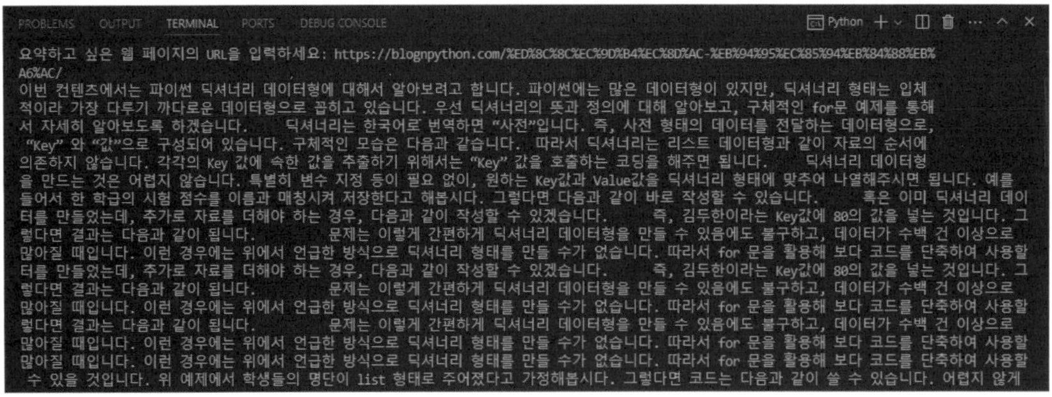

[그림 1-49]

2. 가져온 내용에 summarizer 모듈을 적용한다.

먼저 검색 포털에 'Python text summarization', 'Python text summary module', 'Python text summary library' 등과 같이 다양하게 검색한다. 그러다 보면 파이썬에서 활용하는 가장 대표적인 요약 알고리즘으로 TextRank가 활용된다는 것을 알 수 있다. 이제 PyPI 사이트(pypi.org)로 이동하자. 이 사이트는 다양한 파이썬 프로젝트를 소개하는 곳으로, 참고할 만한 자료가 많으니 기억해두자. **[그림 1-50]**처럼 메인 화면에 접속한 후 'textrank'로 검색하면 'summa'에 대한 정보를 찾을 수 있다.

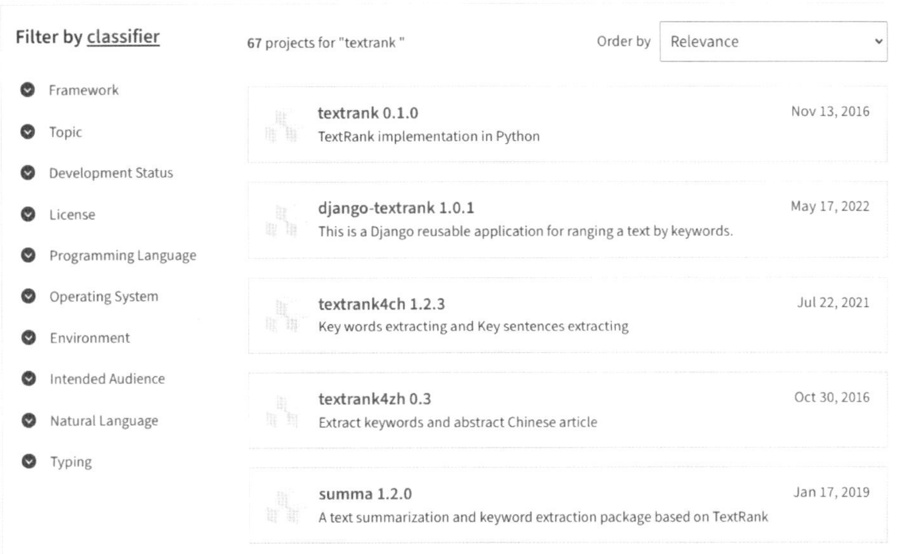

[그림 1-50]

위 문서를 살펴보면, 다른 모듈보다도 훨씬 간단하다는 점을 알 수 있다. summa 모듈을 설치하고, 다음과 같이 입력하면 된다.

```
from summa import summarizer

summarize('요약할 텍스트', ratio=요약 비율)
```

[코드 1-21]

앞서 배웠듯 모듈 설치는 터미널 창을 열고 pip install summa 명령어로 가능하다. 여기서 ratio는 요약의 정도를 나타내는 변수로 1 이하의 0.1 단위를 가진 수치로 입력한다. 이어서 가져온 문구를 이 summarize의 '요약할 텍스트'에 넣어주면 된다. 그런데 한 가지 유의해야 할 점은 프로젝트 서두에서도 언급했듯 모든 웹 사이트의 <p> 태그를 추출할 수 있지 않다고 하였다. 따라서 조건문을 통해 텍스트가 정상적으로 추출된 경우와 그렇지 않은 경우를 구분해야 한다. 파이썬 조건문 역시 공식 문서에서 확인할 수 있다.

파이썬 공식 문서 튜토리얼 4.1에 보면 **[그림 1-51]**같이 조건문은 if, elif, else로 이루어진 것을 확인할 수 있다. if 조건에 해당하면 해당 블록을 출력하고, if 조건을 만족하지 않는 경우 elif 문의 조건을 만족하는지 확인한다. 만약 elif의 조건문을 만족한다면 해당 조건문의 해당 블록을 출력한다. 또한 'There can be zero or more elif parts, and the else part is optional.' 문장처럼 if와 elif 조건문을 모두 만족하지 않는 경우 else의 해당 블록을 출력하는 구조이다. 참고로 elif 문과 else 문은 때에 따라 생략이 가능하다.

```
>>> x = int(input("Please enter an integer: "))
Please enter an integer: 42
>>> if x < 0:
...     x = 0
...     print('Negative changed to zero')
... elif x == 0:
...     print('Zero')
... elif x == 1:
...     print('Single')
... else:
...     print('More')
...
More
```

There can be zero or more `elif` parts, and the `else` part is optional. The keyword '`elif`' is short for 'else if', and is useful to avoid excessive indentation. An `if` ... `elif` ... `elif` ... sequence is a substitute for the `switch` or `case` statements found in other languages.

If you're comparing the same value to several constants, or checking for specific types or attributes, you may also find the `match` statement useful. For more details see match Statements.

[그림 1-51]

이것을 종합하면, 단계 2의 코드는 다음과 같이 작성할 수 있다. 조건문의 비교 연산자 개념은 어렵지 않게 찾아 숙지할 수 있기 때문에, 부연 설명은 하지 않겠다.

```
from summa import summarizer
content = input("요약할 본문을 입력부.")
ratio = 0.1
if content != "":
  summary = summarizer.summarize(content, ratio=ratio)
```

```
    print(summary)

else:
    print("요약에 실패했습니다.")
```
[코드 1-22]

content 변수는 str 데이터이므로, 글 추출에 실패했을 때 비어있는 변수를 표시하기 위해 if 문의 조건에 큰따옴표로 표현한다. 그래서 if 문은 content가 빈 변수가 아닌 경우 요약을 진행한다. 만약 content가 빈 변수면 요약에 실패했다는 메시지를 출력한다. 최종 출력 코드는 다음과 같다.

```
import requests
from bs4 import BeautifulSoup
from summa import summarizer

url = input('요약하고 싶은 웹 페이지의 URL을 입력하세요.')
response = requests.get(url)
soup = BeautifulSoup(response.text, 'html.parser')
paragraphs = soup.find_all('p')
texts = []
for paragraph in paragraphs:
    texts.append(paragraph.get_text())

content = ''.join(texts)

ratio = 0.1

if content != '':
    summary = summarizer.summarize(content, ratio = ratio)
    print(summary)
else:
    print('요약에 실패했습니다.')
```
[코드 1-23]

GUI로 구현하기

GUI 디자인은 정답이 없다. 홀로 사용하고자 한다면 사용자의 편의성을 고려하지 않아도 되지만, 만약 배포를 목적으로 제작한다면 편의성을 고려해야 한다. 배포 후 사용자들의 피드백을 받고 수정해나가도 좋다.

》 그래픽 디자인하기

디자인할 최종 결과는 다음과 같다. 썸네일 생성 프로그램은 간단히 디자인하였지만, 과제에서는 안내 라벨 문구에 색상을 넣고 작업 진행 상황을 알려주는 메시지 창도 디자인할 것이다. 또한 타인에게 프로그램을 공유할 때, 타인이 자신의 SNS 채널로 이동하는 버튼도 만들어보겠다.

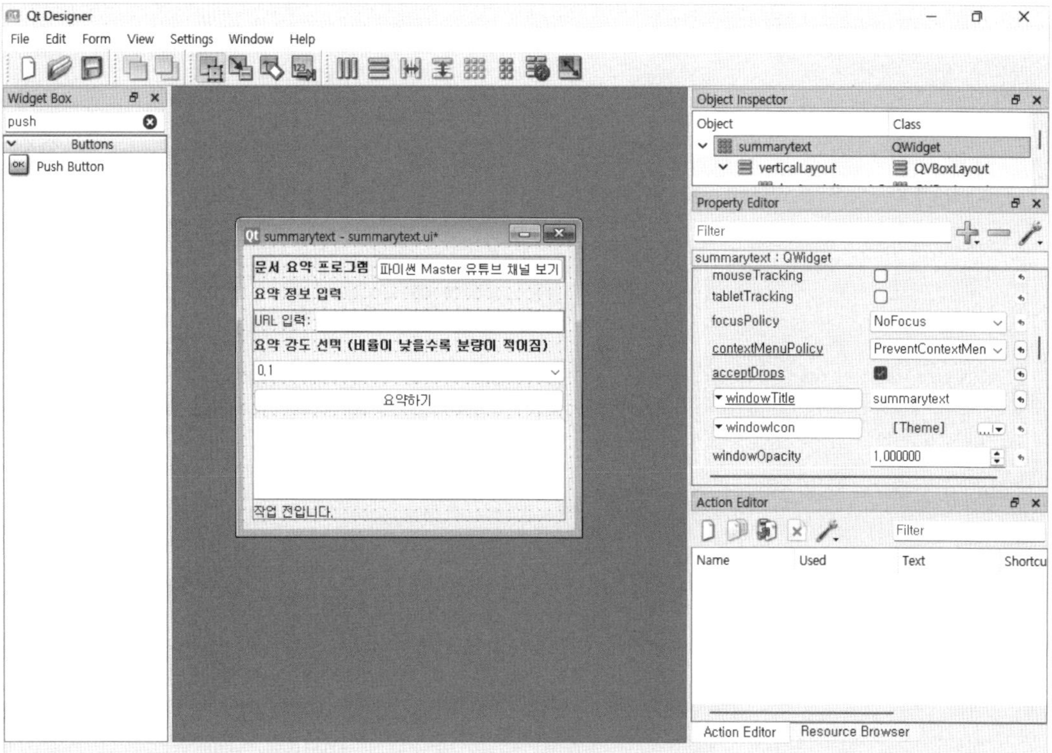

[그림 1-52]

Qt Designer를 실행하여 Widget 창을 개설하는 것은 **[그림 1-23]**에서 설명하였기 때문에, 다시 언급하지는 않겠다. 다음과 같이 빈 위젯 창을 두고 Widget Box에서 [Horizontal Layout]

을 끌어와 URL 입력부를 만들고, 프로그램의 명칭과 자신의 SNS 채널로 이동할 버튼을 배치한다. '문서 요약 프로그램'과 'URL 입력:' 문구 모두 Widget Box의 Display Widgets-Label 요소를 사용하고 URL 입력 칸은 Input Widgets-Line Edit을 사용한다.

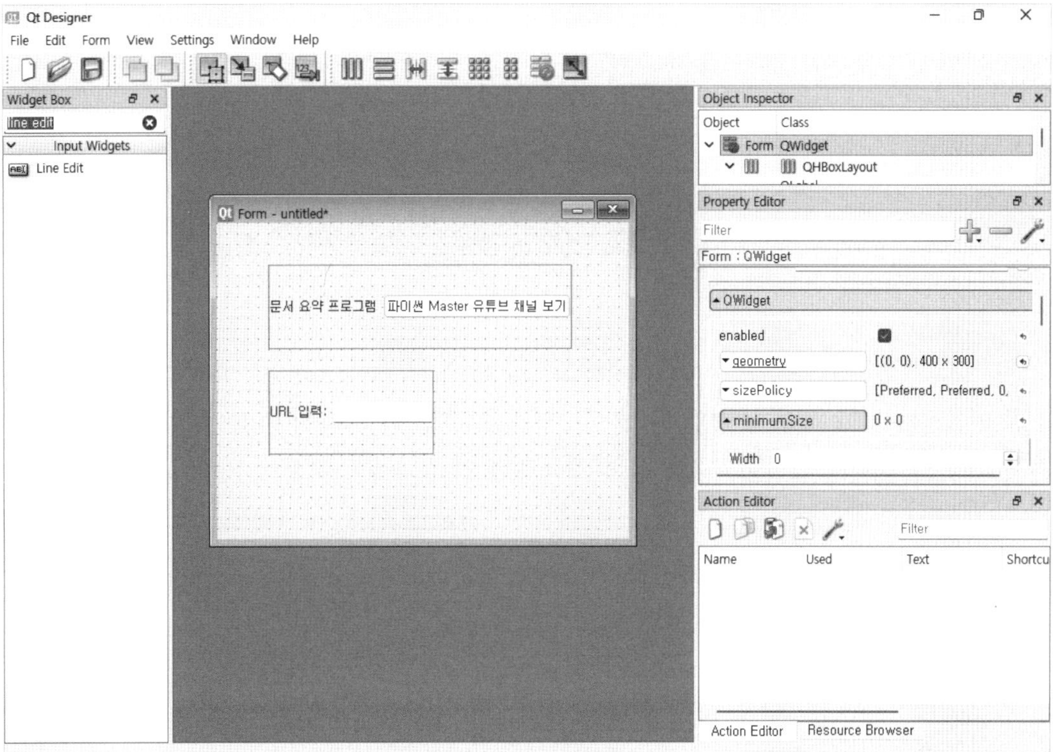

[그림 1-53]

이제 **[그림 1-54]**처럼 Widget Box의 Vertical Layout을 끌어와 **[그림 1-53]**에서 만든 요소들을 적층한다. 또 글 요약을 실행할 버튼과 안내 문구도 적층한다.

[그림 1-54]

'요약 정보 입력', '요약 강도 선택' 문구도 모두 [Display Widgets]의 Label 요소를 사용한다. Label을 순서에 맞게 끌어온 후 더블 클릭하면 문구를 수정할 수 있다.

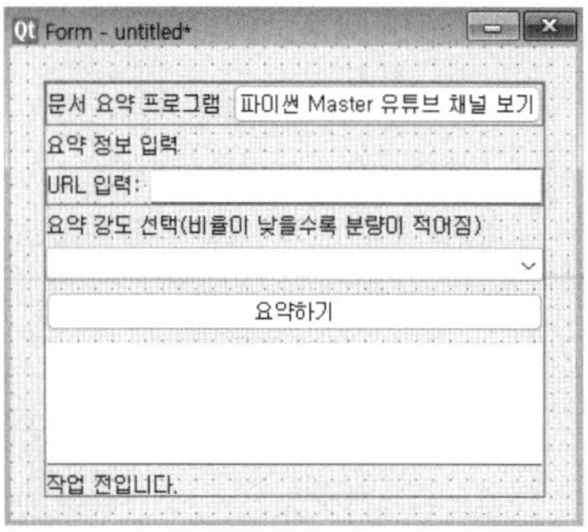

[그림 1-55]

'요약 강도 선택' 문구 밑에 Combo Box라는 요소를 추가한다. Combo Box는 여러 가지 옵션을 만들고 선택할 수 있는 선택 박스이다. 이것은 [Widget Box]의 Input Widgets 요소에서 찾을 수 있다. 이어서 요약하기 버튼을 추가하고, 요약 결과를 출력할 칸을 [Input Widgets]의 [Text Edit]으로 배치한다. 참고로 Text Edit 대신 Display Widgets에서 Text Browser 요소를 사용할 수도 있다. 하지만 Text Browser는 받은 텍스트를 출력만 해줄 뿐 수정이 안 되기 때문에 자유도가 낮으므로 여기서는 쓰지 않겠다.

Combo Box를 클릭하면 **[그림 1-56]**과 같은 화면이 나온다. 이 화면에서 <+> 아이콘을 클릭한 후 원하는 분량만큼 글자나 숫자 등을 추가하고 <OK>를 클릭한다.

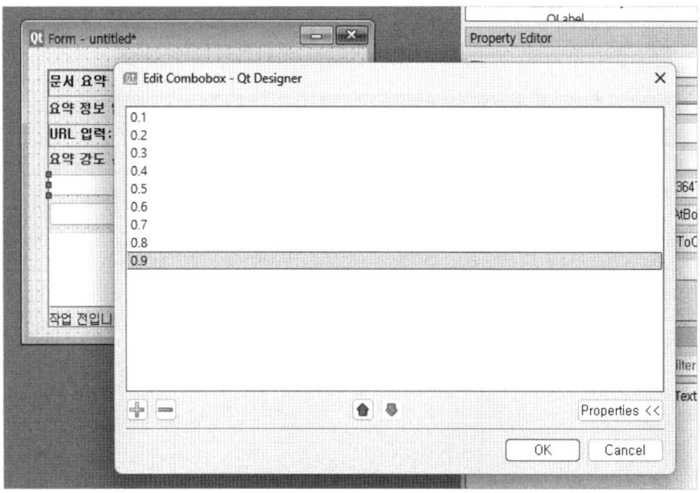

[그림 1-56]

이제 글씨에 색을 넣을 수 있는데, 다음과 같이 수정할 요소를 클릭한 후 우측 메뉴 [Property Editor]에서 [QLabel]을 발견할 수 있다. 하위 메뉴 text를 클릭하면 편집기가 나온다. 편집기는 직관적으로 되어 있어 직접 요소들을 눌러보고 원하는 디자인을 만들면 된다.

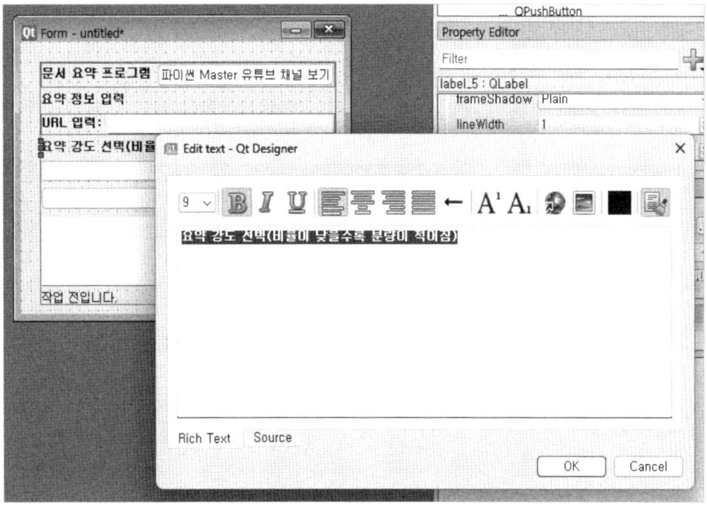

[그림 1-57]

디자인을 완료하였다면 **[그림 1-29]**와 같이 [Lay Out in a Grid]를 선택하고, <Ctrl> + <S>를 눌러 파일을 저장한다. **[그림 1-30]**과 같이 윈도우 창의 이름을 알아보기 쉽게 'Document Summary' 처럼 문구로 바꾸어도 좋다. 마지막으로 배치한 요소의 명칭은 다음과 같이 정한다. 파일명은 summarytext.ui로 하겠다.

요소명	요소 역할	요소 이름
PushButton	유튜브 채널 링크 버튼	go_to_youtube
LineEdit	URL이 들어갈 입력 칸	url_link
ComboBox	요약 강도 선택 박스	select_box
PushButton	요약하기 버튼	start_summary
TextEdit	요약 결과 출력 칸	result_text
Label	상태 표시줄	status_label

》결합하기

[코드 1-12]를 가져와 편집할 것이다. 여기서 ui 파일의 이름을 변경하고 <요약하기> 버튼과 '파이썬Master 유튜브 채널 보기'에 대한 코드를 정의하자. 또 설계한 코드를 start_summary_func 함수에 붙여 넣자.

```
from PyQt5.QtWidgets import *
from PyQt5 import uic
import sys
import os
import requests
from bs4 import BeautifulSoup
from PyQt5.QtWidgets import *
from PyQt5 import uic
import sys
import os
import requests
from bs4 import BeautifulSoup
from summa import summarizer
import webbrowser

BASE_DIR = os.path.dirname(os.path.abspath(__file__))
UI_PATH = "summarytext.ui"

class MainDialog(QDialog):
    def __init__(self):
        QDialog.__init__(self, None)
        uic.loadUi(UI_PATH, self)
        self.start_summary.clicked.connect(self.start_summary_func)
        self.go_to_youtube.clicked.connect(self.youtube_func)

    def start_summary_func(self):
```

```
        url = input("요약하고 싶은 웹페이지의 URL을 입력하세요.")
        response = requests.get(url)
        soup = BeautifulSoup(response.text, 'html.parser')
        paragraphs = soup.find_all('p')
        texts = []
        for paragraph in paragraphs:
            texts.append(paragraph.get_text())
        content = ' '.join(texts)

        ratio = 0.1
        if content != "":
                summary = summarizer.summarize(content, ratio = ratio)
                print(summary)
        else:
                print("요약에 실패했습니다.")

    def youtube_func(self):


QApplication.setStyle("fusion")
app = QApplication(sys.argv)
main_dialog = MainDialog()
main_dialog.show()

sys.exit(app.exec_())
```

[코드 1-24]

앞으로 해야 할 일은 입력값을 받는 부분을 바꾸어주는 것이다. 요약하고 싶은 웹 페이지 URL 주소를 받는 input 함수는 self.url_link.text()로 바꾼다. 그리고 요약 비율은 Combo Box로 받은 값을 적용하기 때문에, ratio = self.select_box.currentText()로 변경할 수 있다. 그리고 이렇게 받은 ratio는 숫자가 아닌 문자열(str) 형식이 되므로, float(ratio)와 같이 실수형으로 형 변환(str)을 해주어야 한다.

Combo Box의 용법도 'Combo box' 등을 검색하면 금방 찾아볼 수 있다. if 문의 summary 변수를 출력하는 print 함수 부분은 텍스트 창에 디스플레이될 것이기 때문에, self.result_text.setPlainText(summary)로 변경할 수 있다. 유튜브 채널로 이동하는 링크의 경우 webbrowser라는 제어 모듈로 간단하게 작성할 수 있다. 파이썬 공식 문서 튜토리얼 3.12.4에서도 찾아볼 수 있는데, **[그림 1-58]**에서 확인할 수 있다. 파이썬에서 모듈을 사용할 때는 기본적으로 import로 해당 모듈을 선언한 것처럼, webbrowser 역시 코드 상단에 import로 선언한다.

`webbrowser.`**`open`**`(`*`url, new=0, autoraise=True`*`)`

Display *url* using the default browser. If *new* is 0, the *url* is opened in the same browser window if possible. If *new* is 1, a new browser window is opened if possible. If *new* is 2, a new browser page ("tab") is opened if possible. If *autoraise* is `True`, the window is raised if possible (note that under many window managers this will occur regardless of the setting of this variable).

Returns `True` if a browser was successfully launched, `False` otherwise.

Note that on some platforms, trying to open a filename using this function, may work and start the operating system's associated program. However, this is neither supported nor portable.

Raises an auditing event `webbrowser.open` with argument `url`.

[그림 1-58]

그렇다면 다음과 같은 최종 코드를 도출할 수 있다. 참고로 status_label은 Label 요소이므로 진행 상태에 따라 출력 메시지를 갱신하도록 설계하고, 프로그램 화면에 반영하기 위해 repaint를 사용한다.

```
from PyQt5.QtWidgets import *
from PyQt5 import uic
import sys
import os
import requests
from bs4 import BeautifulSoup
from summa import summarizer
import webbrowser

BASE_DIR = os.path.dirname(os.path.abspath(__file__))
UI_PATH = "summarytext.ui"
```

```
class MainDialog(QDialog):
    def __init__(self):
        QDialog.__init__(self, None)
        uic.loadUi(UI_PATH, self)
        self.start_summary.clicked.connect(self.start_summary_func)
        self.go_to_youtube.clicked.connect(self.youtube_func)

    def start_summary_func(self):
        self.status_label.setText('요약 중입니다.')
        self.status_label.repaint()
        url = self.url_link.text()
        response = requests.get(url)
        soup = BeautifulSoup(response.text, 'html.parser')
        paragraphs = soup.find_all('p')
        texts = []
        for paragraph in paragraphs:
            texts.append(paragraph.get_text())
        content = ''.join(texts)

        ratio = self.select_box.currentText()
        ratio = float(ratio)
        if content != '':
            summary = summarizer.summarize(content, ratio = ratio)
            self.result_text.setPlainText(summary)
            self.status_label.setText('요약 완료입니다.')
        else:
            self.status_label.setText('요약 실패입니다. 입력값을 확인하세요.')

    def youtube_func(self):
        webbrowser.open('https://www.youtube.com/@pythonnblog')
```

```
QApplication.setStyle("fusion")
app = QApplication(sys.argv)
main_dialog = MainDialog()
main_dialog.show()

sys.exit(app.exec_())
```

[코드 1-25]

2장

제목 생성 프로그램

파이썬으로 엑셀을 다루는 방법과 함께 블로그 운영 노하우를 접목하는 아이디어를 배울 수 있다. 제목 생성기 프로그램 외에 자신의 블로그 운영 아이디어가 있다면 먼저 아이디어를 구현할 구체적인 단계를 나누고, 설계해보기 바란다.

주요 목표

버튼을 클릭하면 메인 키워드와 연관된 키워드가 자동으로 조합되어 블로그 제목을 생성하는 프로그램을 만든다.

2.1 설계 순서 수립하기

블로그를 운영하는 대부분의 목적은 추가 수입이다. 그런 점에서 쿠팡 파트너스라는 매체는 훌륭한 부업 수단이다. 쿠팡 파트너스란 자신의 블로그에 쿠팡 상품에 대한 구매 링크를 남겨놓고, 방문자가 그 링크를 클릭한 후 쿠팡에서 상품을 구매하면 블로그 운영자에게 수익이 발생한다. 일상 글을 공유하면서 중간중간 쿠팡 파트너스 구매 링크를 넣어놓는 블로그부터, 아예 쿠팡 파트너스만을 위한 블로그를 운영하는 블로그도 있다. 심지어 대량 포스팅으로 쿠팡 파트너스 타깃 포스팅을 진행하는 경우도 있다.

한편, 쿠팡 파트너스에서 높은 수익을 내기 위해선 키워드 전략이 중요하다. 무작정 키워드 검색량이 높은 키워드를 써서 블로그에 글을 작성하는 것이 아니라, 블로그가 상위에 노출될 만한 키워드, 그중에서도 구매 전환이 잘 일어날 수 있는 키워드를 써야 한다. 또 하나 중요한 것은 연관 키워드를 잘 써야 한다는 점이다. 예를 들어 다음과 같이 타깃 키워드와 연관되는 키워드로 제목을 구성하였다고 가정해보자.

아일랜드 식탁 가성비 4인 가족 아파트용 추천 순위 다섯 가지

검색 포털에 노출을 희망하는 타깃 키워드는 보통 제목의 맨 앞에 기재한다. 즉 아일랜드 식탁으로 검색되기를 희망하며 글을 쓰는 것이다. 문제는 항상 자신의 글이 상단에 노출될 수는 없다는 점이다. 하지만 타깃 키워드 뒤에 여러 가지 연관 키워드를 결합하면, 타깃 키워드인 아일랜드 식탁으로 드러나지 않더라도 '가성비 식탁', '아파트 식탁 추천'같이 다른 키워드로도 검색 포털에서 노출될 수 있다. 즉, 다양한 연관 키워드의 구성은 포털 노출에 훨씬 유리하다.

만약 손으로 한 땀씩 포스팅을 한다면 제목을 짓는 것이 어렵다고 생각되지 않을 수 있다. 반면 대량으로 포스팅할 때는 포스팅별로 제목 선정이 무척 힘들다. 그래서 이번 장에서는 자신이 넣어둔 연관 키워드와 메인 키워드로 제목을 자동으로 지어주는 프로그램을 만들 것이다. 프로그램의 작동 횟수는 입력한 타깃 키워드의 개수로 한다. 설계 순서를 생각하기 전에, 어떻게 제목을 생성할 수 있을지 먼저 생각해보면 쉽다. 이 설명은 참고 사항이므로, 만약 다른 방식으로 제목을 짓고자 한다면 다른 방식을 적용해도 좋다. 최종 프로그램 GUI 디자인은 **[그림 2-1]**과 같다.

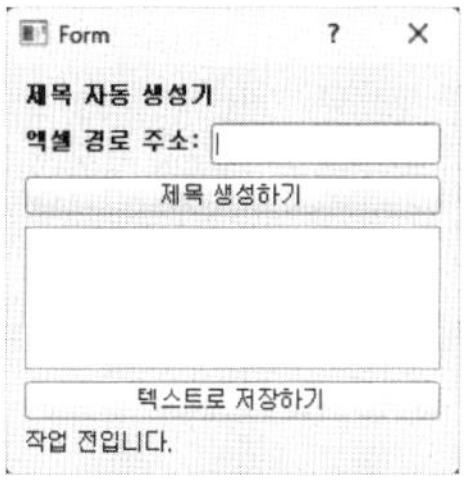

[그림 2-1]

| 개요 |

1. 엑셀에서 타깃 키워드와 연관 키워드 정보를 가져오고, 가져온 값을 가공한다.
2. 결괏값을 출력한다.
3. 출력 결과를 텍스트 파일로 저장한다.

| 생각해보기 |

제작할 프로그램은 엑셀을 활용한다. 엑셀에 먼저 연관 키워드를 넣어놓고, 메인 키워드에 따라 결합이 되는 구조를 만들 것이다. 따라서 엑셀에 미리 키워드 정보를 입력할 칸을 마련하고 해당 셀에 존재하는 값을 가져온다. 또한 키워드 조합은 **[그림 2-2]**과 같이 메인 키워드를 중심으로 연관 키워드를 랜덤으로 결합하는 방식을 사용한다.

메인 키워드는 A 열에 입력하고, 연관 키워드는 총 세 개 유형을 각각 B, C, D 열에 입력한다. 제목을 생성하는 개수는 A 열에 입력된 메인 키워드의 개수로 하고, 하나의 제목을 만들 때마다 B 열의 키워드, C 열의 키워드, D 열의 키워드에서 한 개를 각각 선택하여 메인 키워드부터 순차적으로 결합한다. 그렇다면 '방향제 순위 구매 정보 제일 저렴한 곳'처럼 제목이 만들어진다.

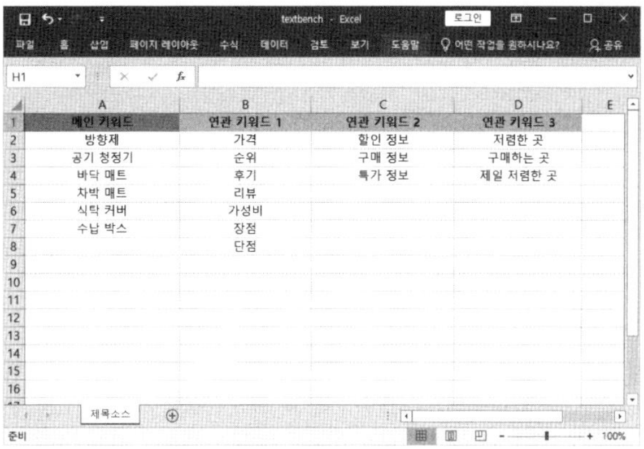

메인 키워드	연관 키워드 1	연관 키워드 2	연관 키워드 3
방향제	가격	할인 정보	저렴한 곳
공기 청정기	순위	구매 정보	구매하는 곳
바닥 매트	후기	특가 정보	제일 저렴한 곳
차박 매트	리뷰		
식탁 커버	가성비		
수납 박스	장점		
	단점		

[그림 2-2]

2.2 사전 지식 정리하기

엑셀을 다루는 방법은 오픈파이엑셀(OpenPyXL)과 판다스(Pandas)가 있다. 판다스를 활용하면 더 많은 데이터를 전문적으로 분석할 수 있지만 초보자들에게는 어려울 수 있다. 오픈파이엑셀을 통해서 파이썬으로 엑셀을 활용해보고 익숙해졌다면 도전해보는 것이 좋다. 따라서 여기서는 오픈파이엑셀의 용법을 소개하겠다.

키 포인트 엑셀 통제 도구

파이썬으로 엑셀 작업을 하는 방법은 오픈파이엑셀을 활용하는 편이 가장 쉽다. 오픈파이엑셀을 설치하기 위해서는 새 터미널에 pip install openpyxl 명령어를 입력하면 된다. 실제로 활용하는 방법은 **2.3 코드로 구현하기**에서 자세히 다루겠지만, 파이썬 프로그램을 만들면서 자주 사용하는 코드를 몇 가지 정리해보았다. 엑셀 관련 모듈은 터미널에 pip install openpyxl을 입력하여 설치한다.

openpyxl 선언하기

```
from openpyxl import load_workbook // 엑셀 파일을 불러올 때
from openpyxl import Workbook // 엑셀 파일을 새로 생성할 때
```

통제할 엑셀 파일을 불러오는 경우

```
엑셀 파일 불러오기
test_file = load_workbook("경로 주소/파일명.xlsx")
입력 예시) test_file = load_workbook("C:\Users\Desktop\excel_test.xlsx")

불러온 엑셀 파일을 통제할 시트 선택하기
active_sheet = wb['시트명']
```

새로운 엑셀 파일을 생성한 후 시트 생성하기

```
new_file = Workbook()
active_sheet = new_file.create_sheet(title="엑셀 테스트")
```

셀의 데이터를 가져올 경우 밸류 속성이 필요하다. 밸류를 적용하지 않은 채 print를 하면 <Cell '활성시트'.A1>과 같은 데이터가 나온다. 이렇게 시트를 구성한 후에는 다음 코드로 데이터를 제어한다.

셀 값 입출력하기

```
셀에 값을 입력하기: 특정 셀을 선택하여 값 입력
active_sheet['A1'] = "테스트"

셀 값을 불러오기
A1_value = active_sheet['A1']
print(A1_value.value)

여러 셀의 데이터를 불러오기
A_value_lists = active_sheet['A']
for A_value_list in A_value_lists:
  print(A_value_list.value)
```

마지막으로 엑셀 파일 안의 내용을 변경했다면 반드시 저장까지 하여야 변경 내용이 반영된다.

변경 내용 저장하기

```
test_file.save("경로 주소/파일명.xlsx")
입력 예시)  test_file = load_workbook("C\Users\Desktop\excel_test.xlsx")
```

2.3 코드로 구현하기

코드 구현은 총 세 단계로 구성되어 있다. 이번 과제는 데이터를 가공하는 과정이 주를 이루기 때문에 연산을 진행할 데이터를 저장할 변수와 변수들간의 연산 결과에 대해 유의하면서 진행한다.

1. 엑셀에서 타깃 키워드와 연관 키워드 정보를 가져오고, 가져온 값을 가공한다.

[그림 2-2]과 같이 엑셀 파일을 준비하였다면 해당되는 데이터를 불러와야 한다. 파이썬을 통해서 엑셀을 통제하는 방법은 여러 가지가 있지만, 가장 기본이 되는 것은 오픈파이엑셀이다. 준비한 파일의 이름을 textbench.xlsx로 명명하고, 오픈파이엑셀 관련 문서를 찾아보겠다. 오픈파이엑셀 공식 문서(openpyxl.readthedocs.io)는 검색 포털에 'openpyxl official document'를 검색하면 금방 찾을 수 있다.

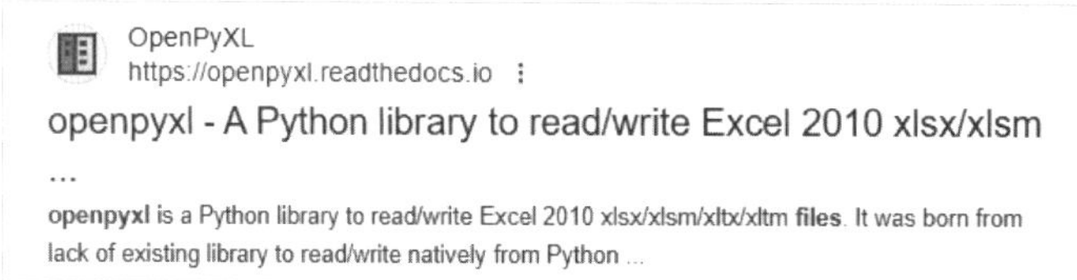

[그림 2-3]

해당 사이트에 접속하면 다음과 같이 메인 화면이 나온다. 좌측 메뉴에서 [Tutorial] 탭을 클릭하면 오픈파이엑셀의 용법에 대해 자세하게 볼 수 있다.

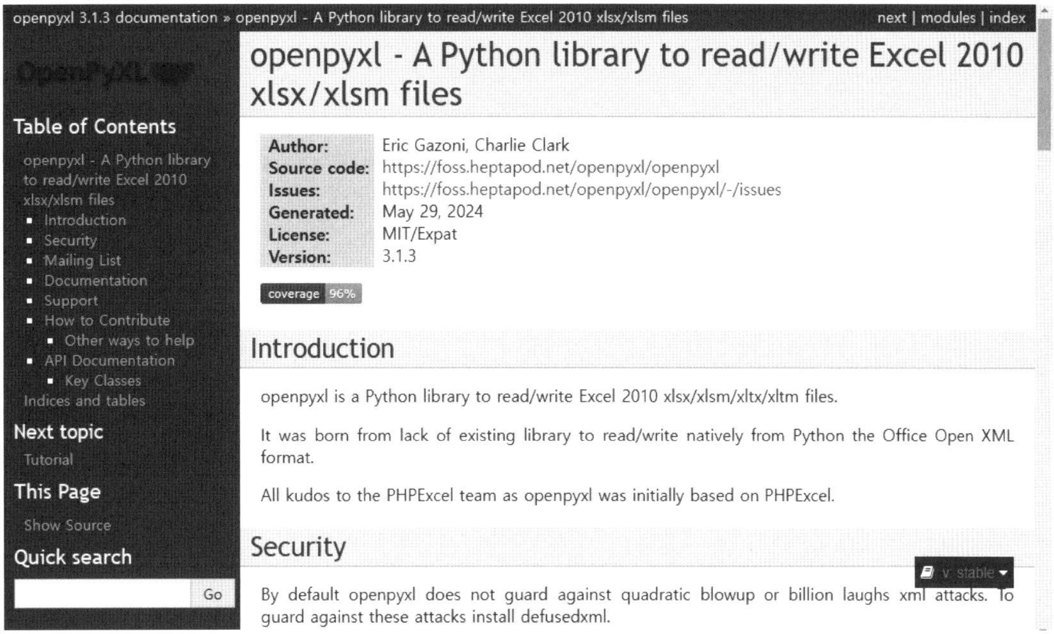

openpyxl 3.1.3 documentation » openpyxl - A Python library to read/write Excel 2010 xlsx/xlsm files next | modules | index

Table of Contents

openpyxl - A Python library to read/write Excel 2010 xlsx/xlsm files
- Introduction
- Security
- Mailing List
- Documentation
- Support
- How to Contribute
  - Other ways to help
- API Documentation
  - Key Classes

Indices and tables

Next topic

Tutorial

This Page

Show Source

Quick search

Go

openpyxl - A Python library to read/write Excel 2010 xlsx/xlsm files

Author: Eric Gazoni, Charlie Clark
Source code: https://foss.heptapod.net/openpyxl/openpyxl
Issues: https://foss.heptapod.net/openpyxl/openpyxl/-/issues
Generated: May 29, 2024
License: MIT/Expat
Version: 3.1.3

coverage 96%

Introduction

openpyxl is a Python library to read/write Excel 2010 xlsx/xlsm/xltx/xltm files.

It was born from lack of existing library to read/write natively from Python the Office Open XML format.

All kudos to the PHPExcel team as openpyxl was initially based on PHPExcel.

Security

By default openpyxl does not guard against quadratic blowup or billion laughs xml attacks. To guard against these attacks install defusedxml.

[그림 2-4]

문서를 보면 가장 먼저 나오는 것이 Create a workbook이다. **[그림 2-5]**를 보면, 작업을 시작하기 위해서 workbook을 생성해야 함을 알 수 있다. 설명에는 파일을 생성할 필요가 없다(There is no need to create a file on the filesystem)고 나온다. 이는 별도의 파일을 준비하지 않고 새로 파일을 생성할 때 사용하는 용법이다.

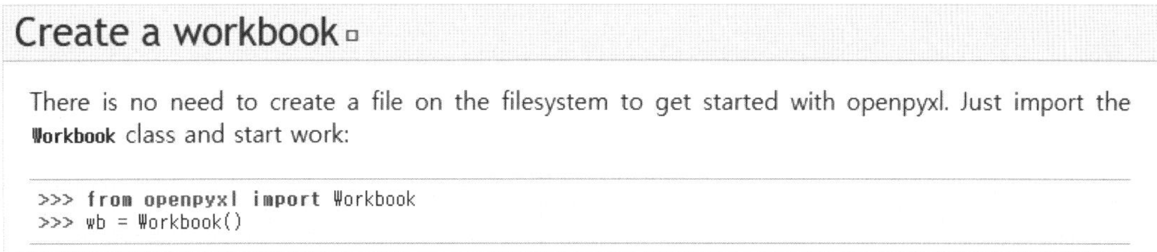

Create a workbook

There is no need to create a file on the filesystem to get started with openpyxl. Just import the `Workbook` class and start work:

```
>>> from openpyxl import Workbook
>>> wb = Workbook()
```

[그림 2-5]

textbench.xlsx라는 파일을 미리 준비해 놓았기 때문에, **[그림 2-6]**의 용법을 봐야 한다. 오픈파이엑셀 내의 load_workbook이라는 모듈을 활용하여 파일을 불러올 수 있다. 두 번째 줄 코드에서 file_name 형식에는 파일의 경로 주소를 입력한다. **[그림 2-6]** 코드는 상대 경로로 작성되어 있어 파일명만 작성되었는데, 혼동되기 쉬우니 절대 경로로 입력한다.

Loading from a file

You can use the `openpyxl.load_workbook()` to open an existing workbook:

```
>>> from openpyxl import load_workbook
>>> wb = load_workbook(filename = 'empty_book.xlsx')
>>> sheet_ranges = wb['range names']
>>> print(sheet_ranges['D18'].value)
3
```

[그림 2-6]

TIP 상대 경로와 절대 경로

상대 경로: 코드가 실행되는 현재 디렉터리 기준으로 설정되는 경로 주소

절대 경로: 최초 디렉터리 기준으로 설정되는 경로 주소

예를 들어서, textbench.xlsx의 절대 경로가 C://Users//PythonMaster//Desktop//python//textbench.xlsx이고 현재 디렉터리가 python일 때 상대 경로는 ./ textbench.xlsx이다.

파일을 불러온 후에는 운용할 시트를 선택하여 변수로 저장해야 하는데, **[그림 2-7]**에 그 방법이 나와 있다. 시트 이름은 **[그림 2-1]**처럼 '제목 소스'로 정해놓았다고 가정하자.

Once you gave a worksheet a name, you can get it as a key of the workbook:

```
>>> ws3 = wb["New Title"]
```

[그림 2-7]

이제 시트까지 접근했으니, 해당 시트에 있는 A 열부터 D 열까지의 값들을 모두 가져와야 한다. 특정 열에 해당하는 값을 모두 가져오는 방법으로는 **[그림 2-8]**에 서술되어 있는데, 설명이 조금 부실하다.

Accessing many cells

Ranges of cells can be accessed using slicing:

```
>>> cell_range = ws['A1':'C2']
```

Ranges of rows or columns can be obtained similarly:

```
>>> colC = ws['C']
>>> col_range = ws['C:D']
>>> row10 = ws[10]
>>> row_range = ws[5:10]
```

[그림 2-8]

따라서 예시 코드를 다음과 같이 작성하여 테스트하면 이해하는 데 도움이 될 것이다.

```
from openpyxl import load_workbook

excel_add = input("엑셀 경로 주소를 입력하시오.")
wb = load_workbook(excel_add + '/textbench.xlsx')
ws_sheet = wb['제목 소스']
print(ws_sheet['A'])
```

[코드 2-1]

[코드 2-1]을 실행해 보면 결괏값은 **[그림 2-9]**처럼 나온다. 이 데이터 형식을 튜플(tuple)이라고 부른다. 하나의 튜플 안에 <cell '제목 소스'.A1> 형태의 값이 들어 있다. 그러므로 각 값을 먼저 꺼낸 다음, <cell '제목 소스'.A1>에 들어 있는 값을 꺼내기 위한 속성을 사용해야 한다.

```
엑셀 경로 주소를 입력하시오.C:\Users\complex\Desktop
(<Cell '제목 소스'.A1>, <Cell '제목 소스'.A2>, <Cell '제목 소스'.A3>, <Cell '제목 소스'.A4>, <Cell '제목 소스'.A5>, <Cell '제목 소스'.
A6>, <Cell '제목 소스'.A7>, <Cell '제목 소스'.A8>)
PS C:\Users\complex\Desktop\원고리뷰 결과\완성코드\2-1>
```

[그림 2-9]

다음은 각 셀에 데이터를 저장하고 불러들일 때 사용하는 .value 속성에 대한 설명이다.

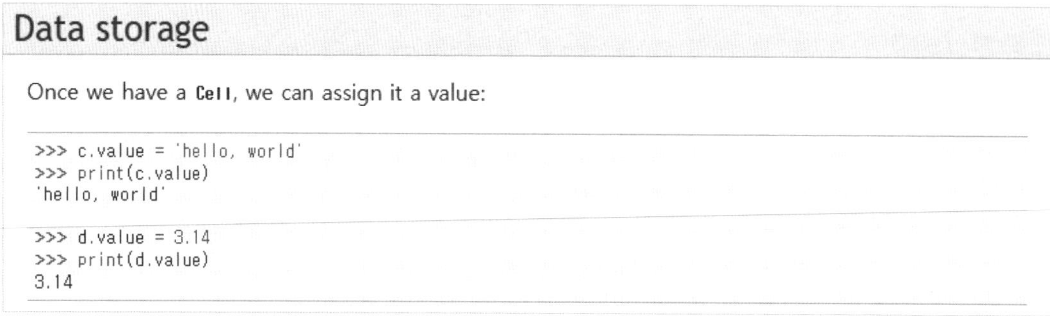

Data storage

Once we have a `Cell`, we can assign it a value:

```
>>> c.value = 'hello, world'
>>> print(c.value)
'hello, world'

>>> d.value = 3.14
>>> print(d.value)
3.14
```

[그림 2-10]

그렇다면 [코드 2-1]을 아래 [코드 2-2]와 같이 변경할 수 있다.

```
from openpyxl import load_workbook


excel_add = input("엑셀 경로 주소를 입력하시오.")
wb = load_workbook(excel_add + '/textbench.xlsx')
ws_sheet = wb['제목 소스']
for i in ws_sheet['A']:
    print(i.value)
```

[코드 2-2]

[코드 2-2]를 실행하면 결괏값이 다음과 같이 출력된다.

[그림 2-11]

지금까지 살펴본 내용을 취합하여 A 열부터 D 열까지의 값을 가져오는 코드는 다음과 같이 작성할 수 있다.

```
from openpyxl import load_workbook

```

```
excel_add = input("엑셀 경로 주소 위치를 입력하세요.")

wb = load_workbook(excel_add + '/textbench.xlsx')
active_sheet = wb['입력 정보']

keywords = active_sheet['A']
related_keyword_1s = active_sheet['B']
related_keyword_2s = active_sheet['C']
related_keyword_3s = active_sheet['D']

main_keyword_lists = []
related_keyword_lists_1 = []
related_keyword_lists_2 = []
related_keyword_lists_3 = []

########### A열 데이터 정리

for keyword in keywords:
    main_keyword_lists.append(keyword.value)

del main_keyword_lists[0]
main_keyword_lists = list(filter(None, main_keyword_lists))

########### B열 데이터 정리

for related_keyword_1 in related_keyword_1s:
    related_keyword_lists_1.append(related_keyword_1.value)

del related_keyword_lists_1[0]
related_keyword_lists_1 = list(filter(None, related_keyword_lists_1))

########### C열 데이터 정리
```

```
for related_keyword_2 in related_keyword_2s:
    related_keyword_lists_2.append(related_keyword_2.value)

del related_keyword_lists_2[0]
related_keyword_lists_2 = list(filter(None, related_keyword_lists_2))


########### D열 데이터 정리

for related_keyword_3 in related_keyword_3s:
    related_keyword_lists_3.append(related_keyword_3.value)

del related_keyword_lists_3[0]
related_keyword_lists_3 = list(filter(None, related_keyword_lists_3))
```
[코드 2-3]

여기서 추가적으로 설명해야 할 부분이 있다. **[그림 2-2]**처럼 A 열부터 D 열까지의 첫 행은 실제 데이터를 활용하는 데 필요하지 않다. 그러나 오픈파이엑셀로 A, B, C, D 열의 데이터를 가져오면 첫 행의 글자도 불려온다. 그래서 첫 행의 값을 제거하기 위해 "del related_keyword_lists_n[0]" 코드를 포함한다. 그리고 각 열에서 가져온 데이터 중에 빈칸이 있으면 빈 값이 포함될 수 있다. 빈 값을 그대로 둔다면 차후 사용할 for 문에도 영향을 주기 때문에, 반드시 지워주어야 한다. "related_keyword_lists_n = list(filter(None, related_keyword_lists_n))" 코드를 추가한 이유이다. 또한 main_keyword_lists, related_keyword_lists_1, related_keyword_lists_2, related_keyword_lists_3처럼 새로운 빈 리스트를 정의하였다. 각 열의 데이터는 여러 개이고, 또 가공을 거쳐야 하므로 가공의 결과를 새로 저장할 공간이 필요하기 때문이다.

2. 결괏값을 출력한다.

이제 가져온 값을 정리한 후 출력해야 한다. 메인 키워드 리스트인 A 열은 순차적으로 맨 왼쪽에 배치가 되고, B 열, C 열, D 열은 한 개의 키워드가 랜덤으로 선택되어 조합된다. 가져온 값들은 리스트 데이터에 저장되어 있기 때문에, 리스트 항목 중에서 하나를 임의로 선택하는 코드를 짜야 한다. 구글 등 검색 포털에 'python list random'과 같은 키워드를 검색하면 금방 어떤 모듈을 사용해야 하는지 파악할 수 있다. 1장에서 배운 것처럼 random 모듈은 파이썬에 내장되어 있으므로 따로 설치할 필요는 없고, import random으로 불러와야 한다.

random 함수에 대한 용법은 파이썬 공식 문서 튜토리얼에 있다. 3.12.5에서 필요한 부분을 찾을 수 있다. 시퀀스 자료형이란 데이터가 연속적으로 들어있는 자료형을 말하는데, 리스트가 이것에 해당한다. 그래서 **[그림 2-12]**에 시퀀스로 표현되었다.

```
random.choice(seq)
    Return a random element from the non-empty sequence seq. If seq is empty, raises IndexError.
```

[그림 2-12]

그렇다면 B 열, C 열, D 열의 값을 임의로 뽑는 것은 얼마나 반복해야 할까? 정답은 A 열에 입력한 키워드의 개수만큼이다. 이것을 고려하여 **[코드 2-3]**에 이어 **[코드 2-4]**를 작성할 수 있다.

```
total_title = []

for main_keyword_list in main_keyword_lists:
    related_key_1 = random.choice(related_keyword_lists_1)
    related_key_2 = random.choice(related_keyword_lists_2)
    related_key_3 = random.choice(related_keyword_lists_3)

    total_title.append(main_keyword_list + " " + related_key_1 + " " + related_
key_2 + " " + related_key_3)
```

[코드 2-4]

B 열, C 열, D 열의 값을 각각 가져와 저장한 related_keyword_lists_1, related_keyword_lists_2, related_keyword_lists_3에서 임의로 하나씩 뽑은 후 변수 related_key_1 , related_key_2, related_key_3에 입력했다. 이후 메인 키워드와 함께 합산하였다. 큰따옴표의 중간은 공백으로 띄어쓰기를 하면 된다. A 열의 키워드를 여러 개 입력하면 제목도 여러 개가 생성되므로, 제목 결괏값을 저장할 total_title이라는 빈 리스트를 정의하고 저장하였다. GUI 디자인 단계에서는 이 total_title 값을 프로그램 화면에 출력한다.

3. 출력 결과를 텍스트 파일로 저장한다.

단계 2에서 얻은 total_title 값을 텍스트 파일로 저장한다. 파이썬 공식 문서 튜토리얼 7.2에서 그 방법을 확인할 수 있다. 바로 해당 문서를 찾기 힘들다면 구글에 'python file open' 등을 검색하면 금방 찾을 수 있다. 방법은 다음과 같다.

```
>>> f = open('workfile', 'w', encoding="utf-8")
```

The first argument is a string containing the filename. The second argument is another string containing a few characters describing the way in which the file will be used. *mode* can be `'r'` when the file will only be read, `'w'` for only writing (an existing file with the same name will be erased), and `'a'` opens the file for appending; any data written to the file is automatically added to the end. `'r+'` opens the file for both reading and writing. The *mode* argument is optional; `'r'` will be assumed if it's omitted.

[그림 2-13]

텍스트 파일에 데이터를 쓰려면 파일을 먼저 열어야 한다. open() 함수 내 첫 번째 인자는 파일명, 두 번째 인자는 읽기 및 쓰기 여부를 상징하는 글자, 마지막 인자는 어떤 인코딩을 사용하는지 결정하는 인자이다. 보통 기본값으로 UTF-8이 설정되어 있기 때문에, 마지막 인자는 굳이 쓰지 않아도 무방하다. 또한 **[그림 2-13]**은 상대 경로로 작성된 용법이기 때문에, 첫 번째 인자에 파일명을 쓸 때 절대 경로로 입력해 주어야 한다. 이후 f.write라는 메서드를 활용하여 텍스트 파일에 문자열 데이터를 **[그림 2-14]**와 같이 기록할 수 있다. 단, Warning의 설명처럼 f.write() 메서드를 쓴 다음에는 반드시 f.close()를 이어서 써주어야 한다.

`f.write(string)` writes the contents of *string* to the file, returning the number of characters written.

```
>>> f.write('This is a test\n')
15
```

Warning: Calling `f.write()` without using the `with` keyword or calling `f.close()` **might** result in the arguments of `f.write()` not being completely written to the disk, even if the program exits successfully.

[그림 2-14]

내용을 종합해서 텍스트 파일에 결괏값을 출력하는 코드는 다음과 같이 작성한다.

```
f = open("text_result.txt", "w")
f.write(str_data)
f.close()
```

[코드 2-5]

str_data는 단계 2에서 만든 total_title 리스트를 문자열로 변경한 결과를 넣어야 한다. 저장하고 싶은 형태는 **[그림 2-15]**와 같으므로, 각 요소를 하나씩 표기한 후 줄 바꿈 기호를 넣어야 한다.

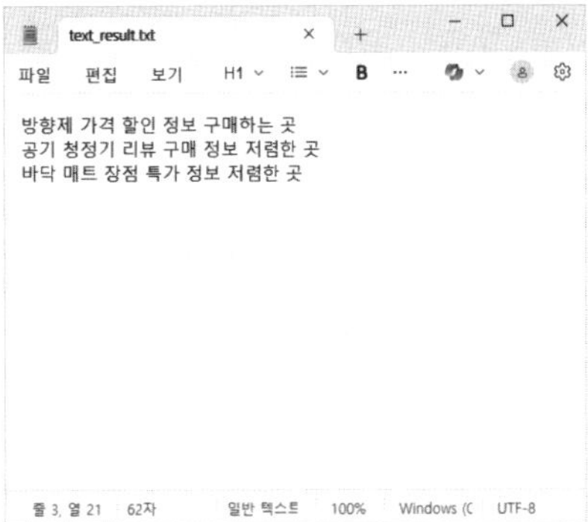

[그림 2-15]

리스트를 문자열로 바꾸는 것은 어렵지 않다. join() 메서드를 사용하면 된다. join()의 개념에 대해서도 어렵지 않게 찾아볼 수 있다. 결과적으로 **[코드 2-6]**처럼 **[코드 2-5]**를 변경할 수 있다. ""\n".join(total_title)"은 total_title의 항목들을 하나의 문자열로 묶되 그 사이사이에 '\n'을 넣는다는 의미이다.

```
str_data = "\n".join(total_title)

f = open("text_result.txt", "w")
f.write(str_data)
f.close()
```

[코드 2-6]

모든 소스 코드가 완성되었다. 다만 GUI 디자인을 하면 지금까지 설계한 코드 중 일부가 변경된다. 1장처럼 값을 입력받는 부분을 변경해 주어야 한다. 또, 프로그램 화면상에 생성된 제목의 결과를 출력하는 부분도 변경이 필요하다. 이것을 염두에 두고 살펴보길 바란다.

2.4 GUI로 구현하기

프로그램 화면에는 되도록 입력할 값을 최소화하는 것이 중요하다. 그러면 GUI 디자인도 간소화되고, 사용자도 매번 입력해야 할 값들이 적어지므로 편리해진다. 이 점을 유의하면서 진행해보자.

》그래픽 디자인하기

최종 디자인 결과는 다음과 같다. 제목을 생성하는 버튼을 배치하고 그 밑에 제목 생성 결과를 출력하는 칸을 배치한다. 하단에는 출력된 결과를 텍스트 파일로 저장하는 버튼까지 배치한다.

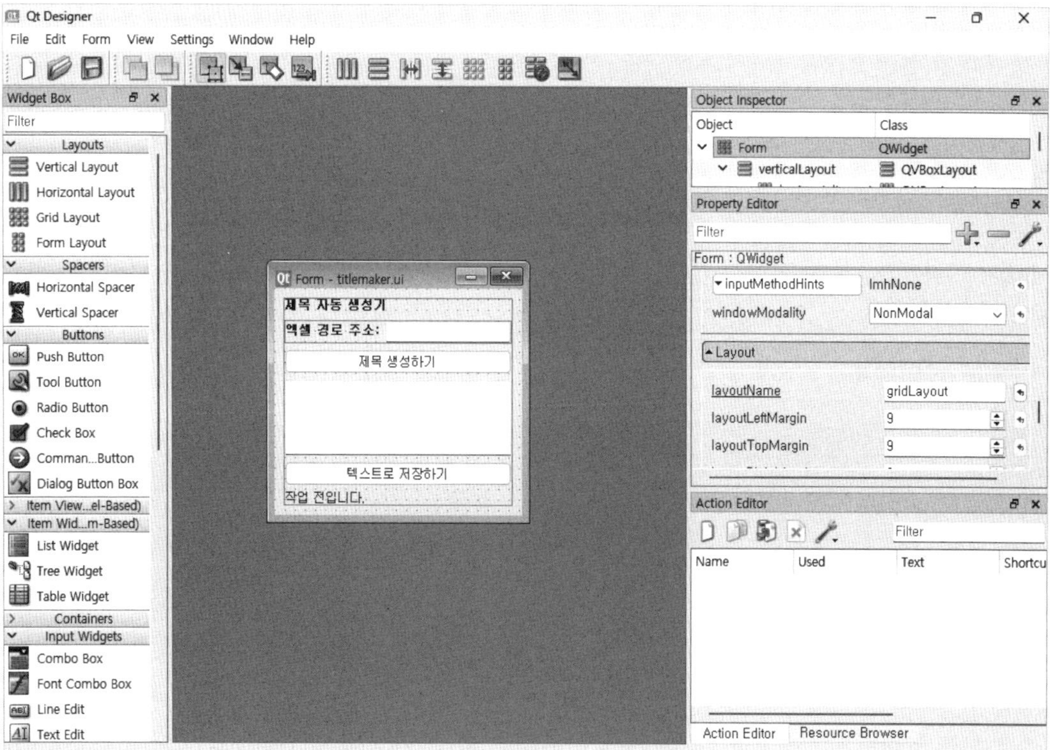

[그림 2-16]

1장에서 했던 것처럼 Qt Designer를 실행하고 **[그림 1-23]**과 같이 뜨는 창에서 [templates₩forms]의 [Widget]을 선택한 후 <Create>를 클릭한다. 레이아웃을 디자인할 때는 Qt Designer 접속 화면 좌측의 [Layouts] 메뉴에서 디자인 골격을 활용할 수 있다고 배웠다. 모든 요소는 수직 정렬로 배치되어 있기 때문에, Vertical Layout을 사용해야 한다. 그전에 두 개의 요소가 중첩된 엑셀 경로 주소 입력 창부터 만드는 것이 좋다.

Hotizontal Layout을 먼저 끌어와서 Widget 화면 내에 떨어뜨려 놓고 [Display Widgets]의 [Label]과 [Input Widgets]의 [Line Edit]을 끌어온다. 유사한 방법으로 이번엔 Vertical Layout을 끌어온 후 위에서부터 각각 Label, Horizontal 요소, <제목 생성하기> 버튼, textedit, <텍스트로 저장하기> 버튼, Label을 배치하면 GUI 디자인은 거의 다 되었다.

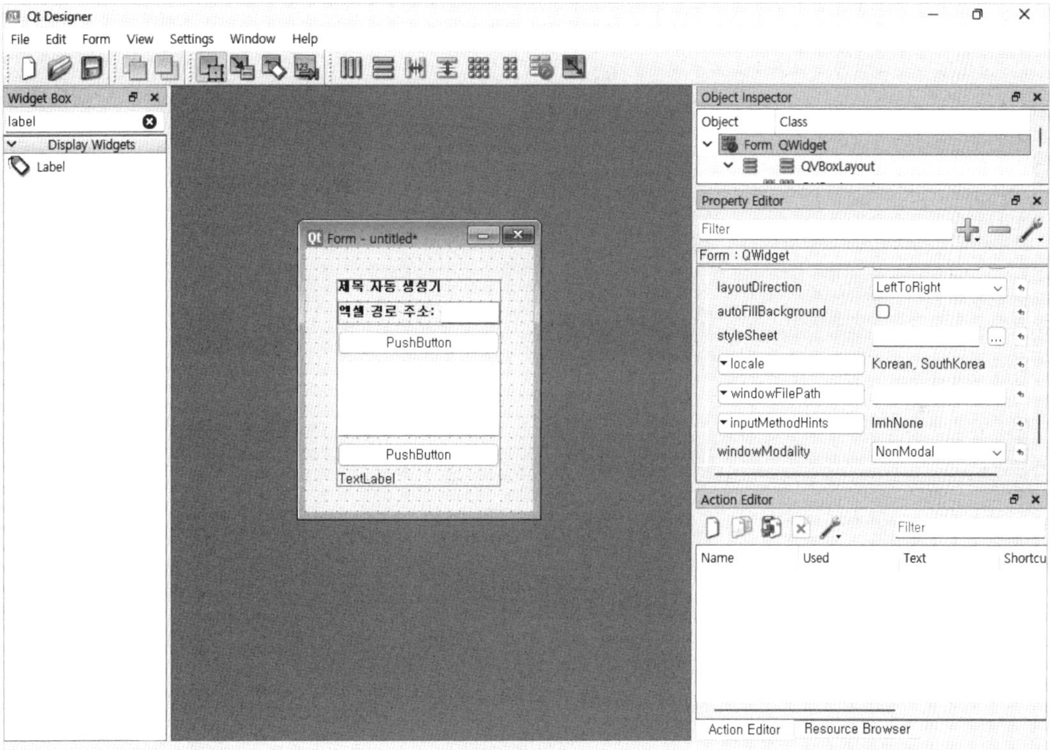

[그림 2-17]

PushButton과 TextLabel의 명칭을 <텍스트로 저장하기> 버튼과 '작업 전입니다.'로 바꿔주면 최종적으로 **[그림 2-18]**과 같이 만들 수 있다.

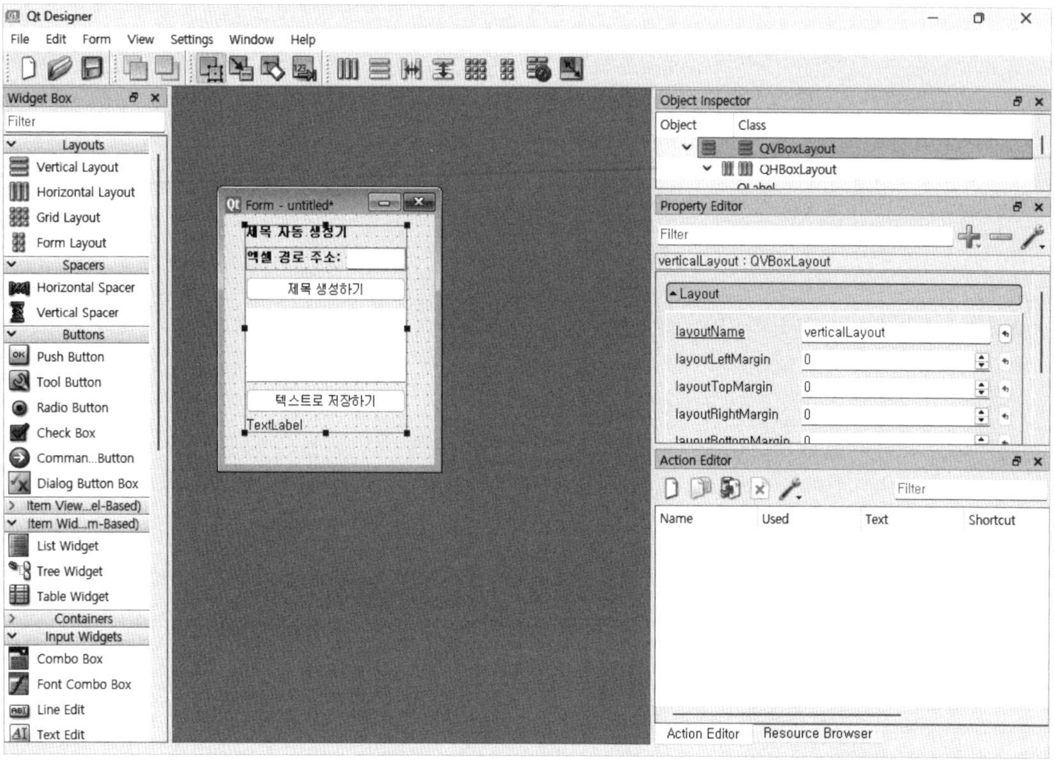

[그림 2-18]

이제 GUI 디자인 작업이 끝났다. 마지막으로 파일명을 저장하고, 통제할 요소에 이름을 지어주어야 한다. 해당 요소의 이름은 임의로 지어도 된다. 여기서는 다음과 같이 명칭을 지었다.

요소명	요소 역할	요소 이름
LineEdit	엑셀 경로 주소 입력 칸	exceladd
PushButton	제목 생성하기 버튼	titlemake
TextEdit	결과 출력 창	title_result
PushButton	텍스트로 저장하기 버튼	savetotext
Label	상태 표시줄	status_label

명칭을 설정하는 방법은 해당 요소를 클릭하면 다음과 같이 Qt Designer 우측에 요소 정보가 뜨는데, [QObject]에서 [objectName]을 변경해준다.

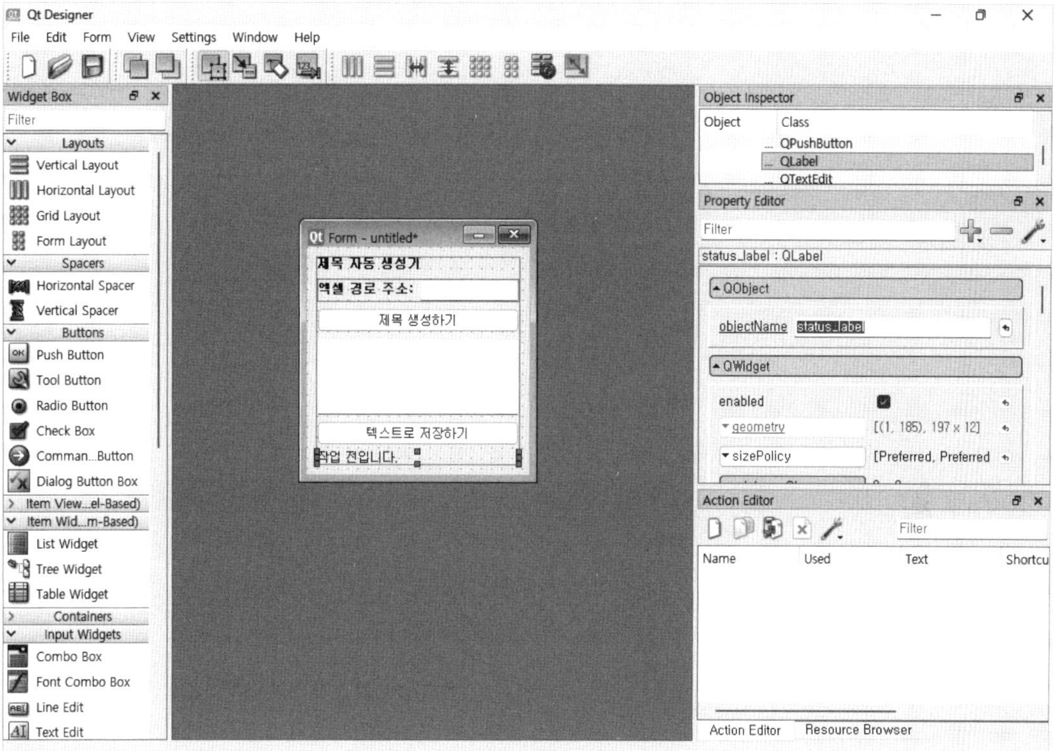

[그림 2-19]

모든 과정이 완료되었다면 <Ctrl> + <S>를 눌러 디자인한 파일을 저장한다. 파일명 역시 임의로 지어주면 되는데, 여기서는 titlemaker.ui로 하겠다.

》결합하기

이제 디자인과 설계한 코드를 연결해줄 시간이 왔다. GUI 디자인 코드에 결합할 때 버튼의 기능이 담긴 함수를 정의하는 방식을 사용한다고 1장에서 배웠다. 설계한 프로그램에 버튼이 두 개 있으므로, **[코드 1-12]**를 참조하여 작성하면 아래 코드처럼 된다.

```
from PyQt5.QtWidgets import *
from PyQt5 import uic
from openpyxl import load_workbook
import os
```

```
import random
import sys

BASE_DIR = os.path.dirname(os.path.abspath(__file__))
UI_PATH = "titlemaker.ui"

class MainDialog(QDialog):
    def __init__(self):
        QDialog.__init__(self, None)
        uic.loadUi(os.path.join(BASE_DIR, UI_PATH), self)
        self.titlemake.clicked.connect(self.titlemake_func)
        self.savetotext.clicked.connect(self.savetotext_func)

    def titlemake_func(self):

    def savetotext_func(self):

QApplication.setStyle("fusion")
app = QApplication(sys.argv)
main_dialog = MainDialog()
main_dialog.show()

sys.exit(app.exec_())
```
[코드 2-7]

상단에는 필요한 모듈을 정의하고, UI_PATH 변수에 저장한 ui 파일명을 넣어주었다. BASE_DIR은 현재 디렉터리가 위치하는 절대 경로 정보를 저장한 변수이고, MainDialog 클래스에서 변수 UI_PATH와 결합하여 최종적으로 파일 정보를 불러오게 한다. 그리고 제목을 설정하는 버튼인 titlemake는 titlemake_func라는 함수로 연결되었고, 출력 결과를 텍스트 파일로 저장하는 기능의 버튼인 savetotext는 savetotext_func 함수로 연결되었다. 함수명도 임의로 지을 수 있으나, 알아보기 쉽게 해야 한다. 그렇다면 titlemake_func부터 작성해보자. **[코드 2-8]**처럼 **[코드 2-3]**, **[코드 2-4]**에서 작성한 코드를 함수 안으로 넣어준다. 다만 이대로 쓸 수는 없고, 몇 가지 수정해야 할 부분이 있다.

```
from openpyxl import load_workbook
import random

def titlemake_func(self):
    excel_add = input("엑셀 경로 주소 위치를 입력하세요.")

    wb = load_workbook(excel_add + '/textbench.xlsx')
    active_sheet = wb['입력 정보']

    keywords = active_sheet['A']

    related_keyword_1s = active_sheet['B']
    related_keyword_2s = active_sheet['C']
    related_keyword_3s = active_sheet['D']

    main_keyword_lists = []
    related_keyword_lists_1 = []
    related_keyword_lists_2 = []
    related_keyword_lists_3 = []
    total_title = []

    related_key_1 = ""
    related_key_2 = ""
    related_key_3 = ""

    for keyword in keywords:
        main_keyword_lists.append(keyword.value)

    del main_keyword_lists[0]
```

```
main_keyword_lists = list(filter(None, main_keyword_lists))


for related_keyword_1 in related_keyword_1s:
    related_keyword_lists_1.append(related_keyword_1.value)

del related_keyword_lists_1[0]

related_keyword_lists_1 = list(filter(None, related_keyword_lists_1))

for related_keyword_2 in related_keyword_2s:
    related_keyword_lists_2.append(related_keyword_2.value)

del related_keyword_lists_2[0]

related_keyword_lists_2 = list(filter(None, related_keyword_lists_2))


for related_keyword_3 in related_keyword_3s:
    related_keyword_lists_3.append(related_keyword_3.value)

del related_keyword_lists_3[0]

related_keyword_lists_3 = list(filter(None, related_keyword_lists_3))


for main_keyword_list in main_keyword_lists:
    related_key_1 = random.choice(related_keyword_lists_1)
    related_key_2 = random.choice(related_keyword_lists_2)
    related_key_3 = random.choice(related_keyword_lists_3)
```

```
        total_title.append(main_keyword_list + " " + related_key_1 + " " +
        related_key_2 + " " + related_key_3)
```

[코드 2-8]

수정할 첫 번째는 excel_add 부분이다. input 함수를 쓰는 것이 아니라, LineEdit으로부터 입력받아야 한다. 따라서 excel_add = self.exceladd.text()로 바꾸어준다. 그다음 if-else 조건문을 적용해야 한다. 엑셀 경로값이 기재되지 않은 상태에서 제목 생성 버튼을 누르면 프로그램이 강제로 종료되기 때문이다. 강제로 종료되면 다시 실행해서 경로 주소를 입력해야 하므로 번거롭다. 조건문을 쓰면 강제 종료 대신 오류 메시지를 출력할 수 있다.

두 번째로 try-except 문을 적용한다. 엑셀 경로 주소를 입력하지 않은 채 프로그램을 실행하면 프로그램이 닫히듯이 실행 과정 중에서도 오류가 발생하면 프로그램이 강제로 종료된다. 이것을 방지하기 위해 제목 생성 코드에도 try-except 문을 적용해야 한다. 이것을 반영한 결과를 [코드 2-9]에 다시 적었다. [코드 2-8]과 비교하여 어디가 수정되었는지 유의해서 보기 바란다.

```
from openpyxl import load_workbook
import random

def titlemake_func(self):

        excel_add = self.exceladd.text()
        if excel_add == "":
            self.status_label.setText("엑셀 주소를 입력해주세요.")

        else:
            try:
                self.status_label.setText("제목 생성 중입니다.")
                wb = load_workbook(excel_add + '/textbench.xlsx')
                active_sheet = wb['입력 정보']

                keywords = active_sheet['A']
                related_keyword_1s = active_sheet['B']
                related_keyword_2s = active_sheet['C']
```

```
    related_keyword_3s = active_sheet['D']

    main_keyword_lists = []
    related_keyword_lists_1 = []
    related_keyword_lists_2 = []
    related_keyword_lists_3 = []
    total_title = []

    related_key_1 = ""
    related_key_2 = ""
    related_key_3 = ""

except:
    self.status_label.setText("엑셀 주소 오류입니다.")

else:
    for keyword in keywords:
        main_keyword_lists.append(keyword.value)

    del main_keyword_lists[0]

    main_keyword_lists = list(filter(None, main_keyword_lists))


    for related_keyword_1 in related_keyword_1s:
        related_keyword_lists_1.append(related_keyword_1.value)

    del related_keyword_lists_1[0]

    related_keyword_lists_1 = list(filter(None, related_keyword_
    lists_1))
```

```
for related_keyword_2 in related_keyword_2s:
    related_keyword_lists_2.append(related_keyword_2.value)

del related_keyword_lists_2[0]

related_keyword_lists_2 = list(filter(None, related_keyword_
lists_2))

for related_keyword_3 in related_keyword_3s:
    related_keyword_lists_3.append(related_keyword_3.value)

del related_keyword_lists_3[0]


related_keyword_lists_3 = list(filter(None, related_keyword_
lists_3))



for main_keyword_list in main_keyword_lists:
    related_key_1 = random.choice(related_keyword_lists_1)
    related_key_2 = random.choice(related_keyword_lists_2)
    related_key_3 = random.choice(related_keyword_lists_3)

    total_title.append(main_keyword_list + related_key_1 +
    related_key_2 + related_key_3)

total_title_out = '\n'.join(total_title)

self.title_result.setPlainText(total_title_out)

self.status_label.setText("제목 생성 완료입니다.")
```

[코드 2-9]

try-except 문을 어디에 적용할 것인지도 관건이다. 그것은 설계자가 어디에서 오류가 발생할 수 있을지 예측한 바에 따른다. 엑셀 주소값이 잘못 입력되는 경우 오류가 발생할 수 있다. 엑셀 경로 주소를 입력하지 않는 경우는 if-else 문으로 잡아냈지만, 엑셀 주소값의 오류는 잡아낼 수가 없다. 만약 잘못된 경로대로 코드를 실행했을 때, wb = load_workbook(excel_add + '/textbench.xlsx')에서 오류가 발생하면서 프로그램이 강제 종료된다. 그래서 **[코드 2-9]**의 경우 엑셀 주소가 잘못되면 상태 표시줄(status_label)에 '엑셀 주소 오류입니다.'라는 메시지가 뜬다. 만약 정상적으로 입력된 경우라면 else 문이 실행된다. 여기서는 else 문에 또 다른 try-except 문을 적용하지 않았지만, 더 정확한 프로그램을 만들고자 한다면 적용하는 편이 좋다. 엑셀에 아무런 값도 기재하지 않으면 main_keyword_lists가 빈 리스트가 되어 for 문이 돌아가지 않게 된다. 그러면 프로그램이 강제 종료된다.

다음으로는 savetotext_func 부분을 작성해보자. **[코드 2-10]**과 **[코드 2-6]**과 비교를 하면 바뀐 점이 세 가지 있다. 첫째로 **[코드 2-9]**에서 언급한 것처럼 엑셀 주소값이 입력되었을 때와 입력되지 않았을 때를 구분하는 조건문이 추가되었다. 두 번째로는 출력 데이터 변수를 저장하는 방식이다. GUI 디자인을 완성했기 때문에 이제는 title_result에 나타난 결과를 파일에 저장해야 한다. 그래서 title_result로부터 내용을 가져오는 것을 str_data = self.title_result.toPlainText()로 표현한다. **[코드 2-9]**에서 이미 title_result에 결과가 표기될 때 줄 바꿈 기호를 첨부하였기 때문에 여기서는 따로 줄 바꿈 코드를 첨부할 필요가 없다. 세 번째로는 try-except 문이다. 엑셀 경로 주소가 잘못 입력되면 텍스트 파일 생성에도 문제가 생긴다. 이를 방지하고자 f = open(excel_add + "/제목자료.txt", "w")가 있는 부분을 위주로 try-except 문을 적용한다.

```
def savetotext_func(self):

        excel_add = self.exceladd.text()

        if excel_add == "":
            self.status_label.setText("엑셀 주소를 입력해주세요.")

        else:
            try:
                self.status_label.setText("텍스트 저장 중입니다.")
```

```
            str_data = self.title_result.toPlainText()
            f = open(excel_add + "/제목자료.txt", "w")
            f.write(str_data)
            f.close()
            self.status_label.setText("텍스트 저장 완료입니다.")

        except:
            self.status_label.setText("저장 오류입니다.")
```
[코드 2-10]

지금까지 논의한 내용을 종합하면, 완성 코드는 다음과 같다.

```
from PyQt5.QtWidgets import *
from PyQt5 import uic
from openpyxl import load_workbook
import os
import random
import sys

BASE_DIR = os.path.dirname(os.path.abspath(__file__))
UI_PATH = "titlemaker.ui"

class MainDialog(QDialog):
    def __init__(self):
        QDialog.__init__(self, None)
        uic.loadUi(os.path.join(BASE_DIR, UI_PATH), self)
        self.titlemake.clicked.connect(self.titlemake_func)
        self.savetotext.clicked.connect(self.savetotext_func)

    def titlemake_func(self):
        excel_add = self.exceladd.text()
        if excel_add == "":
            self.status_label.setText("엑셀 주소를 입력해주세요.")
```

```
else:
    try:
        self.status_label.setText("제목 생성 중입니다.")
        wb = load_workbook(excel_add + '/textbench.xlsx')
        active_sheet = wb['제목 소스']

        keywords = active_sheet['A']
        related_keyword_1s = active_sheet['B']
        related_keyword_2s = active_sheet['C']
        related_keyword_3s = active_sheet['D']

        main_keyword_lists = []
        related_keyword_lists_1 = []
        related_keyword_lists_2 = []
        related_keyword_lists_3 = []
        total_title = []

        related_key_1 = ""
        related_key_2 = ""
        related_key_3 = ""

    except:
        self.status_label.setText("엑셀 주소 오류입니다.")

    else:
        for keyword in keywords:
            main_keyword_lists.append(keyword.value)

        del main_keyword_lists[0]

        main_keyword_lists = list(filter(None, main_keyword_lists))
```

```
for related_keyword_1 in related_keyword_1s:
    related_keyword_lists_1.append(related_keyword_1.value)

del related_keyword_lists_1[0]

related_keyword_lists_1 = list(filter(None, related_keyword_
lists_1))

for related_keyword_2 in related_keyword_2s:
    related_keyword_lists_2.append(related_keyword_2.value)

del related_keyword_lists_2[0]

related_keyword_lists_2 = list(filter(None, related_keyword_
lists_2))

for related_keyword_3 in related_keyword_3s:
    related_keyword_lists_3.append(related_keyword_3.value)

del related_keyword_lists_3[0]


related_keyword_lists_3 = list(filter(None, related_keyword_
lists_3))

for main_keyword_list in main_keyword_lists:
    related_key_1 = random.choice(related_keyword_lists_1)
    related_key_2 = random.choice(related_keyword_lists_2)
    related_key_3 = random.choice(related_keyword_lists_3)

    total_title.append(main_keyword_list + " " + related_key_1 + "
```

```
" + related_key_2 + " " + related_key_3)

                total_title_out = '\n'.join(total_title)

                self.title_result.setPlainText(total_title_out)

                self.status_label.setText("제목 생성 완료입니다.")

    def savetotext_func(self):
        excel_add = self.exceladd.text()

        if excel_add == "":
            self.status_label.setText("엑셀 주소를 입력해주세요.")

        else:
            try:
                self.status_label.setText("텍스트 저장 중입니다.")
                str_data = self.title_result.toPlainText()
                f = open(excel_add + "/제목자료.txt", "w")
                f.write(str_data)
                f.close()
                self.status_label.setText("텍스트 저장 완료입니다.")

            except:
                self.status_label.setText("저장 오류입니다.")

QApplication.setStyle("fusion")
app = QApplication(sys.argv)
main_dialog = MainDialog()
main_dialog.show()

sys.exit(app.exec_())
```
[코드 2-11]

과제 사이트 SEO 요소 분석 프로그램

제목 생성 프로그램은 블로그에 업로드할 제목을 생성하는 프로젝트지만, 이번에는 이미 포스팅이 되어 있는 요소들을 분석하는 프로그램을 제작한다. 두 프로젝트 모두 블로그 운영에 대한 지식을 프로그램으로 만들었다는 데 의미가 있다.

주요 목표

워드프레스 사이트 요소를 가져와서 검색 엔진 최적화(Search Engine Optimization, SEO)별 점수를 매기는 프로그램을 만든다. 사이트 요소란 헤딩 태그, p 태그, 이미지 등을 말한다.

설계 순서 수립하기

설계에 앞서 주의할 점은 같은 워드프레스라고 하더라도 테마와 사이트 구성에 따라 해당 사이트의 HTML 구조가 모두 다르기 때문에, 모든 사이트에 솔루션이 적용되지 않는다는 점이다. 어떤 사이트는 크롤링을 막아놓은 경우도 있다. 따라서 과제를 통해서 방법론을 익히고, 활용하고자 하는 사이트에 맞게 설계를 진행하기를 바란다.

워드프레스나 티스토리 등을 통해서 검색 포털에 노출되기 위해서 일정 수준의 조건을 만족시키는 것이 도움이 된다. 체계적인 글이 그렇지 않은 글보다 더 높은 퀄리티를 가질 가능성이 높고, 이를 검색 포털이 게시글의 노출도를 결정하는 데 활용한다. 물론 검색 포털이 어느 요소에 더 높은 점수를 주고, 어떻게 게시글별로 순위를 결정하는지 정확하게 알 수 없다. 그러나 검색 포털은 SEO 가이드 문서를 제공하고 있기 때문에 대략적으로 어떤 요소가 중요한지 가늠할 수 있다. 그 요소를 맞추어 주는 작업을 SEO라고 한다.

이번 과제에서 다루어볼 내용은 크게 다음과 같다.

1. 헤딩(H2, H3 등) 태그를 사용하며, 계층 구조를 잘 이루고 있는가?
2. 글 분량이 적절한가?
3. 내부, 외부 링크를 사용하는가?

헤딩(Heading) 태그란 HTML에서 문서의 제목을 표시할 때 사용하는 태그로, H2, H3, H4 순으로 계층을 이루어야 한다. 다시 말하면 H2 태그 아래에 H3 태그가 있어야 한다는 의미이다. H3 태그가 H2 태그 위에 있으면 안 된다. 따라서 보통 H3 태그의 개수가 H2 태그 개수보다 많다. 글의 분량도 중요하다. 일정 수준 이상의 글을 작성해야 한다. 내부, 외부 링크도 최소 한 개 이상씩 넣어주는 것이 좋다. 내부 링크란 자신의 사이트 내에 있는 사이트로 이동하는 링크를 말하며, 외부 링크는 자신의 사이트에서 외부 사이트로 나가는 링크를 말한다. 앞으로 코드를 설계하면서 이 내용에 대해 나름대로 기준을 정해볼 것이다.

요소를 파악하기 위해 우선 해당 워드프레스 URL에서 요소를 가져와야 한다. 그리고 가져온 요소를 일정 기준에 따라 분류하고, 점수를 매긴 후 출력한다. SEO 결과 점수 외에 H2, H3의 개수와 글자 수를 같이 출력한다. 제작 결과는 다음과 같다.

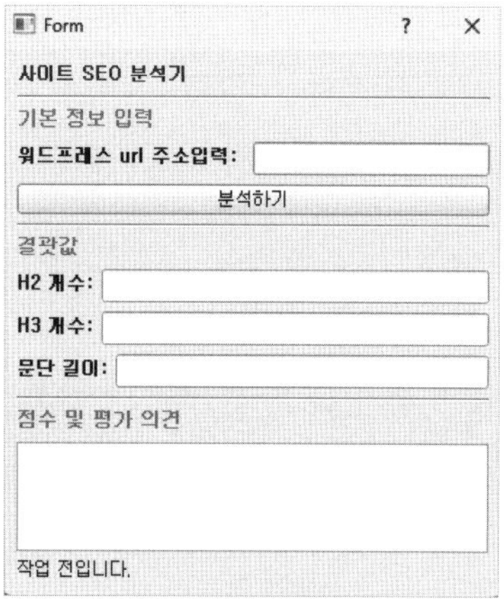

[그림 2-20]

| 개요 |

1. 사이트 요소를 가져온다.
2. 요소들을 분석한다.
3. 점수를 산정하고, 결과를 출력한다.

| 생각해보기 |

1장에서 requests 모듈을 활용해 특정 사이트로부터 데이터를 가져왔다. 그리고 가져온 요소를 BeautifulSoup로 분석하고 선택하는 방법까지 배웠다. 이것을 과제에서도 활용해보자.

요소를 가져온 후에는 분석 기준을 마련한다. 이에 대해 다음과 같은 기준을 세워보려고 한다. 절대적인 기준은 아니며 주관적인 기준일 뿐이니, 내용을 따라하다가 더 좋은 아이디어가 있다면 응용하길 바란다. 기준을 세워보면 점수를 표현할 변수가 따로 필요하다는 점을 금방 알 수 있다.

요소 분석 기준

- H2 태그가 두 개 이상, H3 태그가 네 개 이상이면 10점 추가, 그 외의 경우는 5점 추가
- H2 태그보다 H3 태그의 개수가 많으면 30점 추가, 그 외의 경우는 15점 추가
- 글자 수가 300자 이상이면 10점 추가, 그 외의 경우는 5점 추가
- 외부 링크가 있으면 10점 추가, 없으면 5점 추가
- 내부 링크가 있으면 10점 추가, 없으면 5점 추가

사전 지식 정리하기

이번에 소개하는 지식은 꽤 어렵다. 초보자는 공식 문서를 처음 접하면 이해가 잘 되지 않을 수 있다. 정규표현식은 쉽게 말하자면 일정 패턴을 특수 기호로 묶는 것이다. 예시를 유의하며 정독해보자.

키 포인트 1 정규표현식

정규표현식은 불규칙한 문자 패턴을 일괄적으로 표현하는 수단이라고 이해하면 된다. 예를 들어서, 홈페이지 URL로는 https://www.power.co.kr이나 https://power.com과 같은 형태가 있다. https:// 다음에 www가 올 수도 있고, 오지 않을 수도 있다. 일반적인 표현으로 전자와 후자를 동시에 표현할 수가 없다. 하지만 정규표현식으로는 표현이 가능하다. 물론 이 내용을 암기할 필요는 없지만, 몇 가지 표현을 익혀 놓는다면 훨씬 빠르게 활용할 수 있다. 여기서도 모든 내용을 열거하기보다 원리 위주로 설명하겠다.

문자	뜻
[ ]	괄호 안에 특정 문자 혹은 문자의 범위를 쓴다. [a-z]라고 쓰면 소문자 a부터 z까지 존재하는 모든 알파벳이 매칭될 수 있다. 대문자까지 포함하려면 [a-zA-Z]라고 표기해야 한다.
₩	특정 알파벳이 붙어 특정 의미를 만들어내는 기호이다. ₩A는 문자열이 시작될 때만 매칭이 된다. ₩Ablue 라고 쓰면 "blue apple", "blue pine"과 같이 blue가 맨 앞에 위치한다.
.	모든 종류의 문자를 나타낸다. "absf"와 같은 문자열도 "….."로 표현이 가능하다. 참고로 순수 문자로서의 .(dot)을 표현할 때는 ₩.으로 쓴다.
+	문자열의 반복을 나타낸다. "aaxx"를 [a-z][a-z][a-z][a-z]로 나타낼 수 있지만 이 기호 덕분에 [a-z]+로 표현할 수 있다. +는 반복 횟수와 무관하다. 5번 문자가 반복되든, 10번이 반복되든 + 하나로 표현 가능하다.
?	앞에 오는 문자가 있어도 되고 없어도 됨을 나타낸다. https://([a-z]+)? 의 뜻은 https:// 뒤에 특정 문자열, 이를테면 www와 같은 문자열이 있어도 되고, 없어도 되는 경우를 모두 포괄한다.
( )	소괄호로 묶인 부분은 하나의 그룹으로 취급한다. 예를 들어서 https://www?라고 작성하는 경우 실제 문자열은 https://ww가 오거나 https://www가 오게 된다. 하지만 https://(www)?라고 작성하면 https://나 https://www 둘 중의 하나가 된다.

그렇다면 이런 원리로 hello 72AZat와 같은 문자열은 정규표현식으로 ₩Ahello [0-9]+[a- zA-Z]+로 나타낼 수 있다. 즉 규칙에 따라 해당 문자열을 기호로 변환시켜 준다고 이해하면 쉽다.

키 포인트 2 re 모듈

파이썬에서는 re 모듈을 통해서 정규표현식을 활용할 수 있다. 정규표현식 앞에는 정규표현식을 뜻하는 r을 붙인다. re 모듈은 특정 문자열에서 원하는 패턴을 찾아낼 수 있도록 도와주는 함수를 지원하고 있다. 대표적인 세 가지는 다음과 같다.

함수명	뜻
.search(찾을 패턴, 대상 문자열)	대상 문자열에서 찾을 패턴을 찾아 일치되는 부분을 반환한다. 예를 들어, re.search(r'[a-z]+₩.(co)?', "aw.coz rf92.co qwe.")라면, aw.co 부분이 매치된다.
.match(찾을 패턴, 대상 문자열)	대상 문자열의 시작 부분이 찾을 패턴과 완벽하게 일치하는지를 확인한다. 시작 부분의 문자열 패턴이 찾을 패턴과 일치하지 않는 경우 None을 반환한다. re.match(r'[a-z]+₩.(co)?', "aw.coz rf92.co qwe.") 라면 첫 번째 문자열 aw.coz 중 aw.co가 매치된다.
.findall(찾을 패턴, 대상 문자열)	함수명처럼 문자열에 존재하는 모든 "찾을 패턴"을 반환한다. 반환 데이터는 리스트이다.

코드로 구현하기

과제에서 정규표현식 외에 중요한 부분은 웹 사이트의 데이터를 가져올 때 태그를 어떻게 선택할 것인지에 대한 내용이다. 자신이 선택할 태그와 중복되는 태그는 없는지 살펴야 할 것이다.

1. 사이트 요소를 가져온다.

설계의 첫 시작은 [코드 1-17]을 가져오는 것이다. [코드 1-17]과 구분될 수 있도록 변수명을 달리하여, [코드 2-12]와 같이 다시 작성해보자.

```
import requests
from bs4 import BeautifulSoup

site_url = input("워드프레스 URL을 입력하세요.")
response = requests.get(site_url)
soup = BeautifulSoup(response.text, 'html.parser')
print(soup.text)
```

[코드 2-12]

실제로 URL을 입력하여 사이트 내용을 가져올 수 있는지 확인해보자. **[코드 2-12]**를 실행하면 **[그림 2-21]**처럼 VS Code상에서는 '터미널에 워드프레스 URL을 입력하세요.'라는 문구가 출력된다. 이때 분석을 희망하는 URL을 입력하면 된다. 여기서는 'https://blognpython.com/블로그-자동화-프로그램-만들기/'를 넣어보겠다.

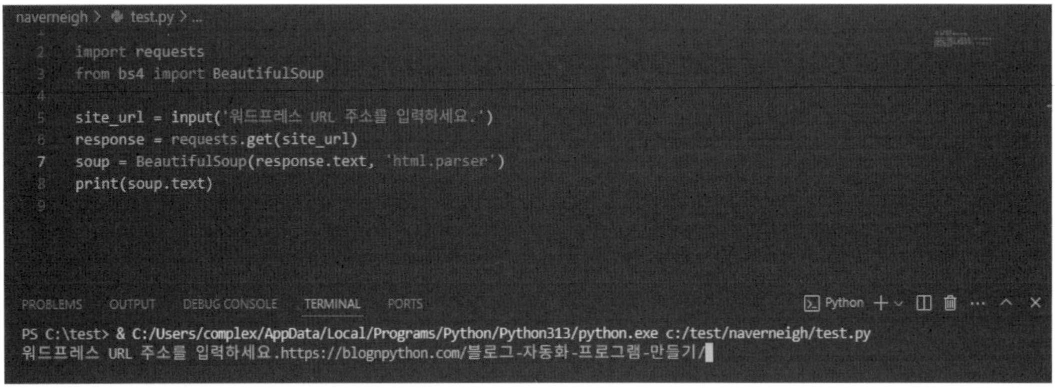

[그림 2-21]

실행하면 포스팅의 내용이 불러와진 점을 확인할 수 있다. 포스팅 본문의 내용과 H, a 태그가 빠짐없이 포함되어 있다.

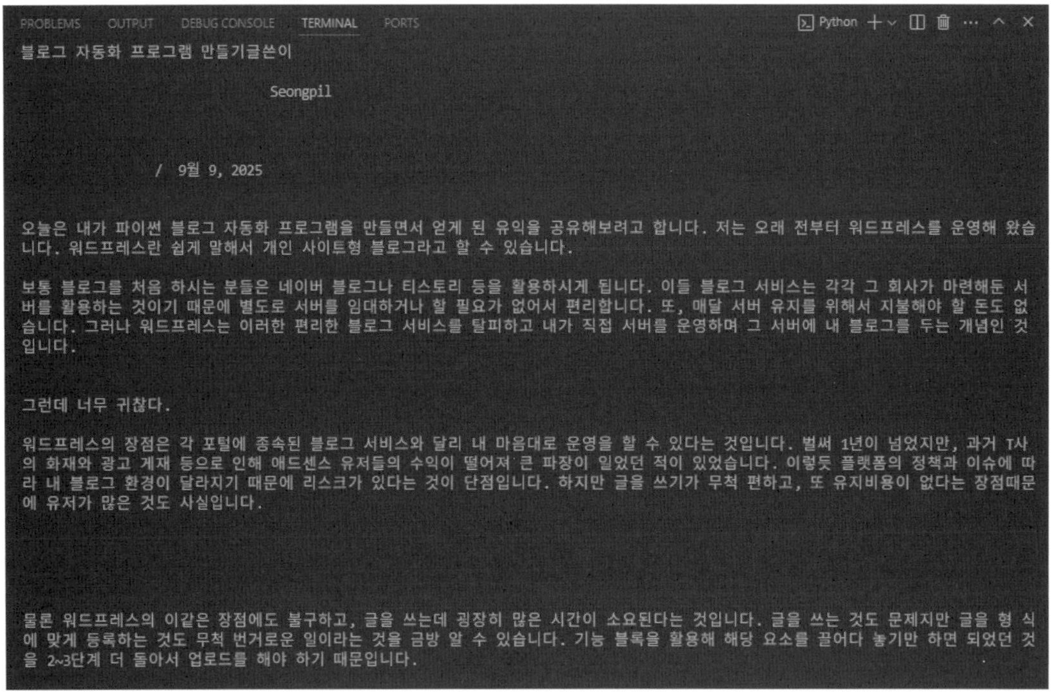

[그림 2-22]

이 과정을 확인하는 일은 중요하다. 사이트에 따라서 내용을 불러오지 못하는 경우가 있기 때문이다. 이런 경우에는 **[코드 2-12]**를 사용할 수 없다. 대표적인 사례로 iframe 태그로 가져오고 싶은 내용이 묶인 경우가 있다. **[그림 2-23]**은 네이버 블로그의 HTML 구조이다. 본문 영역을 선택하니 iframe 태그가 선택된다. 본문이라고 할 수 있는 body 태그 안에 또 다른 페이지가 있는 셈이다. 따라서 **[코드 2-12]**의 URL 입력부에 네이버 블로그 주소를 넣으면, 본문 내용이 불러올 수 없다.

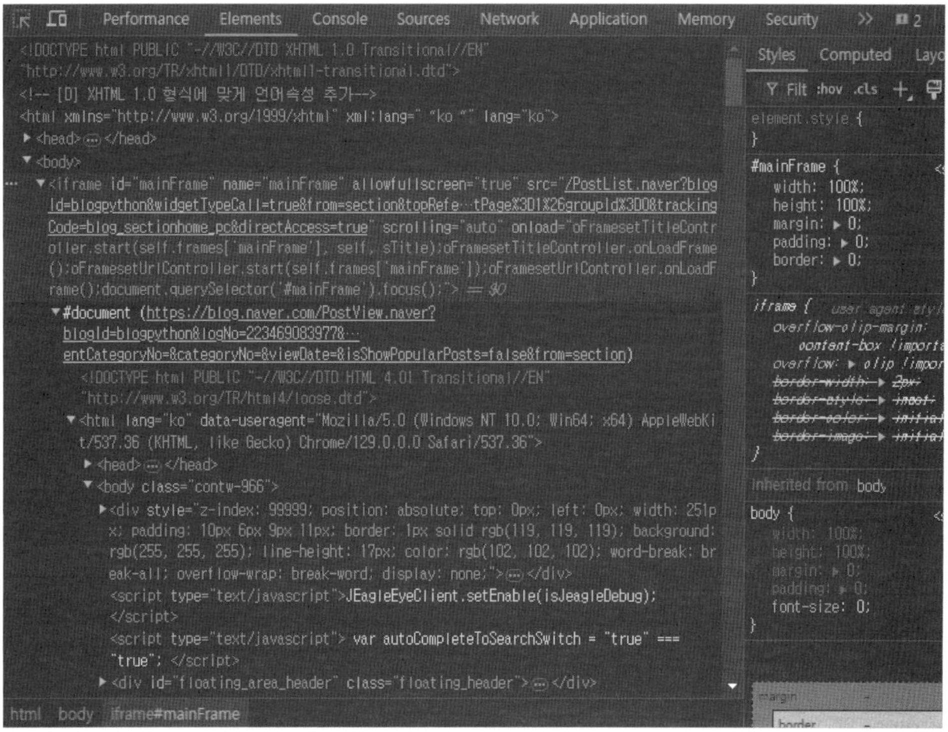

[그림 2-23]

불러와야 할 요소는 H2, H3 태그와 p 태그, a 태그로 총 네 가지이다. a 태그는 외부, 내부 링크 존재 여부를 파악하기 위함이다. 그 과정은 **[코드 2-13]**에 나타나 있다. 그럼 하나씩 진행해 보자. 그전에 BeautifulSoup의 용법을 다시 확인해야 한다. **[그림 2-24]**는 BeautifulSoup 공식 문서에서 필요한 부분을 발췌한 것이다. 내용을 보면 태그 유형을 직접 선택할 수도 있다. 1장에서는 find_all만을 활용하였는데, 이번 장에서는 class명을 활용하는 법도 사용할 것이다.

우선 H2 태그나 H3 태그는 포스팅 본문에만 들어가기 때문에, 단순히 find_all 메서드만으로 원하는 내용을 정확히 선별해서 가져올 수 있다. 개수만 파악할 것이므로, 따로 텍스트를 추출하지 않아도 된다. 그래서 find_all로 추출한 H2, H3 태그를 각각 H2_tag_lists, H3_tag_lists로 정의한 빈 리스트에 담으면 된다. 코드는 다음과 같다.

```
import requests
from bs4 import BeautifulSoup

site_url = input('워드프레스 URL을 입력하세요.')
response = requests.get(site_url)
soup = BeautifulSoup(response.text, 'html.parser')

H2_tag_lists = []
H3_tag_lists = []

H2_tag_lists = soup.find_all("h2")
H3_tag_lists = soup.find_all("h3")
```

[코드 2-13]

다음은 BeautifulSoup로 가져온 사이트 데이터를 해석한 soup에 대한 용법이다.

```
soup.p
# <p class="title"><b>The Dormouse's story</b></p>

soup.p['class']
# u'title'

soup.a
# <a class="sister" href="http://example.com/elsie" id="link1">Elsie</a>

soup.find_all('a')
# [<a class="sister" href="http://example.com/elsie" id="link1">Elsie</a>,
#  <a class="sister" href="http://example.com/lacie" id="link2">Lacie</a>,
#  <a class="sister" href="http://example.com/tillie" id="link3">Tillie</a>]

soup.find(id="link3")
# <a class="sister" href="http://example.com/tillie" id="link3">Tillie</a>
```

```
soup.css.select(".sister")
# [<a class="sister" href="http://example.com/elsie" id="link1">Elsie</a>,
#  <a class="sister" href="http://example.com/lacie" id="link2">Lacie</a>,
#  <a class="sister" href="http://example.com/tillie" id="link3">Tillie</a>]

soup.css.select("[class~=sister]")
# [<a class="sister" href="http://example.com/elsie" id="link1">Elsie</a>,
#  <a class="sister" href="http://example.com/lacie" id="link2">Lacie</a>,
#  <a class="sister" href="http://example.com/tillie" id="link3">Tillie</a>]
```

[그림 2-24]

문제는 p 태그이다. p 태그는 본문 외에 텍스트가 들어가는 모든 부분에 설정되기 때문에, 단순히 p 태그만 선택하여 크롤링하면 포스팅 본문 외에 원하지 않는 부분까지 가져올 수 있다. 따라서, 원하는 p 태그의 위치를 보다 정확히 입력할 필요가 있다. **[그림 2-25]**의 커서로 본문 영역을 선택하면 **[그림 2-26]**과 같이 <div> 태그가 선택된다.

[그림 2-25]

p 태그는 div 태그 하위에 있기 때문에 우선 div 태그를 먼저 선택해 주어야 한다. 이 태그에는 class명으로 구분되어 있어, 이를 이용하여 해당 <div> 요소를 선택할 수 있다. **[그림 2-24]** 처럼 클래스 요소를 선택할 때는 클래스명 앞에 마침표(.)를 붙여야 한다. 참고로 클래스명에 존재하는 공백도 마침표로 이어준다. 이렇게 한 후 find_all 메서드를 사용하여 p 태그를 추출한다. 클래스명 "ast-post-format- ast-no-thumb single-layout-1"인 <div> 태그를 선택하여 posting_area라는 변수에 저장한다. soup.select의 결과는 리스트이지만, <div> 태그는 본문을 통틀어서 한 개이기 때문에, posting_area의 항목의 개수는 한 개이다. 그래서 posting_area[0]에서 find_all 메서드를 적용해 모든 p 태그를 가져온다.

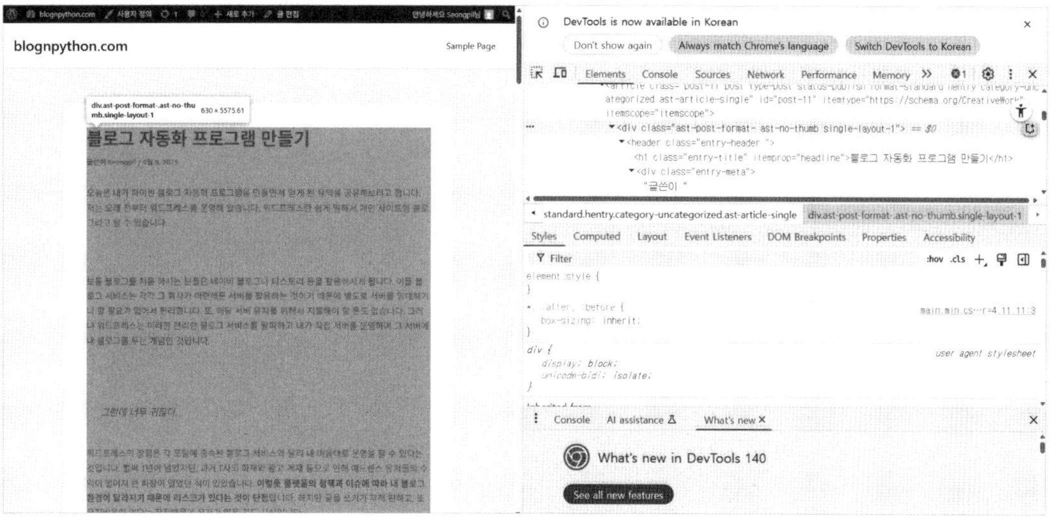

[그림 2-26]

[그림 2-24]에서 확인할 수 있듯이 find_all 메서드를 적용한 결과 역시 리스트로 나온다. 또한 p 태그도 여러 개인 점을 지금까지도 여러 번 확인하였다. 단, 가져온 p 태그의 형태, 즉 p_tag_text_lists에 저장된 항목의 형태는 <p>내용</p>가 된다. 과제에서는 텍스트만 추출해야 하므로 p_tag_text_lists에 반복문을 적용하여 항목에서 텍스트만 추출하는 과정을 거쳐야 한다. 텍스트만 추출된 결과를 다시 모아야 가공이 가능하므로, p_tag_text_total이라고 선언된 빈 리스트를 활용한다. 최종 본문 글자 수는 p_tag_text_total 항목을 하나의 str 문자열로 이어주면 될 것이다. [코드 2-14]를 살펴보자.

```
import requests
from bs4 import BeautifulSoup

site_url = input('워드프레스 URL을 입력하세요.')
response = requests.get(site_url)
soup = BeautifulSoup(response.text, 'html.parser')

p_tag_text_lists = []
p_tag_text_list_ind = []

posting_area = soup.select('.ast-post-format-.ast-no-thumb.single-layout-1')
p_tag_text_lists = posting_area[0].find_all('p')

for p_tag_text in p_tag_text_lists:
    p_tag_text_list_ind.append(p_tag_text.text)

p_tag_text_total =  "".join(p_tag_text_list_ind)
p_length = len(p_tag_text_total)
```

[코드 2-14]

이제 a 태그를 추출해야 한다. a 태그도 포스팅 영역 안의 요소를 선택해야 하므로, posting_area[0]에 다시 find_all 메서드를 적용해야 하는데 이번에는 a 태그를 찾아야 한다. 이 역시 리스트 형태로 결과가 나오기 때문에 links_lists라는 빈 리스트에 다시 저장한다. 가져온 a 태그는 내부 링크인지, 외부 링크인지를 확인한다. 내부 링크는 URL 안에 blognpython이라는 문자열이 반드시 들어가고, 외부 링크는 그렇지 않다. 그래서 가져온 a 태그 안에 사이트 이름(blognpython)이 있는지 따져봐야 하는데, for links_list in links_lists: 반복문이 그 역할을 한다.

여기서 생각해봐야 할 것이 있다. 입력한 URL에서 사이트 이름을 추출하는 방법이다. 입력한 URL 형태는 'https://blognpython.com/워드프레스-낙장도메인'과 같다. 여기서 'blognpython'을 추출해야 한다. 특정 단어의 앞뒤로 지우는 방법도 있지만 '워드프레스-낙장도메인'이 붙여진 URL이 달라지기 때문에 상당히 어렵다. 이런 경우, 검색 포털에 'how to extract specify str python'라고 검색하면 stackoverflow라는 해외 사이트에서 **[그림 2-27]**과 같은 답변을 찾아볼 수 있다.

```
import re

text = 'gfgfdAAA1234ZZZuijjk'

m = re.search('AAA(.+?)ZZZ', text)
if m:
    found = m.group(1)

# found: 1234
```

[그림 2-27]

re라는 파이썬 내장 모듈을 사용해서, 매치된 객체인 변수 m을 반환하고, 최종적으로 "1234"라는 문자열을 추출한 코드다. re 모듈에 대한 설명은 파이썬 공식 문서 튜토리얼 3.12.7에서 찾아볼 수 있다. 해당 공식 문서에서 re 모듈의 search() 함수는 **[그림 2-28]**과 같이 문자열에서 패턴과 매치되는 부분을 찾아 매치 객체로 반환한다. 즉, **[그림 2-27]** 코드에서는 AAA(.+?)ZZZ 패턴을 찾아 m이라는 Match 객체에 저장하고, 그 안에서 .group(1)을 호출하여 첫 번째 그룹에 해당하는 문자열 "1234"를 추출한 뒤 found 변수에 저장한다. 여기서 AAA(.+?)ZZZ는 정규표현식이며, 그룹은 소괄호로 묶인 부분을 의미한다.

re.**search**(*pattern, string, flags=0*)

Scan through *string* looking for the first location where the regular expression *pattern* produces a match, and return a corresponding `Match`. Return **None** if no position in the string matches the pattern; note that this is different from finding a zero-length match at some point in the string.

The expression's behaviour can be modified by specifying a *flags* value. Values can be any of the flags variables, combined using bitwise OR (the | operator).

[그림 2-28]

소괄호로 묶인 부분이 여러 개라면, 가장 왼쪽의 괄호부터 그룹의 순서가 정해진다. 그룹에 대해서는 **[그림 2-29]**에 표현되어 있다. 다만 초보자는 파이썬 공식 문서를 보면 이해가 잘 안 될 수 있어 **2.5.2 사전 지식 정리하기**를 참고하길 바란다. 정규표현식은 w3schools(www.w3schools.com/python/python_regex.asp) python regex를 참고하면 된다.

(...)
Matches whatever regular expression is inside the parentheses, and indicates the start and end of a group; the contents of a group can be retrieved after a match has been performed, and can be matched later in the string with the `\number` special sequence, described below. To match the literals `'('` or `')'`, use `\(` or `\)`, or enclose them inside a character class: `[(]`, `[)]`.

[그림 2-29]

한편, 가져올 주소 패턴은 https://(사이트명).com/(특정 주소)이다. 그래야 사이트명을 뽑을 수 있다. 괄호를 친 부분은 그룹을 표현한 것이다. 사이트명이 위치한 그룹은 첫 번째, 특정 주소가 위치한 그룹은 두 번째가 된다. 따라서 **[그림 2-27]** 코드를 다시 참고하면, 공식 문서에서 string이라고 표현된 부분인 text는 입력할 URL이고, pattern이라고 표현된 부분인 AAA(.+?)ZZZ는 찾을 패턴을 정규표현식으로 바꾸어주면 될 것이다. 이를 종합한 내부 링크, 외부 링크를 판별하는 과정은 **[코드 2-15]**에 나와 있다.

```
import requests
from bs4 import BeautifulSoup
import re

site_url = input('워드프레스 URL을 입력하세요.')
response = requests.get(site_url)
soup = BeautifulSoup(response.text, 'html.parser')
posting_area = soup.select('.ast-post-format-.ast-no-thumb.single-layout-1')

site_identity = re.search(r"https://([a-z]+)\.([a-z]+)/(.+)", site_url)
print(site_identity)
if site_identity:
    found = site_identity.group(1)
    print(found)
```

```
else:
    print('사이트 주소 패턴을 찾지 못하였습니다.')

links_lists = posting_area[0].find_all('a')
for links_list in links_lists:
    if found in links_list:
        internal_links.append(links_list)
        print(internal_links)
    else:
        external_links.append(links_list)
        print(external_links)
```

[코드 2-15]

정규표현식 r"https://([a-z]+)₩.([a-z]+)/(.+)"에 대해서 더 알아보자. 정규표현식에서 r(raw string)을 붙이는 이유는 백슬래쉬(₩)를 문자 그대로 해석하기 위함이다. 백슬래쉬는 다른 알파벳 문자와 결합하여 독특한 뜻을 지닌다. 예를 들어서 **[그림 2-30]**은 ₩B의 뜻에 대해 설명하고 있다. r'at₩B'라고 표기하면 B를 문자 B로 해석하는 것이 아니라, 단어의 경계, 즉 at가 단어의 끝부분이 아닌 경우에 매치된다는 것으로 해석한다. 그러니 athens, atom, attorney 모두 at 다음에 추가적인 문자가 이어지므로 매치된다는 것을 알 수 있다.

> `\B`
>
> Matches the empty string, but only when it is *not* at the beginning or end of a word. This means that `r'at\B'` matches `'athens'`, `'atom'`, `'attorney'`, but not `'at'`, `'at.'`, or `'at!'`. `\B` is the opposite of `\b`, so word characters in Unicode (str) patterns are Unicode alphanumerics or the underscore, although this can be changed by using the `ASCII` flag. Word boundaries are determined by the current locale if the `LOCALE` flag is used.

[그림 2-30]

https://는 입력되는 URL이 모두 가지고 있는 공통 부분이어서 그대로 작성한다. 그다음 사이트 주소가 나오는 부분은 (이름).(도메인 형식)인데, 이름도 달라질 수 있고 도메인 형식도 com, kr, ai와 같이 달라질 수 있다.

[그림 2-31]에 의하면 [a-z]+는 a부터 z까지 중 임의의 문자가 한 번 이상 반복되는 점을 의미한다. blognpython이 오든, apple이 오든, korea가 오든 이 패턴을 모두 포괄할 수 있다. [a-z]와 +가 결합한 것이다. 도메인 형식도 알파벳이 두 개 이상이 오기 때문에, 동일하게 [a-z]+로 표기한다.

> `[]`
>
> Used to indicate a set of characters. In a set:
>
> - Characters can be listed individually, e.g. `[amk]` will match `'a'`, `'m'`, or `'k'`.
> - Ranges of characters can be indicated by giving two characters and separating them by a `'-'`, for example `[a-z]` will match any lowercase ASCII letter, `[0-5][0-9]` will match all the two-digits numbers from `00` to `59`, and `[0-9A-Fa-f]` will match any hexadecimal digit. If `-` is escaped (e.g. `[a\-z]`) or if it's placed as the first or last character (e.g. `[-a]` or `[a-]`), it wi match a literal `'-'`.
>
> `+`
>
> Causes the resulting RE to match 1 or more repetitions of the preceding RE. `ab+` will match 'a' followed by any non-zero number of 'b's; it will not match just 'a'.

[그림 2-31]

흥미로운 부분은 마침표도 순수 기호로 작용하는 것이 아니라, 모든 글자를 포괄하는 의미를 담는다는 것이다. 따라서 단순하게 마침표를 표현하기 위해서는 ₩.으로 표기해야 한다. 마지막으로 끝부분에는 '워드프레스-낙장도메인'과 같은 문자열이 올 수 있다. 과제에서는 한글과 하이픈(-)만 사용하지만, 다른 사이트라면 영문이나 숫자도 올 수 있다. 이때는 모든 글자를 포괄하는 마침표를 사용한다. 마찬가지로 글자가 여러 개 올 수 있기 때문에 (.+)로 표기한다.

> `.`
>
> (Dot.) In the default mode, this matches any character except a newline. If the `DOTALL` flag has been specified, this matches any character including a newline. `(?s:.)` matches any character re-

[그림 2-32]

지금까지 단계 1의 모든 과정이 담긴 코드는 [코드 2-16]에 담겨 있다.

```
import requests
from bs4 import BeautifulSoup
import re
```

```python
site_url = input('워드프레스 URL을 입력하세요.')
response = requests.get(site_url)
soup = BeautifulSoup(response.text, 'html.parser')

site_identity = re.search(r"https://([a-z]+)\.([a-z]+)/(.+)", site_url)
if site_identity:
    found = site_identity.group(1)
    print(found)
else:
    print('사이트 주소 패턴을 찾지 못하였습니다.')

internal_links = []
external_links = []
H2_tag_lists = []
H3_tag_lists = []
posting_area = []
p_tag_text_lists = []
p_tag_text_list_ind = []

response = requests.get(site_url)
soup = BeautifulSoup(response.text, 'html.parser')

H2_tag_lists = soup.find_all("h2")
H3_tag_lists = soup.find_all("h3")

posting_area = soup.select('.ast-post-format-.ast-no-thumb.single-layout-1')
p_tag_text_lists = posting_area[0].find_all('p')

for p_tag_text in p_tag_text_lists:
    p_tag_text_list_ind.append(p_tag_text.text)
```

```
p_tag_text_total =  "".join(p_tag_text_list_ind)
p_length = len(p_tag_text_total)

links_lists = posting_area[0].find_all('a')
for links_list in links_lists:
    if found in links_list:
        internal_links.append(links_list)
        print(internal_links)
    else:
        external_links.append(links_list)
        print(external_links)
```

[코드 2-16]

다음으로 단계 3, 4를 함께 설명하겠다.

2. 요소를 분석한다.

3. 점수를 산정하고, 결과를 출력한다.

모든 요소를 가져오는 단계까지 마쳤다. **2.5.1 설계 순서 수립**하기에서 세웠던 **요소 분석 기준**에 따라 각 요소를 분석하기 위해 주로 조건문을 사용할 것이다. 요소를 분석하기 전에 점수를 산정할 변수를 미리 선언해야 한다는 점도 잊지 말자. 산정된 점수를 저장할 변수는 score라고 명명하고, 기본 점수를 5점으로 부여하자.

H2 개수가 두 개 이상, H3 개수가 네 개 이상일 때, 10점을 추가하고 그렇지 않으면 5점을 추가하기로 했다. 조건문은 1장부터 배웠기 때문에 금방 식을 세울 수 있다. '이상'을 나타내는 비교 연산자는 '>='이다. H2 보다 H3 개수가 많으면 30점을 추가한다는 내용도 '~보다 큰'을 뜻하는 > 연산자로 표현할 수 있다. 이는 **[코드 2-17]**에서 확인할 수 있다. H2 태그, H3 태그를 리스트에 저장하였으므로, len() 함수로 나타내는 H2_tag_list, H3_tag_list의 길이가 곧 H2, H3의 개수이다.

```
score = 5
## H2, H3 개수 간 비교
```

```
if len(H2_tag_lists) >= 2 and len(H3_tag_lists) >=4:
    score = score + 10
else:
    score = score + 5

## H2, H3 상호 간 비교

if len(H2_tag_lists) < len(H3_tag_lists):
    score = score + 30
else:
    score = score + 15
```

[코드 2-17]

다음으로 글자 수가 300자 이상이면 10점을 추가하는 내용도 >= 연산자를 통해 다음처럼 나타낼 수 있다.

```
if p_length >= 300:
   score = score + 10
else:
   score = score + 5
```

[코드 2-18]

마지막으로 외부 링크, 내부 링크도 모두 개수로 저장기에 다음과 같이 len() 함수를 써야 한다.

```
## 외부 링크

if len(external_links) != 0:
   score = score + 10
else:
   score = score + 5

## 내부 링크
```

```
if len(internal_links) != 0:
   score = score + 10
else:
   score = score + 5
```

[코드 2-19]

이제 산정된 점수를 기준으로 SEO 평가 의견을 출력해보자. 최종 점수가 30점 이하이면 '최악입니다.', 30점 초과 50점 미만이면 '보통입니다.', 50점 이상은 '잘하셨습니다.'를 코드로 표현하면 **[코드 2-20]**과 같다. 점수별로 출력할 문구를 저장할 변수는 message로 명명한다.

```
message = ""

if score <= 30:
   message = "최악입니다."
elif score > 30 and score < 50:
   message = "보통입니다."
else:
   message = "잘하셨습니다."
```

[코드 2-20]

GUI 디자인 작업 전 최종 코드를 정리하면 다음과 같다.

```
import requests
from bs4 import BeautifulSoup
import re

site_url = input('워드프레스 URL을 입력하세요.')
response = requests.get(site_url)
soup = BeautifulSoup(response.text, 'html.parser')

site_identity = re.search(r"https://([a-z]+)\.([a-z]+)/(.+)", site_url)
if site_identity:
    found = site_identity.group(1)
    print(found)
```

```
else:
    print('사이트 주소 패턴을 찾지 못하였습니다.')

internal_links = []
external_links = []
H2_tag_lists = []
H3_tag_lists = []
posting_area = []
p_tag_text_lists = []
p_tag_text_list_ind = []

response = requests.get(site_url)
soup = BeautifulSoup(response.text, 'html.parser')

H2_tag_lists = soup.find_all("h2")
H3_tag_lists = soup.find_all("h3")

posting_area = soup.select('.ast-post-format-.ast-no-thumb.single-layout-1')
p_tag_text_lists = posting_area[0].find_all('p')

for p_tag_text in p_tag_text_lists:
    p_tag_text_list_ind.append(p_tag_text.text)

p_tag_text_total =  "".join(p_tag_text_list_ind)
p_length = len(p_tag_text_total)

links_lists = posting_area[0].find_all('a')
for links_list in links_lists:
    if found in links_list:
        internal_links.append(links_list)
        print(internal_links)
    else:
```

```
        external_links.append(links_list)
        print(external_links)

if len(H2_tag_lists) >= 2 and len(H3_tag_lists) >=4:
    score = score + 10
else:
    score = score + 5

## H2, H3 상호간 비교

if len(H2_tag_lists) < len(H3_tag_lists):
    score = score + 30
else:
    score = score + 15

## 글자 수 분석

if p_length >= 300:
   score = score + 10
else:
   score = score + 5

## 외부 링크

if len(external_links) != 0:
   score = score + 10
else:
   score = score + 5

## 내부링크

if len(internal_links) != 0:
```

```
    score = score + 10
else:
    score = score + 5

message = ""

if score <= 30:
    message = "최악입니다."
elif score > 30 and score < 50:
    message = "보통입니다."
else:
    message = "잘하셨습니다."
```

[코드 2-21]

GUI로 구현하기

점차 배치해야 될 요소들이 많아지고 있다. 이런 경우 필요한 값을 입력하는 부분과 결괏값이 나오는 부분을 분리하는 것이 좋다. 이 점을 유의해서 설계하자.

》그래픽 디자인하기

최종 디자인 결과는 **[그림 2-33]** 과 같다. 워드프레스 URL을 입력하는 부분과 해당 URL에서 가져온 요소의 현황을 나타내는 부분, 점수 및 최종 평가 결과를 나타내는 부분 세 개로 나누어 사용자의 가독성을 높인다.

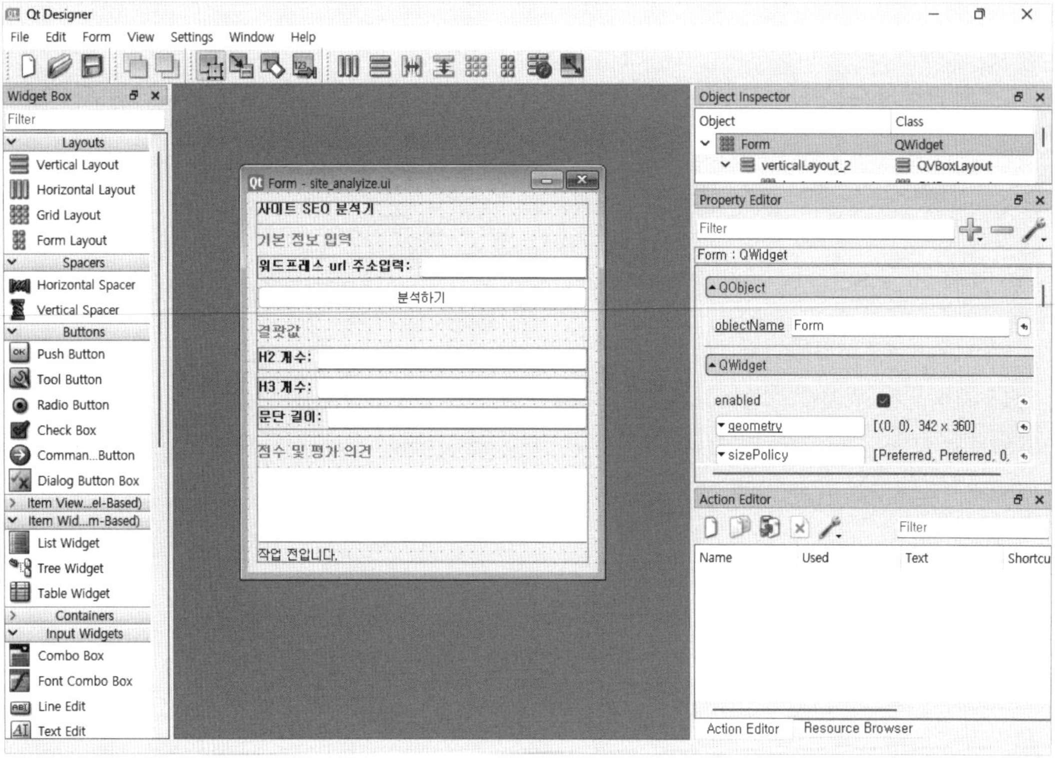

[그림 2-33]

실행 결과는 다음과 같다.

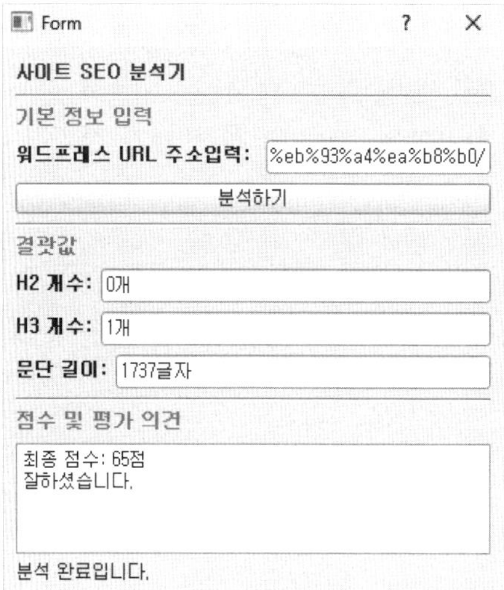

[그림 2-34]

Qt Designer를 실행하고 그림 **[그림 1-23]**같이 뜨는 창에서 [templates₩forms]의 [Widget]을 선택한 후 <Create>를 클릭한다. 이후 **[그림 2-35]**처럼 [Horizontal Layout]을 선택하여 입력부 칸을 하나씩 만들어준다.

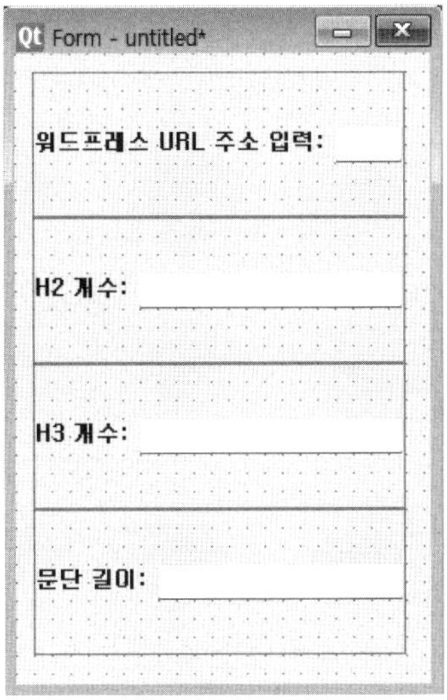

[그림 2-35]

다음으로 [Vertical Layout]을 선택해 만든 요소들과 함께 Button과 각 파트의 명칭을 기재할 [Display Widgets]의 Label을 적층한다. 참고로 사이트 SEO 분석기 글씨 아래에 배치된 Line은 [Display Widgets]의 [Horizontal Line]을 활용하면 된다.

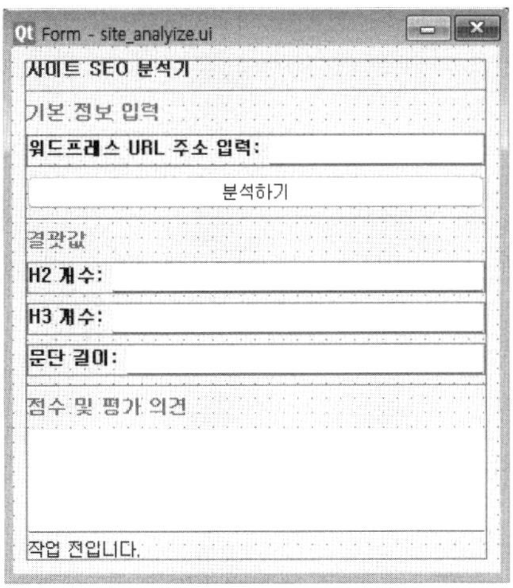

[그림 2-36]

파일명은 site_analyize.ui로 저장한다. GUI 디자인 편집이 완료된 후 <Ctrl> + <S>를 누르면 자연스럽게 저장 파일명을 지정할 수 있다. 통제해야 할 요소는 다음과 같이 적어보았다.

요소명	요소 역할	요소 이름
LineEdit	워드프레스 URL 입력 칸	wordpress_url
PushButton	분석하기 버튼	analyize_function
LineEdit	H2 개수 출력 칸	number_h2
LineEdit	H3 개수 출력 칸	number_h3
LineEdit	글자 길이	paralength
TextEdit	점수 및 평가 의견 칸	resule_score
Label	상태 표시줄	status_label

》결합하기

[코드 1-12]에 설계하였던 코드를 먼저 붙여넣으면 **[코드 2-22]**처럼 쓸 수 있다. UI_PATH에는 GUI 디자인 파일로 저장했던 "site_analyize.ui"를 넣었다.

```
from PyQt5.QtWidgets import *
from PyQt5 import uic
import os
import sys
import requests
from bs4 import BeautifulSoup
import re

BASE_DIR = os.path.dirname(os.path.abspath(__file__))
UI_PATH = "site_analyize.ui"

class MainDialog(QDialog):
    def __init__(self):
        QDialog.__init__(self, None)
        uic.loadUi(os.path.join(BASE_DIR, UI_PATH), self)
```

```
        self.analyze_function.clicked.connect(self.analyze_url_func)

    def analyze_url_func(self):
        site_url = input('워드프레스 URL을 입력하세요.')
        response = requests.get(site_url)
        soup = BeautifulSoup(response.text, 'html.parser')
        site_identity = re.search(r"https://([a-z]+)\.([a-z]+)/(.+)", site_url)

        if site_identity:
            found = site_identity.group(1)
            print(found)
        else:
            print('사이트 주소 패턴을 찾지 못하였습니다.')

        internal_links = []
        external_links = []
        H2_tag_lists = []
        H3_tag_lists = []
        posting_area = []
        p_tag_text_lists = []
        p_tag_text_list_ind = []

        response = requests.get(site_url)
        soup = BeautifulSoup(response.text, 'html.parser')

        H2_tag_lists = soup.find_all("h2")
        H3_tag_lists = soup.find_all("h3")

        posting_area = soup.select('.ast-post-format-.ast-no-thumb single-
        layout-1')
        p_tag_text_lists = posting_area[0].find_all('p')
```

```
for p_tag_text in p_tag_text_lists:
    p_tag_text_list_ind.append(p_tag_text.text)

p_tag_text_total =  "".join(p_tag_text_list_ind)
p_length = len(p_tag_text_total)

links_lists = posting_area[0].find_all('a')
for links_list in links_lists:
    if found in links_list:
       internal_links.append(links_list)
       print(internal_links)
    else:
       external_links.append(links_list)
       print(external_links)

score = 5
if len(H2_tag_lists) >= 2 and len(H3_tag_lists) >=4:
   score = score + 10
else:
   score = score + 5

## H2, H3 상호간 비교
if len(H2_tag_lists) < len(H3_tag_lists):
   score = score + 30
else:
   score = score + 15

## 글자 수 분석

if p_length >= 300:
   score = score + 10
```

```
        else:
            score = score + 5

        ## 외부 링크
        if len(external_links) != 0:
            score = score + 10
        else:
            score = score + 5

        ## 내부 링크
        if len(internal_links) != 0:
            score = score + 10
        else:
            score = score + 5

        message = ""

        if score <= 30:
            message = "최악입니다."
        elif score > 30 and score < 50:
            message = "보통입니다."
        else:
            message = "잘하셨습니다."

QApplication.setStyle("fusion")
app = QApplication(sys.argv)
main_dialog = MainDialog()
main_dialog.show()
sys.exit(app.exec_())
```

[코드 2-22]

가장 먼저 워드프레스 URL 입력부를 수정해야 한다. LineEdit이기 때문에, site_url = self.wordpress_url.text()로 변경한다. 그리고 출력부를 변경한다. VS Code로 결괏값을 확인할 때는 print 함수를 사용하고 H2, H3의 개수와 글자 길이는 LineEdit에, 점수 및 평가 의견은 TextEdit에 출력된다. 검색 포털에 QLineEdit, QTextEdit이라고 검색을 하면 용법을 금방 찾아볼 수 있다. LineEdit 출력을 위해서 setText를, TextEdit 출력을 위해서 setPlainText를 쓴다. 이는 **[코드 2-23]**에 정리하였다. len(H2_tag_lists)과 len(H3_tag_lists), score에 모두 형 변환을 붙인 이유는 LineEdit, TextEdit 모두 문자열 데이터 형이 들어가야 하기 때문이다.

```
## 입력부
site_url = input('워드프레스 URL을 입력하세요.')
      site_url = self.wordpress_url.text()


## 출력부
self.number_h2.setText(str(len(H2_tag_lists)) + "개")
self.number_h3.setText(str(len(H3_tag_lists)) + "개")
self.paralength.setText(str(p_length) + "글자")


self.resule_score.setPlainText("최종 점수: " + str(score) + "점" + "\n" + message)
```

[코드 2-23]

다음으로 상태 표시줄과 try-except 문을 적용해야 한다. 상태 표시줄은 프로세스 상태가 달라지는 곳에 self.status_label.setText()를 삽입하면 되어서 어렵지 않다. 생각해볼 것은 try-except 문이다. 오류가 날 수 있는 부분은 대략 두 가지가 있다. 사이트 자체의 구조가 달라 원하는 요소를 불러올 수 없는 경우와 입력한 주소에서 추출할 패턴을 찾지 못한 경우이다. 사이트 요소를 계산하고 출력하는 과정은 제대로 된 값을 가져올 수 있다면 문제될 일이 없다. 두 경우 모두 어떤 곳에서 오류가 발생하든 결론적으로 사이트를 인식하는 데 실패하기 때문에, 모든 경우를 포괄하여 try-except 문을 선택한다. 물론 요소별로 try-except 문을 적용하여 상태 표시줄을 더욱 섬세하게 구성하는 것도 좋다. 지금까지의 과정을 모두 반영한 최종적인 설계 코드는 다음과 같다.

```
from PyQt5.QtWidgets import *
from PyQt5 import uic
```

```
import os
import sys
import requests
from bs4 import BeautifulSoup
import re

BASE_DIR = os.path.dirname(os.path.abspath(__file__))
UI_PATH = "site_analyize.ui"

class MainDialog(QDialog):
    def __init__(self):
        QDialog.__init__(self, None)
        uic.loadUi(os.path.join(BASE_DIR, UI_PATH), self)
        self.analyize_function.clicked.connect(self.analyize_url_func)

    def analyize_url_func(self):
        site_url = self.wordpress_url.text()

        if site_url == "":
            self.status_label.setText("사이트 주소를 입력해주세요.") ## 요소들 크롤링
        else:
            try:
                site_identity = re.search(r"https://([a-z]+)\.([a-z]+)/(.+)",
                site_url)
                if site_identity:
                    print(site_identity)
                    found = site_identity.group(1)
                    print(found)
                else:
                    self.status_label.setText("사이트 패턴을 발견하지 못하였습니다.")
```

```
H2_tag_lists = []
H3_tag_lists = []
posting_area = []
p_tag_text = []
p_tag_text_list = []

self.status_label.setText("분석 중입니다.")
response = requests.get(site_url)
soup = BeautifulSoup(response.text, 'html.parser')

H2_tag_lists = soup.find_all("h2")
H3_tag_lists = soup.find_all("h3")

posting_area = soup.select('.ast-post-format-.single-layout-1')
p_tag_text_lists = posting_area[0].find_all('p')

for p_tag_text in p_tag_text_lists:
    p_tag_text_list.append(p_tag_text.text)

p_tag_text_total =  "".join(p_tag_text_list)
p_length = len(p_tag_text_total)

internal_links = []
external_links = []

links_lists = posting_area[0].find_all('a')
for links_list in links_lists:
    if found in links_list:
        internal_links.append(links_list)
    else:
        external_links.append(links_list)
```

```
score = 5

if len(H2_tag_lists) >= 2 and len(H3_tag_lists) >=4:
    score = score + 10
else:
    score = score + 5

if len(H2_tag_lists) < len(H3_tag_lists):
    score = score + 30
else:
    score = score + 15

if p_length >= 300:
    score = score + 10
else:
    score = score + 5

if len(external_links) != 0:
    score = score + 10
else:
    score = score + 5

if len(internal_links) != 0:
    score = score + 10
else:
    score = score + 5

message = ""

if score <= 30:
```

```
                message = "최악입니다."
            elif score > 30 and score < 50:
                message = "보통입니다."
            else:
                message = "잘하셨습니다."

            self.number_h2.setText(str(len(H2_tag_lists)) + "개")
            self.number_h3.setText(str(len(H3_tag_lists)) + "개")
            self.paralength.setText(str(p_length) + "글자")
            self.resule_score.setPlainText("최종 점수: " + str(score) + "점" +
            "\n" + message)
            self.status_label.setText("분석 완료입니다. ")

        except:
            self.status_label.setText("사이트 오류입니다. ")

QApplication.setStyle("fusion")
app = QApplication(sys.argv)
main_dialog = MainDialog()
main_dialog.show()
sys.exit(app.exec_())
```
[코드 2-24]

3장

GPT 원고 대량 생성 프로그램

3장의 프로그램은 4장 자동 포스팅 프로그램을 설계하기 위한 전 단계이다. 원고를 생성하는 데까지 진행하고, 4장에서는 자신의 블로그인 워드프레스에 원고 등록까지 진행할 것이다.

주요 목표

세 개의 소제목과 하위 글로 구성된 블로그 포스팅 원고를 대량으로 생성하는 프로그램을 만든다.

3.1 설계 순서 수립하기

블로그 포스팅을 하기 위해서는 생각보다 많은 작업이 필요하다. 키워드도 찾고, 원고를 작성할 때 참고할 만한 자료도 찾아야 한다. 직접 블로그를 운영해 본 사람이라면 이 과정이 얼마나 번거로운 일인지 금방 알 수 있다. 4장에서 워드프레스 자동 포스팅 프로그램을 직접 만들 것이지만, 네이버 블로그와 티스토리를 하는 사람이라면 원고만 생성해서 붙여넣는 방식으로 블로그를 운영하는 것도 꽤 합리적인 선택이다. 네이버 블로그나 티스토리는 페이지 HTML 구조가 모두 상이하고, 셀레니움을 활용해야 하므로 시간과 노력의 측면에서 원고 생성 방식이 유리하기 때문이다. 한편, GPT에 하나의 글을 써달라고 요청하기보다는 소제목을 나누어서 소제목별로 글을 생성하면 내용상이 더욱 풍성해질 수 있다. 따라서 3장에서는 글을 생성하고 싶은 주제를 키워드로 저장하면, 결괏값을 텍스트 파일에 저장하는 방식으로 프로그램을 설계할 것이다.

원고 대량 생성이라는 주제에만 집중하면 프로그램을 설계하기가 무척 어렵게 느껴질 수 있다. 이럴 때는 세부적으로 동작 과정 하나하나를 쪼개 봐야 한다. 참고로 3장에서 다룰 내용은 추후 4장에서 배울 자동 포스팅 프로그램을 제작할 때도 활용할 수 있다. 최종 프로그램 GUI 디자인은 **[그림 3-1]**과 같다.

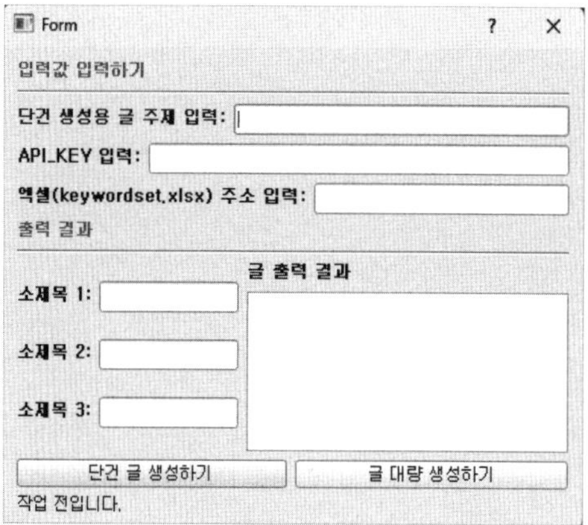

[그림 3-1]

| 개요 |

1. 글의 주제에 맞는 키워드를 엑셀에 입력하고 저장한다.
2. 엑셀에 저장된 한 개의 키워드로 소제목을 생성하고, 생성한 소제목별로 하위 글을 생성한다.
3. 생성된 글을 텍스트에 저장하고, 프로그램 화면에 출력한다.
4. 원고가 대량 생성되도록 만든다.

| 생각해보기 |

글을 대량으로 생성하기 전에 가장 먼저 해야 할 일은 한 개의 글을 생성하는 것이다. 하나의 글 안에는 소제목 세 개와 관련된 내용의 하위 글로 구성된다. 그렇다면 먼저 소제목을 생성해야 하위 글을 생성할 수 있다는 생각을 해볼 수 있다. 그리고 완성된 글을 텍스트에 저장한다. 최종적으로 이 과정을 반복할 수 있다면 원고 대량 생성 프로그램을 제작할 수 있다. 다만 좀 더 쉬운 학습을 위해 프로그램상에서 '단건 글 생성하기'와 '글 대량 생성하기' 기능으로 나누었다. 포스팅 결과는 프로그램 화면상에 나타나도록 만든다.

3.2 사전 지식 정리하기

프로그램을 더 사용자 친화적으로 만드는 데 도움이 되는 내용이다. 또한 여러 가지 기능을 수행할 때, 처리 시간을 단축시킬 수 있는 방법이기도 하다.

스레드의 개념

파이썬 프로그램은 기본적으로 하나의 스레드(thread)로 작업이 진행된다. 스레드란 쉽게 설명해서 작업이 진행되는 통로라고 이해하면 좋다. 프로그램이 실행되어 돌아가는 상태를 프로세스라고 하는데, 그 프로세스 안에서 하나의 스레드로 작업이 진행된다. 이번 장에서 만들 프로그램도 버튼을 두 개 가지고 있다. 하나는 글 한 개만 생성하는 버튼이고, 또 하나는 여러 글을 생성하는 버튼이다. 문제는 이 두 개를 동시에 돌릴 수 없다는 점이다. 따라서 둘 중 어느 하나의 버튼을 눌러 작업이 진행되면 프로그램은 마치 지연이 생긴 것처럼 '응답 없음' 메시지가 뜬다. 하지만 본질적인 작업은 진행되고 있다.

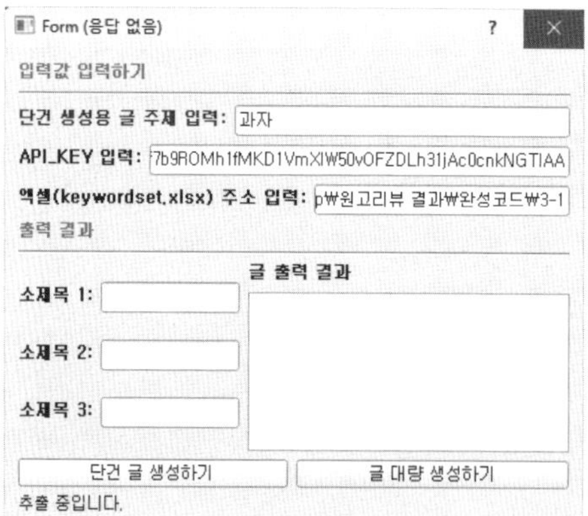

[그림 3-2]

스레딩 모듈 사용하기

[그림 3-2]의 문제는 멀티스레딩(multithreading)을 통해서 해결할 수 있다. 멀티스레딩은 하나의 프로그램 안에서 여러 스레드를 실행시켜 여러 작업을 동시에 진행하는 것으로, 마치 물이 흘러갈 수 있는 파이프를 여러 개로 만드는 것과 유사하다. 물론 [그림 3-2]의 현상과 관계

없이 프로그램을 사용할 수는 있다. 다만 사정을 모르는 다른 사용자가 프로그램이 지연된다고 오해하고 강제 종료를 시도하거나, 제작자에게 문제를 제기할 여지가 있다. 따라서 문제 해결은 사용자 입장을 배려하는 것이고, 프로그램을 제작한 당사자에게도 편의를 주게 된다. 스레딩(threading) 모듈은 이러한 멀티스레딩을 구현할 수 있도록 제공되는 파이썬 라이브러리이다. 그래서 별도로 설치할 필요가 없다. 스레딩 모듈에 관한 내용은 파이썬 공식 문서 표준 라이브러리(docs.python.org/ko/3.13/library/threading.html)에서도 찾아볼 수 있다. 기본적인 용법은 **[그림 3-3]**에서 찾아볼 수 있다. 스레딩 모듈을 활용해 스레드를 만들고, 해당 작업을 메인 스레드가 아닌 다른 스레드에 할당하는 과정이다.

class threading.**Thread**(*group=None, target=None, name=None, args=(), kwargs={}, *, daemon=None*)

This constructor should always be called with keyword arguments. Arguments are:

group should be **None**; reserved for future extension when a ThreadGroup class is implemented.

target is the callable object to be invoked by the run() method. Defaults to **None**, meaning nothing is called.

name is the thread name. By default, a unique name is constructed of the form "Thread-*N*" where *N* is a small decimal number, or "Thread-*N* (target)" where "target" is **target.__name__** if the *target* argument is specified.

args is a list or tuple of arguments for the target invocation. Defaults to **()**.

kwargs is a dictionary of keyword arguments for the target invocation. Defaults to **{}**.

If not **None**, *daemon* explicitly sets whether the thread is daemonic. If **None** (the default), the daemonic property is inherited from the current thread.

If the subclass overrides the constructor, it must make sure to invoke the base class constructor (**Thread.__init__()**) before doing anything else to the thread.

[그림 3-3]

여기서 주목할 인자는 target과 daemon이다. 설명을 읽어보면 group 변수는 None으로 지정한다고 나와 있고, 생략하여도 무방하다. target은 생성한 스레드에 할당할 작업을 말하며, daemon은 생성한 스레드가 데몬 스레드인지, 아닌지를 설정하는 인자이다. 데몬 스레드란, 메인 스레드 하위에 종속된 스레드이다. 쉽게 설명하면 프로그램이 종료되면 진행되는 모든 스레드의 작업을 종료한다. 만약 데몬 스레드가 아닌 일반 스레드로 구성하면 프로그램이 종료되어도, 해당 스레드의 작업은 진행된다. 아래 용법 코드에 설명한 내용의 코드가 작성되어 있다.

```
import threading

thread_work = threading.Thread(target=(할당할 작업이 정의된 함수), daemon=True)
thread_work.start()
```

3.3 코드로 구현하기

1장과 2장에서 학습했던 내용을 모두 활용해야 하는 과정이다. 이해가 잘 안된다면 1장 과제와 2장 과제를 다시 한번 학습하고 도전하면 도움이 될 것이다.

1. 글의 주제에 맞는 키워드를 엑셀에 입력하고 저장한다.

단건 추출의 경우에는 프로그램에서 키워드를 직접 입력 받는 것이 더 좋다. 하지만 대량의 글을 생성하기 위해서 엑셀에 따로 입력하고, 그것을 하나씩 가져오면 된다. 단건 글 생성 과정은 대량 글 생성 과정에 포함되어 있으므로, 3장에서는 글 대량 생성을 위한 과정을 위주로 서술하겠다. **[그림 3-4]**와 같이 파일을 미리 준비하자. A 열에 키워드를 쭉 입력한다. 프로그램은 A 열에 입력된 키워드의 수만큼 실행된다. 파일의 이름은 keywordset.xlsx로 하겠다.

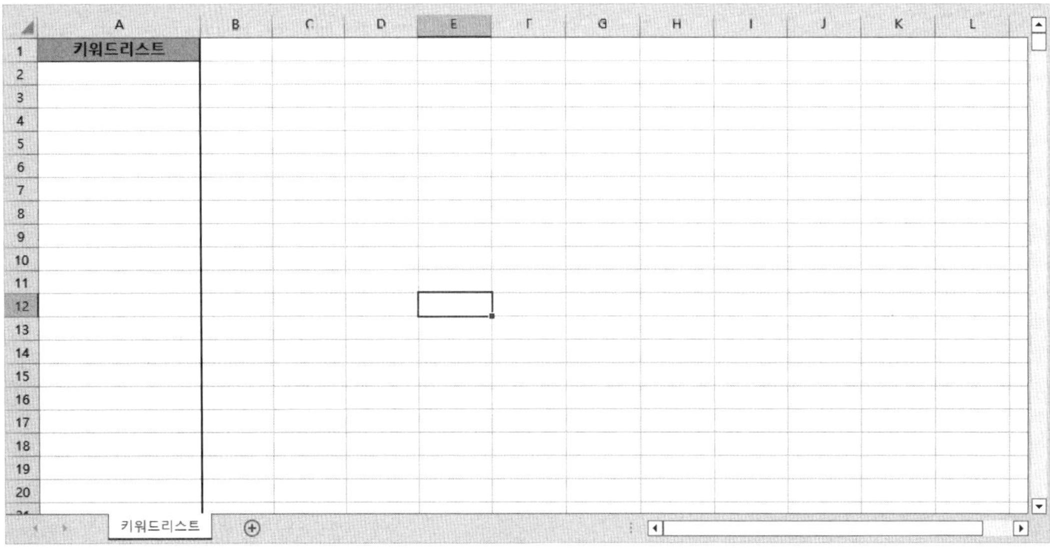

[그림 3-4]

이후 A 열에 있는 내용들을 가져와야 한다. **2.2 사전 지식 정리하기**에서 배운 것처럼 load_workbook("keywordset.xlsx 경로 주소 입력")으로 불러올 수 있다. 이것을 wb라는 변수에 저장한다. 이후 '키워드 리스트'라고 이름을 붙인 탭을 선택한다. 역시 keyword_sheet = wb['키워드 리스트']로 작성할 수 있다. keyword_sheet['A']는 A 열의 값을 가져오는 코드이며, 결괏값은 튜플의 형태이기 때문에, 밸류라는 속성을 통해서 값을 추출해야 한다고 2장에서 배웠다. keyword_list는 밸류 속성으로 추출한 최종 데이터를 저장하기 위해 임의로 만든 리스트 데이터이다. 정리하면 **[코드 3-1]**과 같다.

```
keyword_list = []
wb = load_workbook(excel_address + '/keywordset.xlsx')
keyword_sheet = wb['키워드 리스트']
keywords = keyword_sheet['A']

for keyword in keywords:
    keyword_list.append(keyword.value)
```

[코드 3-1]

이제 A 열의 데이터 중에서 불필요한 것을 제거하는 작업이 필요하다. **[그림 3-1]**에서 본 것과 같이 1행에는 '키워드 리스트'가 담겨 있다. keyword_sheet['A']는 키워드 리스트와 무관하게 A 열의 모든 값을 가져오기 때문에, 1행의 내용을 제거할 필요가 있다. 제거하는 방법은 간단하다. del 키워드를 사용하면 된다. del keyword_list[0]은 첫 번째 항목을 제거한다는 의미이다.

또 하나 고려할 사항은 **[그림 3-5]**와 같이 유효한 데이터가 빈 공간을 두고 떨어져 있는 경우이다. 5행과 6행이 비어 있는데, **[코드 3-1]**을 구동시키면 7행까지 가져올 수 있다. 이때 당연히 5행, 6행은 빈 값이 되어버린다. 그래서 이 빈 값도 지워주어야 한다.

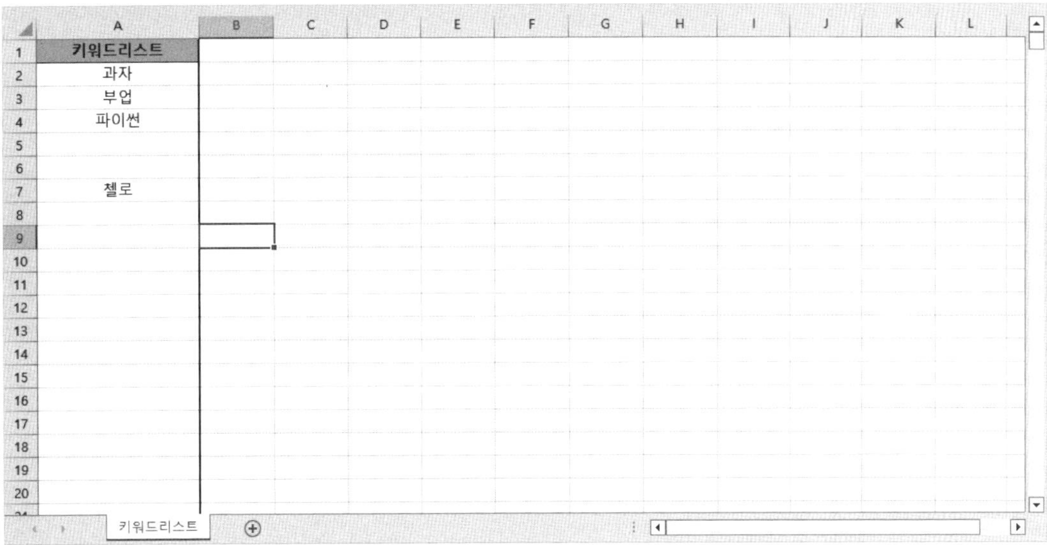

[그림 3-5]

[그림 3-6]은 파이썬 공식 문서 튜토리얼 3.13.0에 나와 있는 용법이다. 인자 function은 일종의 판별식을 의미하며, 조건식을 평가하는 함수가 와야 한다. iterable은 리스트, 튜플, 문자열과 같은 시퀀스 자료형 또는 딕셔너리와 같은 반복이 가능한 객체를 의미하며 판별 대상이 되는 데이터라고 할 수 있다. 용법 첫 문장을 읽어보면 인자 function이 True일 때 True로 평가된 요소만 포함하는 새로운 반복 인자를 생성한다고 되어 있다. 또한 function에 None이 오면 iterable 안의 모든 Falsy값들이 제거된다. 이를테면 None, 빈 문자열, 빈 리스트 등이 제거된다.

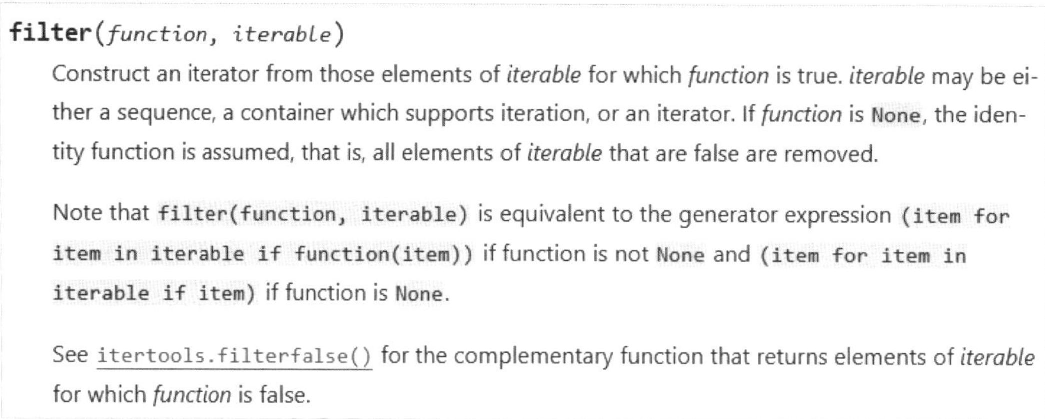

filter(*function*, *iterable*)

Construct an iterator from those elements of *iterable* for which *function* is true. *iterable* may be either a sequence, a container which supports iteration, or an iterator. If *function* is `None`, the identity function is assumed, that is, all elements of *iterable* that are false are removed.

Note that `filter(function, iterable)` is equivalent to the generator expression `(item for item in iterable if function(item))` if function is not `None` and `(item for item in iterable if item)` if function is `None`.

See `itertools.filterfalse()` for the complementary function that returns elements of *iterable* for which *function* is false.

[그림 3-6]

실제로 [코드 3-2]와 같이 작성하여 테스트하면 데이터의 형태가 나오지 않는다.

```
numbers = [1, 2, 3, 0, None, 5, None, None]
filtered_numbers = filter(None, numbers)
```

[코드 3-2]

결과는 다음과 같이 특정 문구가 나오는 것을 알 수 있다.

[그림 3-7]

결국 filter를 취한 후 list로 형 변환을 하여야 한다. 단계 1을 정리하면 **[코드 3-3]**과 같다. 이제 키워드를 모두 불러왔다.

```
from openpyxl import load_workbook

excel_address = input("엑셀 파일 경로 주소를 입력하세요.")
wb = load_workbook(excel_address + '/keywordset.xlsx')

keyword_sheet = wb['키워드 리스트']
keywords = keyword_sheet['A']

keyword_list = [] # 키워드 목록을 받기 위해 빈 리스트 선언

for keyword in keywords:
    keyword_list.append(keyword.value)

del keyword_list[0]
keyword_list = list(filter(None, keyword_list))
```

[코드 3-3]

2. 엑셀에 저장된 한 개의 키워드로 소제목을 생성하고, 생성한 소제목별로 하위 글을 생성한다.

본격적으로 글을 생성해보자. 그전에 GPT API를 사용하는 방법을 알아야 한다. 1장에서 GPT API 샘플 코드를 활용하는 방법을 언급했지만, 이번 장에서는 조금 더 자세히 살펴보겠다. 우선 키워드 한 개를 넣었을 때 세 개의 소제목을 생성하는 코드를 정리하면 **[코드 3-4]**와 같다.

```
from openai import OpenAI
import os

subject = input("[코드 3-3]에서 추출한 키워드를 하나씩 삽입")

os.environ["OPENAI_API_KEY"] = OPENAI_API_KEY
client = OpenAI()
```

```
order_message = subject + "에 대한 소제목 세 개만 알려주고 각 소제목은 10자 내외로 만 알려줘. 글자 수를 표기하지 말고 소제목엔" + subject + "이 반드시 들어가도록 해."

completion = client.chat.completions.create( model="gpt-4o-mini", messages=[
{"role": "system", "content": "You are a helpful assistant."}, {"role": "user",
"content": order_message} ] )

result = completion.choices[0].message.content
```

[코드 3-4]

[코드 1-1]과 달라진 부분은 message 변수의 두 번째 리스트 항목인 딕셔너리의 키 "content"의 밸류값이다. 이 점에 대해서 openai 공식 문서는 다음과 같이 정리하고 있다.

System messages

Messages with the `system` role act as top-level instructions to the model, and typically describe what the model is supposed to do and how it should generally behave and respond.

Here's an example of a system message that modifies the behavior of the model when generating a response to a `user` message:

[그림 3-8]

System messages는 답변해줄 봇에 역할을 부여하거나, 답변의 방향성을 설정하는 것이다. 그래서 샘플 코드에서도 'You are a helpful assistant.'라고 지정하였다.

다음으로 [그림 3-9]에는 User messages에 대해서 나와 있다. System messages와는 다르게 실질적으로 GPT에 답변 요청에 관한 내용을 전달할 때 사용하는 메시지임을 알 수 있다.

User messages

User messages contain instructions that request a particular type of output from the model. You can think of `user` messages as the messages you might type in to ChatGPT as an end user.

Here's an example of a user message prompt that asks the `gpt-4o` model to generate a haiku poem based on a prompt.

[그림 3-9]

따라서 System messages를 정의할 때 'You are a language expert', 'You are an expert in mathematic'과 같이 정의해도 되지만, 일반적인 내용에 대해서 소제목을 생성할 것이므로 **[코드 3-4]**의 내용을 그대로 사용해도 무방하다.

이제 생성된 소제목의 결과를 살펴봐야 하는데, **[코드 3-4]**처럼 프롬프트를 작성하면 대체로 **[그림 3-10]**과 같은 답변이 나온다. 문제는 이 결괏값을 type 함수로 출력하면 str 형식이라는 점이다. 추출된 세 개의 소제목의 하위 글을 각각 생성해야 하는데, str 형식일 때는 각 하위 글 생성이 어렵다. 따라서, 세 개의 소제목을 나누고 리스트 형태로 바꾸어야 한다.

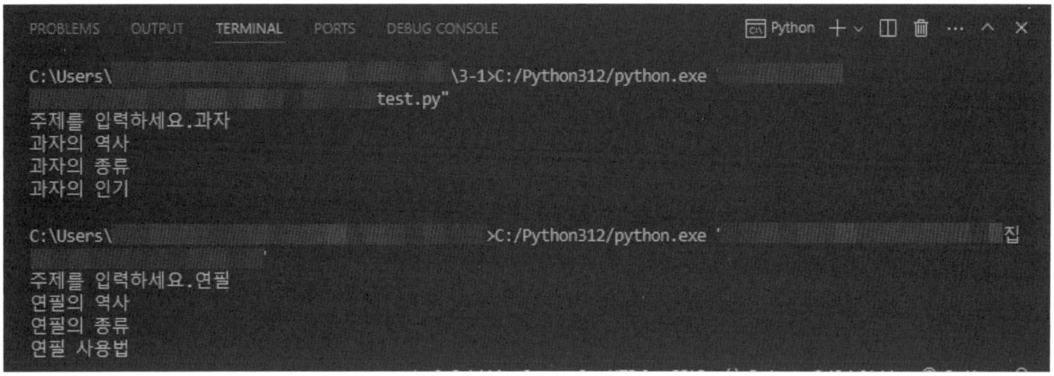

[그림 3-10]

여기서 사용할 수 있는 방법이 split 메서드가 있다. split은 문자를 입력한 양식에 따라 나누어 주고, 나뉜 데이터를 리스트 형태로 전달하기 때문에 자연스럽게 데이터를 변환할 수 있다. 무엇보다도 **[그림 3-10]**에서 보는 것처럼 도출된 각 소제목 사이에는 줄 바꿈("₩n")이 적용되어 있다. 따라서 이 줄 바꿈 기호를 기준으로 추출된 문자열 답변을 **[코드 3-5]**처럼 쪼갤 수 있다.

```
subtitle_lists = result.split("\n")
```

[코드 3-5]

결과적으로 소제목이 세 개이기 때문에, subtitle_lists 변수는 항목의 개수(혹은 길이)가 3인 리스트 데이터가 된다. 1장, 2장에서 배웠듯이, for 문을 이용해서 이제 소제목별로 하위 글을 생성하는 코드를 적용할 수 있다. 여기까지 적용된 내용이 **[코드 3-6]**에 나온다. 참고로 "subtitle_lists = []"는 소제목 세 개를 저장할 공간을, "content_result = []"는 생성된 각 하위 글을 저장할 공간을 정의한다.

```
from openai import OpenAI
import os

subtitle_lists = [] ## 소제목 리스트
content_result = [] ## 소제목 하위 글 리스트
subject = "[코드 3-3]에서 추출한 키워드를 하나씩 삽입"

os.environ["OPENAI_API_KEY"] = OPENAI_API_KEY
client = OpenAI()
order_message = subject + "에 대한 소제목 세 개만 알려주고 각 소제목은 10자 내외
로만 알려줘. 글자 수는 표기하지 말고 소제목엔" + subject + "이 반드시 들어가도록
해."
completion = client.chat.completions.create( model="gpt-4o-mini", messages=[
{"role": "system", "content": "You are a helpful assistant."}, {"role": "user",
"content": order_message} ]

)
result = completion.choices[0].message.content
subtitle_lists = result.split("\n")
for subtitle_list in subtitle_lists:
    order_message = subject + "에 대한 내용을 500자 미만으로 작성해줘."
    completion = client.chat.completions.create(model="gpt-4o-mini", messages=[
{"role": "system", "content": "You are a helpful assistant."}, {"role": "user",
"content": order_message} ])

    content_result.append(completion.choices[0].message.content)
```
[코드 3-6]

하위 글을 생성하는 코드도 구조는 동일하다. order_message에 입력할 명령어만 달라진다. 최종적으로 생성될 소제목이 세 개이기 때문에, subtitle_lists 하위에 오는 for 문도 세 번 돌게 된다. 그럼 소제목과 하위 글 생성이 모두 완료되었다.

3. 생성된 글을 텍스트에 저장하고, 프로그램 화면에 출력한다.

글을 텍스트 파일로 추출하기 위해서는, 단계 2에서 생성한 subtitle_lists, content_result를 출력 양식에 맞게 조합해야 한다. 가장 이상적인 형태는 소제목 1, 글, 소제목 2, 글, 소제목 3, 글 순이다. 그래서 다시 한번 for 문을 돌려야 한다. subtitle_lists나 content_result는 항목의 개수와 순서도 모두 동일하므로 둘 중 하나의 변수로 for 문을 구성해도 되며, **[코드 3-7]**처럼 소제목과 하위 내용도 순서대로 설계하면 된다.

```
for i in range(0, len(subtitle_lists)):
    body_content = body_content + str(subtitle_lists[i]) + "\n" + str(content_
result[i]) + "\n"
```

[코드 3-7]

for 문은 len() 함수를 써서 구성하는데, for subtitle_list in subtitle_lists:로 구성하여도 무방하다. 다만 그렇게 되면 for 문 안에 있는 코드의 변수를 적용하기가 까다로워진다. 이후 텍스트 파일에 최종 글 내용을 저장하기 위해 **[코드 2-6]**을 **[코드 3-8]**처럼 적용할 수 있다. 추후 글을 대량 생성할 것이기 때문에, 우선 파일 이름을 정하는 것은 보류하자. 프로그램에 결괏값을 출력하는 것은 아직 GUI 디자인 작업을 진행하지 않았기 때문에, 나중에 언급하겠다.

```
f = open("경로 주소/(파일 이름).txt", "a")
f.write(body_content)
f.close()
```

[코드 3-8]

4. 원고가 대량 생성되도록 만든다.

이제 단계 1에서 단계 3까지 했던 내용이 반복될 수 있도록 만들어야 한다. 어려워 보이는 과제이지만 적절한 위치에 for를 배치하고, for 문이 돌아갈 때 바뀌어야 하는 값에 대해서만 변수 처리를 해주면 된다. **[코드 3-9]**는 단계 3까지의 내용을 포함한 최종 결과 코드이다.

```
from openai import OpenAI
import os
from openpyxl import load_workbook

keyword_list = []
```

```
wb = load_workbook('엑셀 주소' + '/keywordset.xlsx')
keyword_sheet = wb['키워드 리스트']
keywords = keyword_sheet['A']
body_content = "" # 본문 내용을 저장할 빈 str 변수 선언

for keyword in keywords:
    keyword_list.append(keyword.value)

del keyword_list[0]
keyword_list = list(filter(None, keyword_list))

for i in range(0, len(keyword_list)):
    subtitle_lists = [] ## 소제목 리스트
    content_result = [] ## 소제목 하위 글 리스트
    os.environ["OPENAI_API_KEY"] = OPENAI_API_KEY
    client = OpenAI()
    order_message = keyword_list[i] + "에 대한 소제목 세 개만 알려주고 각 소제목은
    10자 내외로만 알려줘. 글자 수를 표기하지 말고 소제목엔" + keyword_list[i] + "
    이 반드시 들어가도록 해."
    # 코드 3-4의 subject이 keyword_list[i]로 대체됨
    completion = client.chat.completions.create( model="gpt-4o-mini", messages=[
    {"role": "system", "content": "You are a helpful assistant."}, {"role":
    "user", "content": order_message} ] )
    result = completion.choices[0].message.content

    subtitle_lists = result.split("\n")
    for subtitle_list in subtitle_lists:
        order_message = keyword_list[i] + "에 대한 내용을 500자 미만으로 작성해줘."
        completion = client.chat.completions.create(model="gpt-4o-mini",
        messages=[ {"role": "system", "content": "You are a helpful assistant."},
        {"role": "user", "content": order_message} ])
```

```
        content_result.append(completion.choices[0].message.content)

    for n in range(0, len(subtitle_lists)):
        body_content = body_content + str(subtitle_lists[i]) + "\n" + str(content_
        result[i])
        f = open(f"경로 주소/{keyword_list[i]}.txt", "a")
        f.write(body_content)
        f.close()
```

[코드 3-9]

[코드 3-6]부터 **[코드 3-8]**까지의 내용과 비교하면 더욱 이해하기가 쉽다. 가장 큰 차이점은 키워드이다. 단계 3에서는 먼저 한 개의 키워드에 관한 글을 생성하는 코드를 생각해보았다. 하지만 앞으로 대량의 키워드를 넣을 것이기 때문에, 단계 1의 내용과 결합해주어야 한다. **[코드 3-3]**처럼 미리 준비한 keywordset.xlsx를 로드하여 키워드 정보를 가져오고 가공하는 과정이 코드 상단에 있다. 그다음 for 문을 적용하면 되는데, 엑셀에서 가져온 키워드 개수만큼 단계 3를 반복해야 하므로 for i in range(0, len(keyword_list):로 구성이 되었다.

당연히 챗GPT에 전달할 명령어의 메인 키워드값도 keyword_list의 항목들을 차례로 할당하면 된다. **[코드 3-6]**에 subject라고 표현된 변수도 keyword_list[i]처럼 for 문의 영향 아래 있도록 변경한다.

3.4 GUI로 구현하기

입력값의 입력부와 출력부를 나눈 뒤, 출력부를 소제목과 원고 생성이라는 두 개의 부분으로 다시 나누어주는 것이 깔끔하다. 구현에는 정답은 없으며 최대한 깔끔하게 정리하는 것이 핵심이다.

》그래픽 디자인하기

완성될 결과는 [그림 3-11]과 같다. 버튼은 두 개로 구성한다. 한 개의 글만 생성하거나, 여러 개의 글을 자동으로 생성할 수 있도록 버튼을 두 개로 분리한다. 또한 입력부와 출력부를 분리하여 한눈에 인식하기 쉽게 만든다. 그리고 생성된 소제목과 각 하위 글은 프로그램상에서 출력되도록 한다.

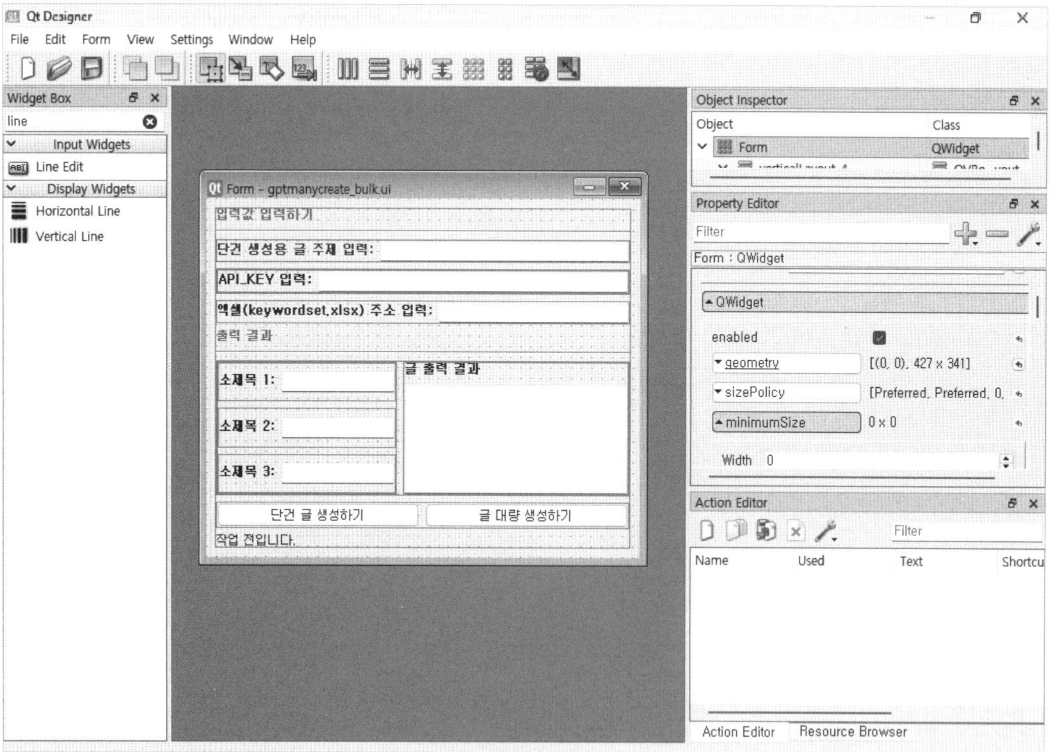

[그림 3-11]

실행 결과는 다음과 같다.

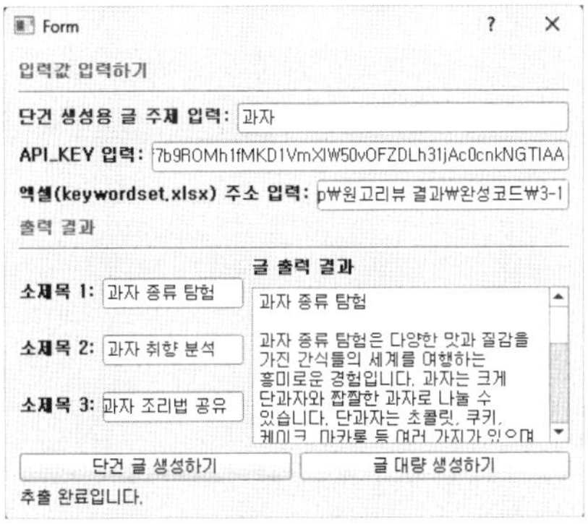

[그림 3-12]

Qt Designer를 실행하고 **[그림 1-23]**처럼 [Widget]을 생성한 후, 골격을 먼저 잡는다. 그전에 설계할 디자인의 골격을 쪼개볼 필요가 있다. 입력부의 경우 Horizontal 요소가 Vertical 요소에 적층되어 있다. 출력부는 소제목 출력부의 경우 Horizontal 요소가 Vertical 요소에 적층되어 있고, Vertical 요소로 글 출력부와 TextEdit이 적층된 부분이 소제목 출력부와 함께 다시 Horizontal 요소로 묶여 있다. 따라서 적층 순서를 다음처럼 정리하면 쉽다.

입력부: Horizontal 요소 세 개 생성 → Vertical 요소 적층

출력부: Horizontal 요소 세 개 생성(소제목) → Vertical 요소 적층 → 글 출력부(TextEdit) Vertical 요소 적층 → 소제목 출력부와 글 출력부 Horizontal 요소로 병합

입력부가 적층되는 과정은 다음과 같다.

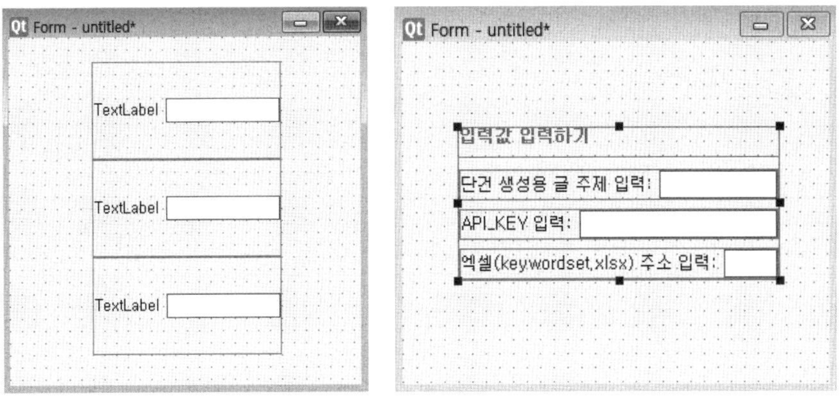

[그림 3-13]

[그림 3-14]는 나머지 출력부의 적층 과정을 보여준다.

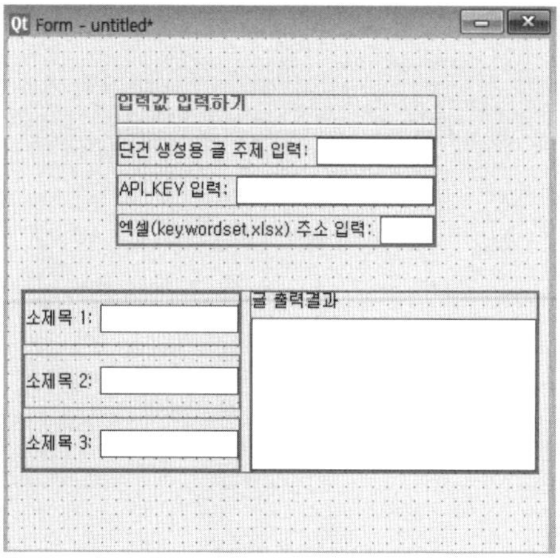

[그림 3-14]

다음으로 이 요소를 모두 Vertical 요소로 적층하면서 버튼이나 추가 문구 등을 배치하고 [그림 1-29]같이 [Layout in a grid] 옵션을 선택하면 [그림 3-12]처럼 완성할 수 있다.

파일명은 gptmanycreate_bulk.ui로 저장한다. 파일명은 자신이 알아보기 쉽게 지으면 된다. 통제해야 할 요소들은 다음과 같이 정리하였다.

요소명	요소 역할	요소 이름
LineEdit	단건 생성용 글 주제 입력 칸	topic
LineEdit	API 키 입력 칸	api_key
LineEdit	엑셀 경로 주소 입력 칸	exceladd
LineEdit	첫 번째 소제목 출력 칸	subtitle_1
LineEdit	두 번째 소제목 출력 칸	subtitle_2
LineEdit	세 번째 소제목 출력 칸	subtitle_3
TextEdit	글 출력 칸	textresult
PushButton	단건 글 생성하기 버튼	writing_result
PushButton	글 대량 생성하기 버튼	text_extract_many
Label	상태 표시줄	status_label

》 결합하기

[코드 1-12]에서 ui 파일명에는 gptmanycreate_bulk.ui로 고쳐놓고, **[코드 3-6]**과 **[코드 3-9]**를 반영한다. 여기서는 버튼이 두 개이기 때문에, **[코드 3-10]**처럼 구성하고 해당하는 코드를 붙여 넣어야 한다.

```
import os
import sys
from PyQt5.QtWidgets import *
from PyQt5 import uic

BASE_DIR = os.path.dirname(os.path.abspath(__file__))
UI_PATH = "gptmanycreate_bulk.ui"

class MainDialog(QDialog):
    def __init__(self):
        QDialog.__init__(self, None)
        uic.loadUi(os.path.join(BASE_DIR, UI_PATH), self)
        self.writing_result.clicked.connect(self.writing_result_func)
        self.text_extract_many.clicked.connect(self.text_extract_many_func)

    def writing_result_func(self):
        …
        (본론 코드)
        …
    def text_extract_many_func(self):
        …
        (본론 코드)
        …
QApplication.setStyle("fusion")
app = QApplication(sys.argv)
main_dialog = MainDialog()
main_dialog.show()
```

```
sys.exit(app.exec_())
```

[코드 3-10]

하나씩 차근차근 진행해보자. 먼저 단건 포스팅을 진행하는 writing_result_func 함수에 대해서 설계한 코드를 넣어보자. **[코드 3-9]**에서 for 문은 제거하고, 리스트 항목 keyword_list[i]로 표기된 변수는 하나의 단일 변수로 바꾸어주면 된다. 물론 엑셀(keywordset.xlsx) 경로 주소를 입력하는 것과 엑셀에 입력된 값을 가져오는 과정 역시 필요가 없다. 그 결과를 **[코드 3-11]**에 나타내었다.

```
import os
from openai import OpenAI

def writing_result_func(self):
        subject = self.topic.text()
        OPENAI_API_KEY = self.api_key.text()

        if subject == "" or OPENAI_API_KEY == "":
            self.status_label.setText("입력값을 모두 입력하세요.")

        else:
            self.status_label.setText("추출 중입니다.")
            self.status_label.repaint()
            subtitle_lists = []  ## 소제목 리스트
            content_result = []  ## 소제목 하위 글 리스트
            body_content = "" ## 최종 글

            os.environ["OPENAI_API_KEY"] = OPENAI_API_KEY

            client = OpenAI()
            try:
                order_message = subject + "에 대한 소제목 세 개만 알려주고 각 소
                제목은 10자 내외로만 알려줘. 글자 수는 표기하지 말고 소제목엔" +
```

```
        subject + "이 반드시 들어가도록 해."
        completion = client.chat.completions.create(
        model="gpt-4o-mini",
        messages=[
            {"role": "system", "content": "You are a helpful assistant."},
            {"role": "user", "content": order_message} ])

        result = completion.choices[0].message.content

        subtitle_lists = result.split("\n")
    except:
        self.status_label.setText("GPT오류. 소제목 추출에 실패했습니다.")
    else:
        try:
          for subtitle_list in subtitle_lists:
              order_message = subject + "에 대한 내용을 500자 미만으로 작성해줘."
              completion = client.chat.completions.create(model="gpt-4o-mini",
                                                          messages=[
            {"role": "system", "content": "You are a helpful assistant."},
            {"role": "user", "content": order_message}
          ])
            content_result.append(completion.choices[0].message.content)
        except:
            self.status_label.setText("GPT오류. 본문 글 추출에 실패했습니다.")

        else:
            for i in range(0, len(subtitle_lists)):
                body_content = body_content + str(subtitle_lists[i]) +
                "\n" + str(content_result[i]) + "\n"

            self.textresult.setPlainText(body_content)
            self.subtitle_1.setText(str(subtitle_lists[0]))
```

```python
                self.subtitle_2.setText(str(subtitle_lists[1]))
                self.subtitle_3.setText(str(subtitle_lists[2]))

                self.status_label.setText("추출 완료입니다.")
```

[코드 3-11]

단건 생성의 경우 프로그램 화면에서 주제와 API 키값을 가져오기 때문에, 가장 앞단에 해당하는 코드가 작성된다. 또한 GPT 오류로 인해 답을 받아오지 못하는 경우를 고려해 try-except 문도 추가한다. 마지막 부분에는 결괏값을 화면에 출력할 수 있도록 LineEdit과 TextEdit의 값을 최신화하는 코드를 추가한다. 참고로 최종 출력할 본문을 의미하는 body_content를 구성할 때 "₩n"을 넣은 것은 가독성을 위해서이다. 비슷한 원리로 대량 생성 부분도 완성해보겠다.

```python
import os
from openai import OpenAI
from openpyxl import load_workbook

def text_extract_many_func(self):
        excel_address = self.exceladd.text()
        OPENAI_API_KEY = self.api_key.text()

        if excel_address == "" or OPENAI_API_KEY == "":
            self.status_label.setText("입력값을 모두 입력하세요.")

        else:
            keyword_list = []
            self.status_label.setText("추출 중입니다.")
            self.status_label.repaint()

            os.environ["OPENAI_API_KEY"] = OPENAI_API_KEY
            client = OpenAI()

            wb = load_workbook(excel_address + '/keywordset.xlsx')
```

```
keyword_sheet = wb['키워드 리스트']
keywords = keyword_sheet['A']

for keyword in keywords:
    keyword_list.append(keyword.value)

del keyword_list[0]
keyword_list = list(filter(None, keyword_list))


for i in range(0, len(keyword_list)):
    content_result = [] ## 소제목 하위 글 리스트
    subtitle_lists = [] ## 소제목 리스트
    body_content = "" ## 최종 글
    try:
        order_message = keyword_list[i] + "에 대한 소제목 세 개만 알려
        주고 각 소제목은 10자 내외로만 알려줘. 글자 수는 표기하지 말고
        소제목엔" + keyword_list[i] + "이 반드시 들어가도록 해."
        completion = client.chat.completions.create(model="gpt-
        4o-mini",messages=[{"role": "system", "content": "You are
        a helpful assistant."},{"role": "user", "content": order_
        message} ])

        result = completion.choices[0].message.content

        subtitle_lists = result.split("\n")
    except:
        self.status_label.setText("GPT오류. 소제목 추출에 실패했습니다.")

    else:
        try:
            for subtitle_list in subtitle_lists:
```

```
            order_message = subtitle_list + "에 대한 내용을 500자
            미만으로 작성해줘."
            completion = client.chat.completions.
            create(model="gpt-4o-mini",messages=[{"role":
            "system", "content": "You are a helpful assistant."},
            {"role": "user", "content": order_message}])
            content_result.append(completion.choices[0].message.
            content)
    except:
        self.status_label.setText("GPT오류. 본문 글 추출에 실패했
        습니다.")

    else:
        print(content_result)
        for n in range(0, len(subtitle_lists)):
            body_content = body_content + str(subtitle_lists[n]) +
            "\n" + str(content_result[n]) + "\n"

            self.textresult.setPlainText(body_content)
            self.subtitle_1.setText(str(subtitle_lists[0]))
            self.subtitle_2.setText(str(subtitle_lists[1]))
            self.subtitle_3.setText(str(subtitle_lists[2]))

            f = open(excel_address + f"/{keyword_list[i]}.txt", "a")
            f.write(body_content)
            f.close()

            self.status_label.setText("추출 완료입니다.")
```
[코드 3-12]

[코드 3-11]에서는 단건 생성용 주제 키워드를 가져와야 하지만, **[코드 3-12]**에서는 엑셀 경로 주소값을 가져와야 하기에, excel_address = self.exceladd.text()를 작성한다. 그리고 한 가지 반

드시 체크해야 할 부분이 있는데, for 문 바로 아래에 있는 content_result = [], subtitle_lists = [], body_content = ""이다. 프로그램을 실행하기 전에는 이 코드가 쓸모없어 보이지만, 이 코드가 없으면 for 문이 실행될 때 해당 변수가 리셋되지 않는다. 첫 번째 글은 정상적으로 출력이 되지만, 두 번째 글에서는 첫 번째 글의 내용까지 같이 첨부돼서 나오게 된다. 나머지 부분은 엑셀 관련 부분을 제외하고 **[코드 3-11]**와 동일하다. 여기서 사전 지식 정리에 언급했던 스레드 개념을 적용할 수 있다. 어렵지 않다. **[코드 3-13]**와 같이 코드를 추가하면 된다.

```
import os
import sys
from PyQt5.QtWidgets import *
from PyQt5 import uic
import threading

BASE_DIR = os.path.dirname(os.path.abspath(__file__))
UI_PATH = "gptmanycreate_bulk.ui"

class MainDialog(QDialog):
    def __init__(self):
        QDialog.__init__(self, None)
        uic.loadUi(os.path.join(BASE_DIR, UI_PATH), self)
        self.writing_result.clicked.connect(self.writing_result_func)
        self.text_extract_many.clicked.connect(self.text_extract_many_func_th)

    def text_extract_many_func_th(self):
        text_extracting = threading.Thread(target=self.text_extract_many_func)
        text_extracting.start()

    def text_extract_many_func(self):
        …
        (본론 코드)
        …
```

```
QApplication.setStyle("fusion")
app = QApplication(sys.argv)
main_dialog = MainDialog()
main_dialog.show()
sys.exit(app.exec_())
```

[코드 3-13]

최종 설계 코드는 다음과 같다. 스레드를 생성하는 부분은 제외하였다.

```
from PyQt5.QtWidgets import *
from PyQt5 import uic
from openai import OpenAI
import sys
import os
from openpyxl import load_workbook

BASE_DIR = os.path.dirname(os.path.abspath(__file__))
UI_PATH = "gptmanycreate_bulk.ui"

class MainDialog(QDialog):
    def __init__(self):
        QDialog.__init__(self, None)
        uic.loadUi(os.path.join(BASE_DIR, UI_PATH), self)
        self.text_extract_many.clicked.connect(self.text_extract_many_func)
        self.writing_result.clicked.connect(self.writing_result_func)

    def text_extract_many_func(self):
        excel_address = self.exceladd.text()
        OPENAI_API_KEY = self.api_key.text()
        if excel_address == "" or OPENAI_API_KEY == "":
            self.status_label.setText("입력값을 모두 입력하세요.")
        else:
            keyword_list = []
```

```
        self.status_label.setText("추출 중입니다.")
        self.status_label.repaint()
        os.environ["OPENAI_API_KEY"] = OPENAI_API_KEY
        client = OpenAI()
        wb = load_workbook(excel_address + '/keywordset.xlsx')
        keyword_sheet = wb['키워드 리스트']
        keywords = keyword_sheet['A']
        for keyword in keywords:
            keyword_list.append(keyword.value)
        del keyword_list[0]
            keyword_list = list(filter(None, keyword_list))
        for i in range(0, len(keyword_list)):
            content_result = []
            subtitle_lists = []
            body_content = ""
            try:
                order_message = keyword_list[i] + "에 대한 소제목 세 개만 알려
                주고 각 소제목은 10자 내외로만 알려줘. 글자 수는 표기하지 말고
                소제목엔" + keyword_list[i] + "이 반드시 들어가도록 해."
                completion = client.chat.completions.create(model="gpt-4o-
                mini",messages=[{"role": "system", "content": "You are a
                helpful assistant."}, {"role": "user", "content": order_
                message} ])

                result = completion.choices[0].message.content
                subtitle_lists = result.split("\n")
            except:
                self.status_label.setText("GPT오류. 소제목 추출에 실패했습니다.")

            else:
                try:
                    for subtitle_list in subtitle_lists:
```

```
                    order_message = subtitle_list + "에 대한 내용을 500자
                    미만으로 작성해줘."
                    completion = client.chat.completions.
                    create(model="gpt-4o-mini",messages=[{"role":
                    "system", "content": "You are a helpful assistant."},
                    {"role": "user", "content": order_message}])
                    content_result.append(completion.choices[0].message.
                    content)

            except:
                self.status_label.setText("GPT오류. 본문 글 추출에 실패했
                습니다.")

            else:
                print(content_result)

                for n in range(0, len(subtitle_lists)):
                    body_content = body_content + str(subtitle_lists[n]) +
                    "\n" + "\n" + str(content_result[n]) + "\n" + "\n"

                self.textresult.setPlainText(body_content)
                self.subtitle_1.setText(str(subtitle_lists[0]))
                self.subtitle_2.setText(str(subtitle_lists[1]))
                self.subtitle_3.setText(str(subtitle_lists[2]))
                f = open(excel_address + f"/{keyword_list[i]}.txt", "a")
                f.write(body_content)
                f.close()
                self.status_label.setText("추출 완료입니다.")

    def writing_result_func(self):
        subject = self.topic.text()
        OPENAI_API_KEY = self.api_key.text()
```

```
if subject == "" or OPENAI_API_KEY == "":
    self.status_label.setText("입력값을 모두 입력하세요.")
else:
    self.status_label.setText("추출 중입니다.")
    self.status_label.repaint()
    subtitle_lists = [] ## 소제목 리스트
    content_result = [] ## 소제목 하위 글 리스트
    body_content = "" ## 최종 글
    os.environ["OPENAI_API_KEY"] = OPENAI_API_KEY
    client = OpenAI()
    try:
        order_message = subject + "에 대한 소제목 세 개만 알려주고 각 소
        제목은 10자 내외로만 알려줘. 글자 수는 표기하지 말고 소제목엔" +
        subject + "이 반드시 들어가도록 해."
        completion = client.chat.completions.create(model="gpt-4o-
        mini", messages=[{"role": "system", "content": "You are a helpful
        assistant."}, {"role":"user", "content": order_message}])
        result = completion.choices[0].message.content
        subtitle_lists = result.split("\n")
    except:
        self.status_label.setText("GPT오류. 소제목 추출에 실패했습니다.")
    else:
        try:
            for subtitle_list in subtitle_lists:
                order_message = subtitle_list + "에 대한 내용을 500자 미만
                으로 작성해줘."
                completion = client.chat.completions.create(model="gpt-4o-
                mini",messages=[{"role": "system", "content": "You are a
                helpful assistant."}, {"role": "user", "content": order_
                message}])
                content_result.append(completion.choices[0].message.
                content)
```

```
        except:
            self.status_label.setText("GPT오류. 본문 글 추출에 실패했습니다.")

        else:
            for i in range(0, len(subtitle_lists)):
                body_content = body_content + str(subtitle_lists[i]) +
                "\n" + "\n" + str(content_result[i]) + "\n" + "\n"
                self.textresult.setPlainText(body_content)
                self.subtitle_1.setText(str(subtitle_lists[0]))
                self.subtitle_2.setText(str(subtitle_lists[1]))
                self.subtitle_3.setText(str(subtitle_lists[2]))
                self.status_label.setText("추출 완료입니다.")

QApplication.setStyle("fusion")
app = QApplication(sys.argv)
main_dialog = MainDialog()
main_dialog.show()
sys.exit(app.exec_())
```
[코드 3-14]

과제 이미지 대량 다운로드 프로그램

블로그를 운영하면 반드시 이미지가 필요하다. 직접 촬영한 사진이 없는 경우, 다른 사람이 제작하거나 촬영한 이미지를 써야 하는데, 대부분 저작권이 있기 때문에 보통 저작권에서 자유로운 이미지를 제공하는 무료 사이트를 이용하는 것이 좋다. 다만 이 사이트에 접속하여 직접 사진을 검색하고 다운받는 것도 번거로운 작업 중 하나이기 때문에, 원하는 이미지를 단번에 가져올 수 있도록 하는 도구를 만들어 볼 것이다.

주요 목표

대량의 이미지를 일괄적으로 내려받는 프로그램을 제작한다. 저작권 무료 사이트인 픽사베이와 펙셀즈에 API로 접속하고, WebP 혹은 JPG 형식의 이미지로 내려받는다. 이미지 검색어와 추출 개수는 사용자가 지정한다.

설계 순서 수립하기

블로그를 운영하면서 글 다음으로 많은 시간을 할애하게 되는 것이 바로 사진을 다운받는 것이다. 따라서 원고를 대량으로 작성하기 위해서는 이미지를 내려받는 단순 작업을 최소화하는 과정이 필요하다. 자신이 직접 찍은 사진이나 포토샵 등으로 편집한 이미지가 아닌 이상, 저작권이 없는 무료 이미지 사용이 바람직하다. 이미지 저작권 무료 사이트로는 대표적으로 픽사베이와 펙셀즈가 있음을 이미 배웠고 픽사베이는 1장에서 다뤘다. 이번에는 이를 조금 더 업그레이드하여 WebP, JPG 중 원하는 형식으로 이미지를 여러 장 내려받는 프로그램을 만들어보겠다.

가장 먼저 해야 할 일은 무료 이미지 사이트에서 이미지를 가져오는 것이다. 다만 이미지 사이트에서 이미지를 가져오는 것은 추출한 이미지의 정보를 담고 있는 데이터를 가져온다는 뜻이고, 완성된 이미지 형태의 데이터를 가져오는 것이 아니다. 1장에서 말하였듯이 데이터에는 사용하지 않을 정보까지 듬뿍 담겨 있다. 그래서 수많은 정보 중에서 이미지 URL 정보를 추출하고, 저장하면 된다.

최종 프로그램 GUI 디자인은 **[그림 3-15]**와 같다.

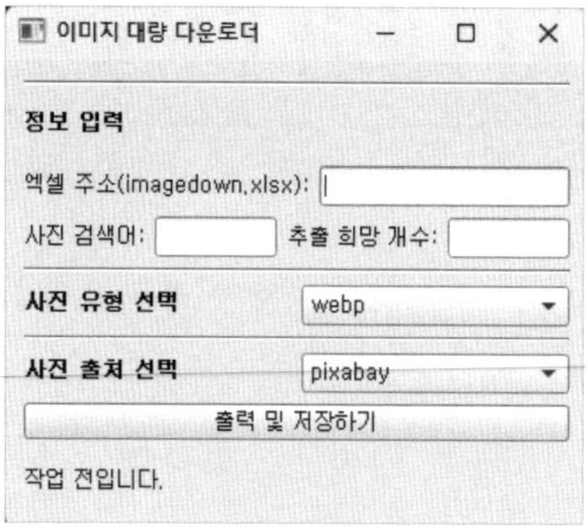

[그림 3-15]

| 개요 |

1. 무료 이미지 사이트에서 이미지 정보를 받아온다.
2. 이미지 정보 데이터를 분석하고, 이미지 URL을 추출한다.
3. PC에 저장한다.

| 생각해보기 |

과제에서 중점적으로 고려해야 할 것은 어떻게 픽사베이와 펙셀즈에서 이미지를 가져오는 코드를 적용할 것인지이다. 1장에서는 픽사베이 한 곳에서만 이미지를 가져왔지만, 이제 두 곳 중 하나를 사용자가 선택할 수 있어야 한다. 또, 사용자가 선택한 곳에서 이미지를 가져와야 한다. 이는 함수로 해결할 수 있다.

한편 Pixels API Documentation를 보면, 픽사베이처럼 파이썬 샘플 코드가 직접적으로 제시되어 있지는 않다. 하지만 1장을 통해 이제 Pixels API 관련 코드도 작성할 수가 있다. 정보를 요청할 주소에 requests 모듈을 활용하고, 관련 이미지를 검색하기 위한 검색 키워드, API 키, 추출할 이미지의 개수와 같은 내용을 requests로 요청할 때 첨부하면 된다. 이 점은 직접 코드를 설계하면서 좀 더 자세히 다루겠다.

마지막으로 내려받은 이미지를 어디에 저장할 것이고, 이미지명은 무엇으로 정할 것인지도 고려해야 한다. 검색 키워드로 이미지 파일명을 정하면 된다는 생각을 할 수 있지만, 만약 apple이라는 키워드로 총 세 개의 이미지 파일을 추출한다면 한 단어로는 세 가지 이미지 파일을 구분할 수 없다. 과제에서는 requests 요청 결과 받아온 데이터 값을 활용할 것이다. 물론 더 좋은 방법이 생각난다면 그렇게 해도 좋다.

사전 지식 정리하기

코딩을 진행하면서 반복적인 구조가 수차례 나온다면 그 코드를 묶는 것이 바람직하다. 이 방법에 대해서 알아보겠다.

함수

함수란 어떤 특정한 연산을 수행하도록 만든 별도의 블록을 말한다. 가장 간단한 예를 들어보자. 두 변수 a, b를 곱한 후 변수 c, d, e에 저장한다. 함수를 사용하지 않는다면 다음과 같이 나타낼 수 있다.

```
a = 13
b = 14
c = a * b
print("첫 번째 값은 " + str(c) + "값입니다.)

a = 43
b = 54
d = a * b
print("두 번째 값은 " + str(d) + "값입니다.)

a = 66
b = 7787
e = a * b
print("세 번째 값은 " + str(e) + "값입니다.)

print("연산이 종료되었습니다.")
```

특정 코드가 반복되는 것을 바로 확인할 수 있다. 이런 문제를 해결하고자 함수란 개념이 나왔다. 함수로 다시 표현하면 다음과 같이 작성할 수 있다.

```
def multiple(a, b):
    t = a * b
    return t
print("첫 번째 값은 " + str(multiple(13, 14)) + "값입니다.")
print("두 번째 값은 " + str(multiple(43, 54)) + "값입니다.")
print("세 번째 값은 " + str(multiple(66, 7787)) + "값입니다.")
```

str(multiple(13, 14))에서 multiple(13, 14)은 a에 13, b에 14를 넣었다는 것이며, 연산 결과(t = a * b)가 반환(return)된다고 할 수 있다. 그래서 어려워 보일 수 있는데, multiple(13, 14)은 결국 13과 14의 곱한 182와 같다. 이 값은 정수형이므로, 문자열끼리 연산을 하기 위해 형 변환을 한다. 여기서 a, b를 매개 변수라고 한다. 곱하기 연산을 하는 데 필요한 값 a, b를 연결해 주는 역할을 한다고 이해하면 쉽다.

함수와 모듈의 차이

함수가 특정 기능을 하는 코드 블록이라고 이해한다면, 모듈은 도대체 무엇인지 의문이 들 것이다. 모듈은 함수의 상위 버전이라고 이해하면 좋다. 다시 말하면 여러 개의 함수와 실행 코드가 들어 있는 것이 모듈이다.

코드로 구현하기

이번 과제의 경우 무료 이미지 사이트 서버로부터 받아오는 데이터는 주로 딕셔너리 형태가 많다. 딕셔너리에 관해서는 **1.2 사전 지식 정리하기**를 다시 한번 숙지하는 것이 도움이 된다.

1. 무료 이미지 사이트에서 이미지 정보를 받아온다.

Pixabay API 샘플 코드는 **[코드 1-6]**을 참조하면 되므로 펙셀즈 코드를 먼저 작성해보겠다. **[코드 1-6]**의 구조를 해부해보면, requests 요청 시 URL과 가져와야 할 정보를 검색하는 데 필요한 파라미터를 함께 제공해야 한다는 것을 알 수 있다. 그렇다면 펙셀즈 코드 역시 비슷한 구조를 가질 가능성이 높다. 우선 큰 틀에서 **[코드 3-15]**처럼 구성할 수 있다.

```
import requests


URL = "이미지 요청 주소"
Parameters = {"검색 키워드": keyword, "이미지 추출 개수": image_num}
response = requests.get(URL)
```

[코드 3-15]

[코드 1-6]에서는 API 키, 검색 키워드 등의 파라미터를 URL에 모두 붙인 형태이지만 **[코드 3-15]**에서는 분리해서 작성한다. 두 표현법은 모두 동일한 의미를 지니고 있다. requests 공식 문서(requests.readthedocs.io/en/latest/user/quickstart)를 보면 확인할 수 있다.

Passing Parameters In URLs

You often want to send some sort of data in the URL's query string. If you were constructing the URL by hand, this data would be given as key/value pairs in the URL after a question mark, e.g. `httpbin.org/get?key=val`. Requests allows you to provide these arguments as a dictionary of strings, using the `params` keyword argument. As an example, if you wanted to pass `key1=value1` and `key2=value2` to `httpbin.org/get`, you would use the following code:

```
>>> payload = {'key1': 'value1', 'key2': 'value2'}
>>> r = requests.get('https://httpbin.org/get', params=payload)
```

[그림 3-16]

requests.get 첫 번째 인자에는 URL이 오고, params 인자에는 딕셔너리 형태로 작성된 추가 정보를 입력한다. 또한 설명을 읽어보면 딕셔너리 형태로 작성된 key1, value1 짝이 /get?key=val 과 같이 URL 뒤에 붙는다는 것을 확인할 수 있다.

그렇다면 이제 펙셀즈에서는 검색 키워드와 이미지 추출 개수를 어떤 값으로 받고 있는지 찾아봐야 한다. **[그림 3-17]**은 Pixels API 공식 문서(pexels.com/api/documentation) 중 일부를 발췌한 부분이다.

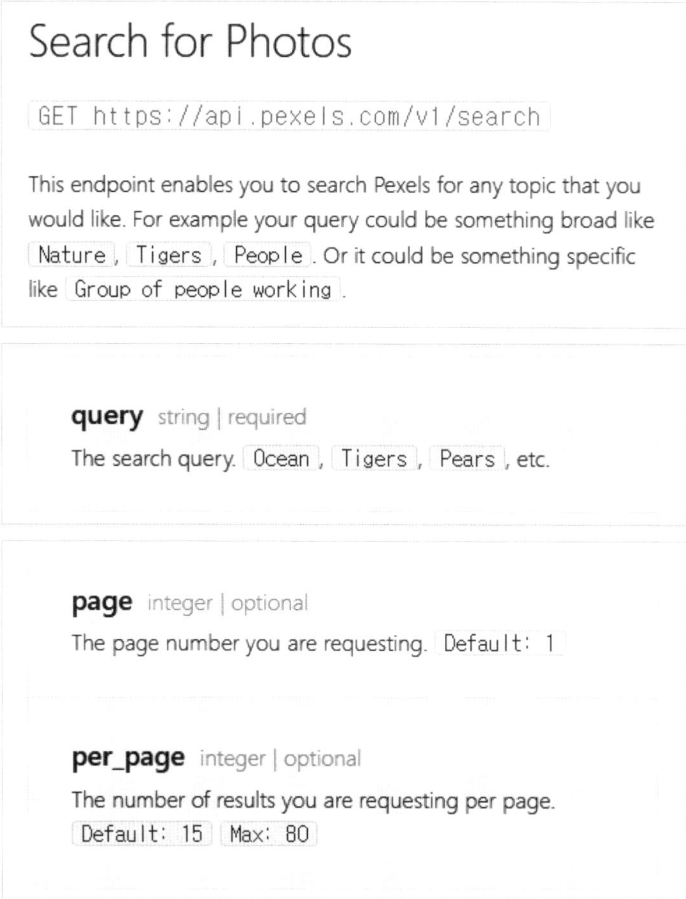

[그림 3-17]

공식 문서 내에도 여러 섹션이 있지만, 필요한 것은 사진 검색의 'Search for Photos'이다. 제공한 값과 응답 결과에 대한 내용이 잘 분류되어 있다. 이 내용에 따라 'https://api.pexels.com/v1/search'는 요청 URL이 될 것이고 query는 검색할 키워드, page는 검색 결과로 나온 페이지 중 몇 페이지를 선택할 것인지, per_page는 선택한 페이지에서 몇 개의 사진을 추출해 올 것인지를 나타내는 파라미터이다. 그렇다면 **[코드 3-15]**은 **[코드 3-16]**처럼 수정할 수 있다.

```
import requests


URL = "https://api.pexels.com/v1/search"
parameters = {"query": keyword, "per_page": image_num}
response = requests.get(URL, params=parameters)
```

[코드 3-16]

코드 작성도 거의 다 되었다. 마지막으로 API 키를 넣어주면 된다. **[그림 3-18]**에 보면, API 인증 키는 헤더(Header)에 넣으면 된다는 점을 알 수 있다.

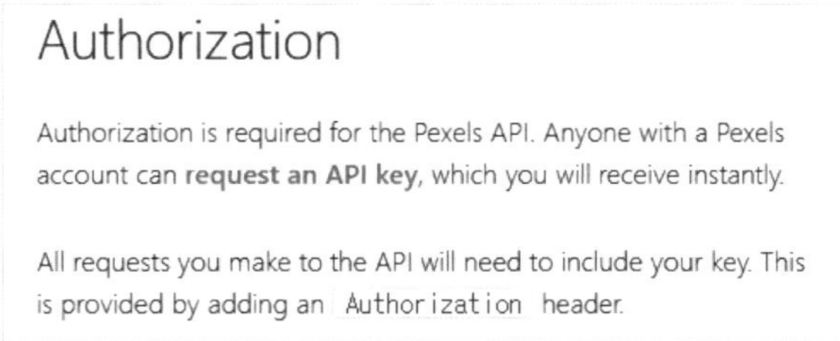

Authorization

Authorization is required for the Pexels API. Anyone with a Pexels account can **request an API key**, which you will receive instantly.

All requests you make to the API will need to include your key. This is provided by adding an `Authorization` header.

[그림 3-18]

이어서 헤더 추가에 관한 requests 공식 문서의 내용도 **[그림 3-19]**에서 확인할 수 있다.

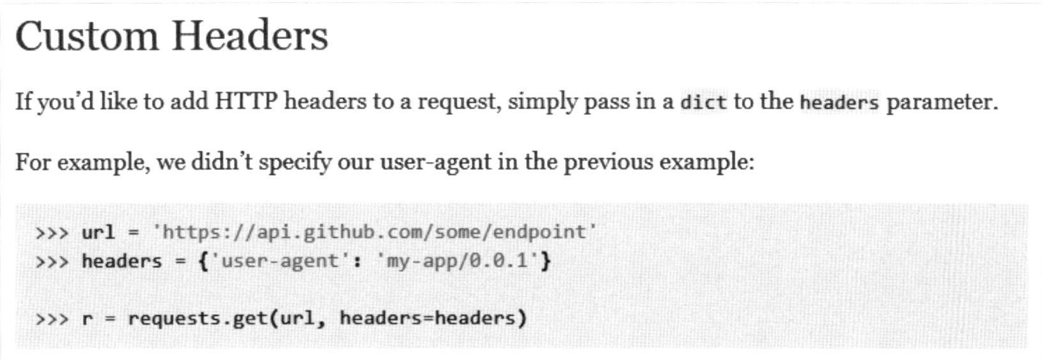

Custom Headers

If you'd like to add HTTP headers to a request, simply pass in a `dict` to the `headers` parameter.

For example, we didn't specify our user-agent in the previous example:

```
>>> url = 'https://api.github.com/some/endpoint'
>>> headers = {'user-agent': 'my-app/0.0.1'}

>>> r = requests.get(url, headers=headers)
```

[그림 3-19]

[그림 3-19]에서는 "user-agent"가 키값으로 들어갔는데, 이것은 자동화된 접속을 방지할 때 현재 접속하는 접근 방식이 사람임을 인식하기 위함이다. 따라서 여기서는 "user-agent"를 **[그림 3-18]** 설명처럼 "Authorization"으로 대체한다.

[그림 3-19]을 반영해서 최종적으로 [코드 3-17]처럼 Pixels API 코드를 완성할 수 있다.

```
import requests

URL = "https://api.pexels.com/v1/search"
headers = {"Authorization": api_key}
Parameters = {"query": keyword, "per_page": image_num}
response = requests.get(URL)
```

[코드 3-17]

다음으로 이 코드를 함수로 정의해야 한다. 물론 함수의 정의 없이 코딩을 해도 된다. 다만, 프로그램을 수정하거나 타인과 코드를 공유할 때를 위해서 함수 사용이 권장된다. [코드 3-18]은 픽사베이와 펙셀즈 API를 통해서 이미지를 내려받아 함수를 구성한 것이다.

```
import requests
import json

def images_pixabay_api(keyword, api_key, num_images):
    URL = f'https://pixabay.com/api/?key={api_key}&q={keyword}&image_
type=photo&per_page={num_images}'
    res = requests.get(URL)
    if res.status_code == 200:
        text= res.text
        data = json.loads(text)
        return data

    else:
        print('이미지 추출 실패')
        return []

def images_pixels_api(keyword, api_key, image_num):
    URL = "https://api.pexels.com/v1/search"
    headers = {"Authorization": api_key}
```

```
    parameters = {"query": keyword, "per_page": image_num}
    response = requests.get(URL, headers=headers, params=parameters)
    if response.status_code == 200:
        datas = response.json()
        return datas
    else:
        print('이미지 추출 실패')
        return []
```

[코드 3-18]

함수명은 픽사베이, 펙셀즈 각각 images_pixabay_api, images_pixels_api로 짓는다. 그리고 **3.5.2 사전 지식 정리하기**에서 설명했듯이 images_pixabay_api의 keyword, api_key, num_images와 images_pixels_api의 keyword, api_key, image_num는 해당 함수를 구동하기 위한 입력값이다. 코드에서 해당 함수를 호출할 때 이 변수를 하나도 빠짐없이 넣어주어야 한다.

다음으로 단계 3, 4를 함께 설명하겠다.

2. 이미지 정보 데이터를 분석하고, 이미지 URL을 추출한다.

3. PC에 저장한다.

단계 1에서 정리한 함수를 바탕으로 코드를 정리하고, 해당 함수를 호출하여 얻은 결과를 정리해야 한다. 그전에 필요한 입력 정보 중 픽사베이, 펙셀즈 API 키는 미리 준비한 엑셀 파일에 저장하고 불러오자. 그렇다면 [코드 3-19]와 같이 작성할 수 있다. 시트는 "입력 정보"로 한다. 엑셀을 활용하는 방법에 대해서는 **2.2 사전 지식 정리하기**에서 자세하게 소개하였기 때문에, 별도의 설명은 하지 않겠다.

```
from openpyxl import load_workbook


wb = load_workbook(excel_add + '/imagedown.xlsx')
active_sheet = wb['입력 정보']
pixabay_api = active_sheet['B2']
pixels_api = active_sheet['B3']
PIXABAY_API = pixabay_api.value
```

```
PIXELS_API = pixels_api.value
```
[코드 3-19]

다음으로 내려받을 이미지를 저장할 폴더를 따로 마련하는 편이 좋다. 바탕화면 등에 이미지를 저장할 수 있지만, 많은 양의 이미지를 받는 경우 굉장히 복잡해질 수 있기 때문이다. 폴더는 **[코드 3-20]**과 같이 만들 수 있다. 의미를 먼저 설명하자면 해당 경로(path + "/이미지 자료")에 "이미지 자료"라고 하는 폴더가 있는지 확인한 후, 없으면 생성하라는 의미이다.

```
import os


path = input("엑셀 경로 주소를 입력하세요.")
if not os.path.exists(path + "/이미지 자료"):
    os.makedirs(path + "/이미지 자료")
```
[코드 3-20]

파이썬 공식 문서를 통해서 OS의 용법을 살펴볼 수도 있지만 구글 검색 창에 'how to make folder python'으로 검색하면 바로 내용을 찾을 수도 있다. **[그림 3-20]**와 같이 검색 결과를 얻을 수 있고, 해당 링크로 접속해 보면 예시 코드를 찾을 수 있다.

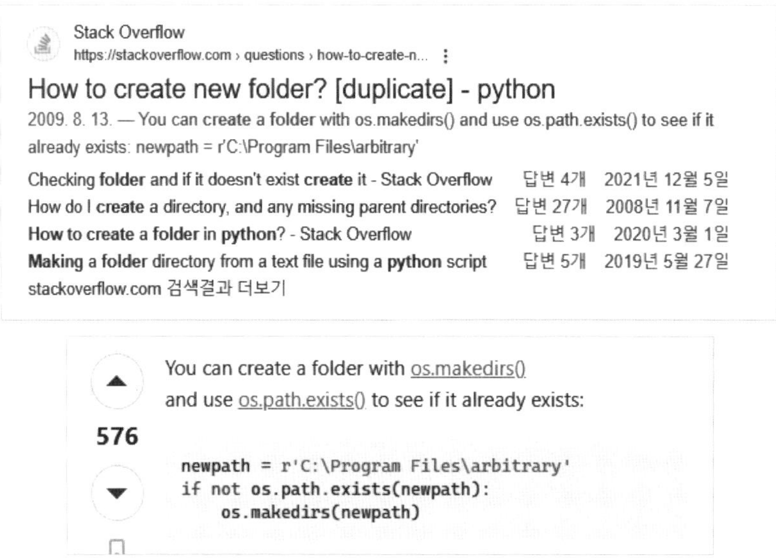

[그림 3-20]

이제 픽사베이에서 사진을 받아올 것인지, 펙셀즈에서 사진을 받아올 것인지, WebP 혹은 JPG 파일 형식 중 어떤 형식으로 이미지를 내려받을 것인지를 선택해야 한다. 이 두 가지 선택권 역시 프로그램 화면에서 선택 해야 한다. 물론 코드 설계 단계에서는 input 함수로 진행해 보겠다. 그렇다면 총 네 가지의 선택이 나올 수 있다. 픽사베이에서 WebP 혹은 JPG로, 또는 펙셀즈에서 WebP 혹은 JPG로 내려받는 경우가 있다. 이것을 코드로 표현하려면 if-else 문을 사용해야 한다. 골격은 **[코드 3-21]**에 나와 있다.

```
site_option == input("사이트 옵션 입력")

if site_option == 'pixabay':
    if img_option == "webp":
        …
    (코드)
        …
    elif img_option == "jpg":
        …
        (코드)
        …
elif site_option == 'pixels':
    if img_option == "webp":
        …
        (코드)
        …
    elif img_option == "jpg":
        …
        (코드)
        …
else:
    print("프로그램 오류입니다.")
```

[코드 3-21]

다음으로 단계 1에서 정의한 함수를 불러와서 이미지 정보를 가져오고, **[코드 3-21]**에서 짠 조건별로 이미지를 내려받아야 한다. 앞서 이 함수를 작동시키기 위해서 필요한 변수는 검색 키워드, API 키, 이미지 희망 추출 개수라고 정리했다. 사진 검색어와 이미지 희망 추출 개수는 프로그램 화면에서 입력받고, API 키는 엑셀 파일로부터 불러왔다. 이것을 반영하면 **[코드 3-21]**은 **[코드 3-22]**처럼 수정할 수 있다.

```
img_option = input("이미지 옵션을 입력하세요.")
site_option = input("사이트 옵션 입력")
key_idea = input("검색할 키워드를 입력하세요.")
maxImages = input("추출할 이미지 개수를 입력하세요.")
PIXABAY_API = input("Pixabay API_KEY를 입력하세요.")
PIXELS_API = input("Pixels API_KEY를 입력하세요.")

if site_option == 'pixabay':
  image_data = images_pixabay_api(key_idea, PIXABAY_API, maxImages)
  if img_option == "webp":
       …
       (코드)
       …
elif img_option == "jpg":
       …
       (코드)
       …
elif site_option == 'pixels':
   img_datas = images_pixels_api(key_idea, PIXELS_API, maxImages)
   print(img_datas)
   if img_option == "webp":
       …
       (코드)
       …
   elif img_option == "jpg":
       …
```

```
        (코드)
        …
    else:
        print("프로그램 오류입니다.")
```

[코드 3-22]

결괏값은 딕셔너리 형식으로 된 이미지 정보이다. 그렇기에 이미지 URL을 골라와야 한다. 픽사베이의 경우 **[그림 1-3]**과 1장에서 구체적인 내용을 살펴보았기 때문에, 과제에서는 코드만 제공하고 펙셀즈를 살펴보겠다.

images_pixels_api 함수를 가동한 결괏값인 img_datas의 형태는 Pixels 공식 문서 'The Photo Resource' 섹션을 살펴보거나, **[코드 3-22]**에 print 함수로 추출한 후 관찰해도 된다. 그 결과는 **[코드 3-23]**에 나타나 있고, 이미지 개수에 따라 photos의 밸류값이 달라짐을 확인할 수 있다.

```
# 이미지를 한 개 추출했을 때
['page': ~, 'per_page': ~, 'photos': [{'id': ~, 'width': ~, 'height': ~, 'url': ~
… 'src': {…'portrait': ~, …} … }]
# 이미지를 두 개 추출했을 때
['page': ~, 'per_page': ~, 'photos': [{'id': ~, 'width': ~, 'height': ~, 'url': ~
… 'src': {…'portrait': ~, …} … }, {'id': ~, 'width': ~, 'height': ~, 'url': ~
… 'src': {…'portrait': ~, …} … }]
# 이미지를 세 개 추출했을 때
['page': ~, 'per_page': ~, 'photos': {'id': ~, 'width': ~, 'height': ~, 'url': ~
… 'src': {…'portrait': ~, …} … },{'id': ~, 'width': ~, 'height': ~, 'url': ~
… 'src': {…'portrait': ~, …} … },{'id': ~, 'width': ~, 'height': ~, 'url': ~
… 'src': {…'portrait': ~, …} … }]
```

[코드 3-23]

photos의 밸류값 안에도 다양한 URL이 포함되어 있는데, 다음과 같이 화면 전체에 이미지만 나오는 URL을 선택하여야 한다.

[그림 3-21]

[그림 3-22]처럼 페이지가 나오면 내려받을 수 없다는 점도 참고하자. 그런 점에서 'portrait' 키값을 선택할 수 있다.

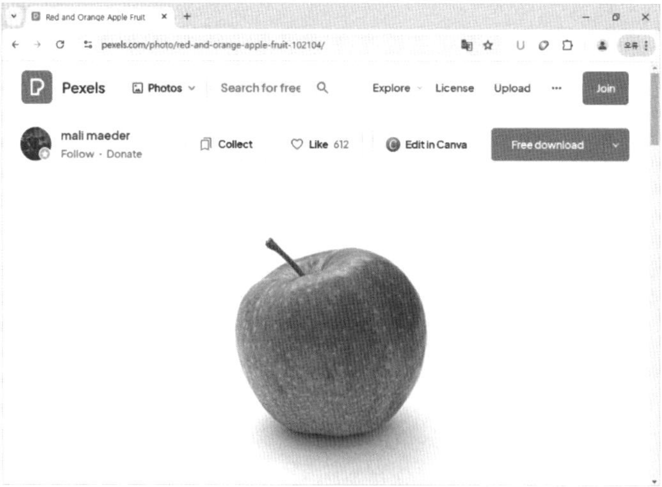

[그림 3-22]

여기까지의 내용을 반영하면 **[코드 3-24]**처럼 작성할 수 있다. **[그림 1-3]**처럼 픽사베이에서 가져온 값의 경우 전체 딕셔너리에서 hits라는 키값을 선택하고 각각의 리스트 원소에서 다시

imageURL이라는 키값을 선택하지만, 펙셀즈에서 받아온 값은 최종 키값을 선택한 후, 딕셔너리 하나가 더 중첩되었다는 점에서 차이점이 있다. 각 이미지의 파일 이름은 API를 통해 가져온 정보에 첨부된 이미지 id값을 활용하였다. 이미지 파일을 PC에 저장하는 코드도 1장에서 학습했다.

```
import requests


def images_pixabay_api(keyword, apr_key, num_images):
    (중략)
def images_pixels_api(keyword, apr_key, num_images):
    (중략)


imag_option = input("이미지 옵션을 입력하세요.")
site_option = input("사이트 옵션 입력")
key_idea = input("검색할 키워드를 입력하세요.")
maxImages = input("추출할 이미지 개수를 입력하세요.")
path = input("엑셀 경로 주소를 입력하세요.")
PIXABAY_API = input("Pixabay API_KEY를 입력하세요.")
PIXELS_API = input("Pixels API_KEY를 입력하세요.")


if site_option == 'pixabay':
   image_data = images_pixabay_api(key_idea, PIXABAY_API, maxImages)
   pixa_datas = image_data['hits']
   for pixa_data in pixa_datas:
       r = requests.get(pixa_data['largeImageURL'])
       if img_option = "webp":
          filename = str(pixa_data['id']) + ".webp"
          with open(path + "/이미지 자료" + "/" + filename,"wb") as outfile:
               outfile.write(r.content)
       elif img_option == "jpg":
          filename = str(pixa_data['id']) + ".jpg"
          with open(path + "/이미지 자료" + "/" + filename,"wb") as outfile:
```

```
            outfile.write(r.content)
elif site_option == 'pixels':
    img_datas = images_pixels_api(key_idea, PIXELS_API, maxImages)
    pixels_datas = img_datas['photos']  #코드 3-26 'photos' 키 선택
    for pixels_data in pixels_datas:
        img_link = pixels_data['src']
        r = requests.get(img_link['portrait'])
        if img_option == "webp":
            filename = str(pixels_data['id']) + ".webp"
            with open(path + "/이미지 자료" + "/" + filename,"wb") as outfile:
                outfile.write(r.content)
        elif img_option == "jpg":
            filename = str(pixels_data['id']) + ".webp"
            with open(path + "/이미지 자료" + "/" + filename,"wb") as outfile:
        outfile.write(r.content)
        else:
            print("프로그램 오류입니다.")
```
[코드 3-24]

GUI로 구현하기

이미지 대량 다운로더는 **3.4 GUI로 구현하기**의 과정보다는 단순한 구조로 제작을 할 수 있다. 출력 결과가 프로그램 화면이 아니라 실제 지정한 경로에 나타나기 때문이다. 입력값, 입력 부분과 사진 유형, 사진 출처를 선택하는 부분에 유의하며 설계하자.

》그래픽 디자인하기

최종 디자인 결과는 **[그림 3-23]**에 나타내었다. 최하단에 <출력 및 저장하기> 버튼을 배치하고, 주요 입력값을 입력하는 칸을 '정보 입력' 파트로 정리한다. 사진 유형과 사진 출처는 선택 항목을 통해서 사용자가 직접 선택할 수 있도록 한다. 1장 과제를 진행하면서 사용했던 QCombobox를 다시 사용할 것이다.

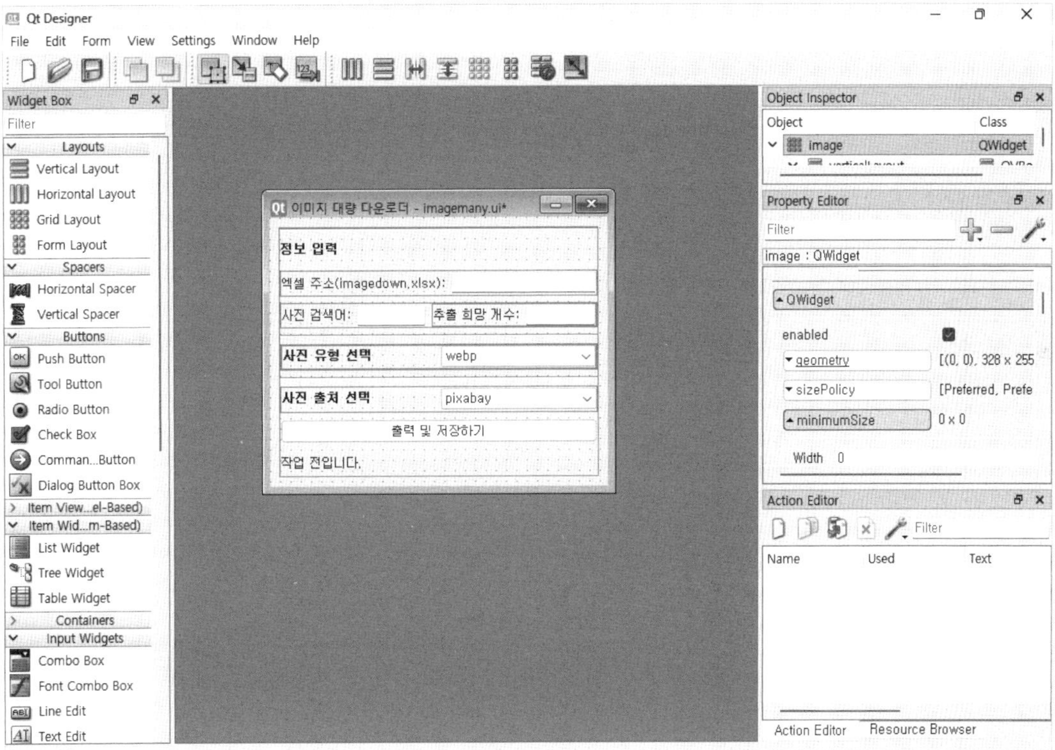

[그림 3-23]

New Widget을 생성한 후, 요소를 배치하기 전 Layout 요소를 배치하여 골격을 잡아야 한다. 이번 프로그램은 요소가 모두 가로로 배치되어 있다. 따라서 Horizontal Layout 요소를 끌어와 **[그림 3-24]**처럼 배치한다. 입력 칸을 안내하는 문구를 입력하는 부분은 [Display Widgets]의 [Label]을 이용하고, 실제 입력부는 [Input Widgets]의 [Line Edit], 선택 항목은 [Input Widgets]의 [Combo Box]를 활용하면 된다.

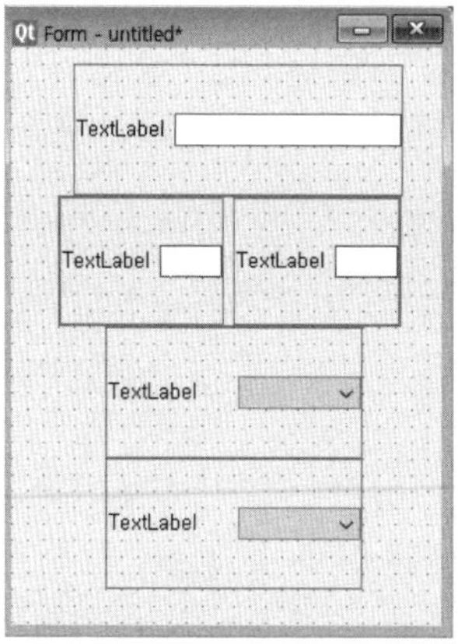

[그림 3-24]

그다음 요소별 명칭을 입력한다.

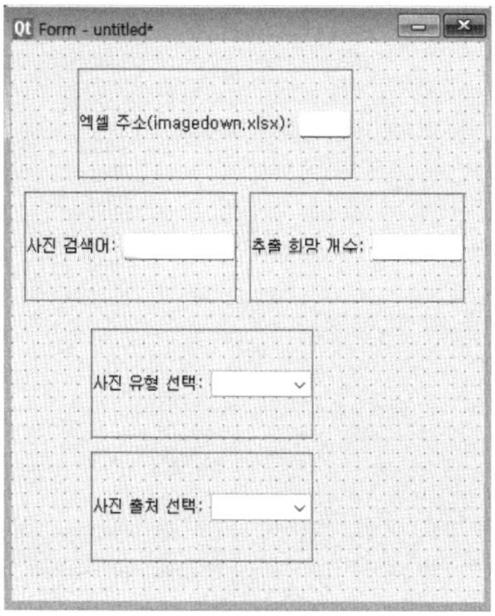

[그림 3-25]

Vertical Layout을 배치하여 적층한다. 이때 버튼과 함께 필요한 요소를 모두 적층해준다.

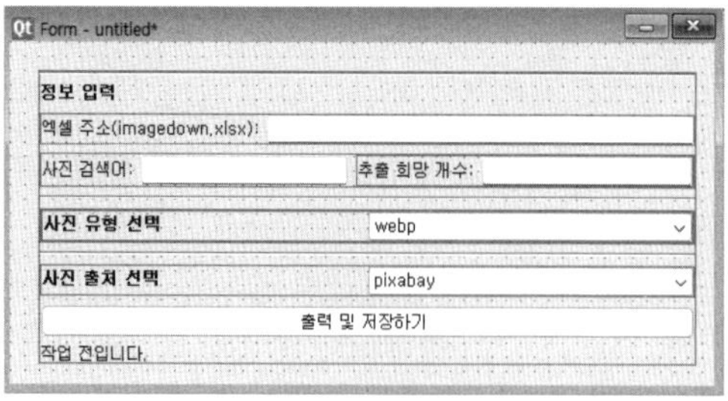

[그림 3-26]

마지막으로 Combo Box에도 각각 WebP, JPG 옵션과 픽사베이, 펙셀즈 옵션을 입력한다.

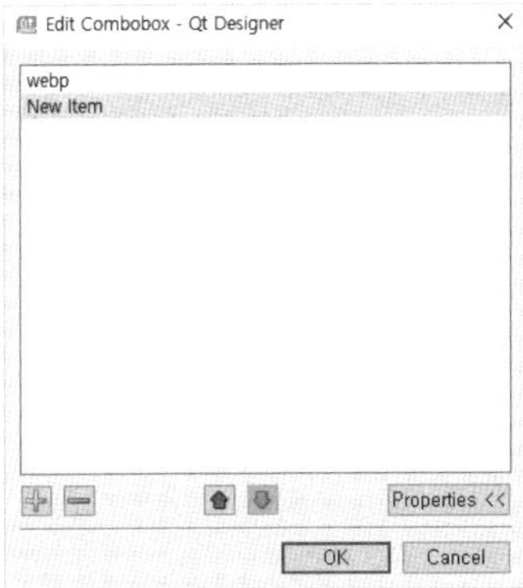

[그림 3-27]

이제 <Ctrl> + <S>를 눌러 저장하고 파일명을 정한다. 과제에서는 imagemany.ui로 정한다. 또한 다음처럼 통제가 필요한 요소의 명칭을 지정한다.

요소명	요소 역할	요소 이름
LineEdit	엑셀 파일 경로 주소 입력 칸	excel_add
LineEdit	사진 검색어 입력 칸	keyword
LineEdit	추출 희망 개수 입력 칸	extract_num
Combo Box	사진 유형 선택값	imagetype
Combo Box	사진 출처 선택값	imagesite
PushButton	출력 및 저장하기 버튼	extract
Label	상태 표시줄	status_label

》결합하기

처음은 항상 **[코드 1-12]**를 가져오는 것으로 시작한다. ui 파일명에는 저장한 imagemany.ui를 넣는다. 그리고 요소 명칭 표에 정의된 버튼 extract를 중심으로 MainDialog 클래스 안에 함수를 정의하면 된다. 한 가지 달라진 점은 코드를 설계하는 과정에서 정의한 images_pixels_api, images_pixabay_api 함수의 위치이다. 이 함수는 전역적으로 적용되어야 하므로 MainDialog 클래스 안으로 들어가는 것보다 클래스 정의가 나오기 전에 위치해야 한다. 그리고 화면에서 입력받는 변수 key_idea, maxImages, path는 프로그램 화면 LineEdit에서 받아와야 하므로 self.(변수명).text() 형태로 변경해주고, site_option, img_option는 Combo Box에서 정보를 받아와야 하므로 self.(변수명).currentText() 형태로 변경해준다. 참고로 currentText()는 현재 Combo Box에서 설정된 값을 가져온다는 뜻이다.

한편, 픽사베이나 펙셀즈는 이미지 추출 개수를 최소 세 개부터 최대 200개까지로 제한을 하고 있다. 그래서 추출 개수를 입력할 때 이 범위를 벗어나는 수치를 입력하면 오류가 발생함을 알려주는 코드도 **[코드 3-25]**처럼 첨부해야 한다.

```
key_idea = self.keyword.text() #검색 키워드
path = self.excel_add.text()
maxImages = self.extract_num.text()

if key_idea == "" or path == "" or maxImages == "":
    self.status_label.setText("빈칸이 없는지 다시 확인하세요.")

elif int(maxImages) < 3 or int(maxImages) >= 200:
    self.status_label.setText("사진 개수는 세 개 이상 200개 미만으로 입력하세요.

else:
    …(코드)…
```

[코드 3-25]

최종 코드는 **[코드 3-26]**에 나타나 있다. 만약 오류가 예상되는 지점이 있다면 그 부분은 try-except 문으로 처리하면서, 사용자에게 오류 원인을 알려주는 메시지를 띄워보기를 바란다. self.setWindowFlags(Qt.WindowCloseButtonHint | Qt.WindowMaximizeButtonHint | Qt.WindowMinimizeButtonHint)는 창 최소화, 최대화를 넣어주는 코드이다.

```
from PyQt5.QtWidgets import *
from PyQt5 import uic
from PyQt5.QtCore import *
import sys
from openpyxl import load_workbook
import requests
import json
```

```
import os

def images_pixels_api(keyword, api_key, maxImages):
    base_url = "https://api.pexels.com/v1/search"
    headers = {"Authorization": api_key}
    params = {"query": keyword, "per_page": maxImages}
    response = requests.get(base_url, headers=headers, params=params)
    if response.status_code == 200:
        datas = response.json()
        return datas

    else:
        print("이미지 추출 실패")
        return []

def images_pixabay_api(keyword, api_key, num_images):
    URL = f'https://pixabay.com/api/?key={api_key}&q={keyword}&image_
    type=photo&per_page={num_images}'
    res = requests.get(URL)
    if res.status_code == 200:
        text= res.text
        data = json.loads(text)
        return data

    else:
        print("이미지 추출 실패")
        return []

BASE_DIR = os.path.dirname(os.path.abspath(__file__))
UI_PATH = "imagemany.ui"

class MainDialog(QDialog):
    def __init__(self):
```

```
        QDialog.__init__(self, None)
        uic.loadUi(os.path.join(BASE_DIR, UI_PATH), self)
        self.setWindowFlags(Qt.WindowCloseButtonHint | Qt.WindowMaximizeButtonHint
        | Qt.WindowMinimizeButtonHint)
        self.extract.clicked.connect(self.extract_function)

    def extract_function(self):
        key_idea = self.keyword.text() #검색 키워드
        path = self.excel_add.text()
        maxImages = self.extract_num.text()
        if key_idea == "" or path == "" or maxImages == "":
            self.status_label.setText("빈칸이 없는지 다시 확인하세요.")

        elif int(maxImages) < 3 or int(maxImages) >= 200:
            self.status_label.setText("사진 개수는 세 개 이상 200개 미만으로 입력
            하세요.")

        else:
            self.status_label.setText("추출 중입니다.")
            self.status_label.repaint()
            try:
                wb = load_workbook(path + '/imagedown.xlsx')
                active_sheet = wb['입력 정보']
                pixabay_api = active_sheet['B2']
                pixels_api = active_sheet['B3']
                PIXABAY_API = pixabay_api.value
                PIXELS_API = pixels_api.value
            except:
                self.status_label.setText("엑셀 파일이 저장된 위치를 잘못 입력하였
                습니다.")
                return 0

            else:
```

```
        if not os.path.exists(path + "/이미지 자료"):
            os.makedirs(path + "/이미지 자료")
            site_option = self.imagesite.currentText()
            img_option = self.imagetype.currentText()
            if site_option == 'pixabay':
                try:
                    image_data = images_pixabay_api(key_idea, PIXABAY_API,
                    maxImages)
                    pixa_datas = image_data['hits']
                    for pixa_data in pixa_datas:
                        r = requests.get(pixa_data['largeImageURL'])
                        print(pixa_data['id'])
                        if img_option == "webp":
                            filename = str(pixa_data['id']) + ".webp"
                            with open(path + "/이미지 자료" + "/" +
                            filename,"wb") as outfile:
                                outfile.write(r.content)
                        elif img_option == "jpg":
                            filename = str(pixa_data['id']) + ".jpg"
                            with open(path + "/이미지 자료" + "/" +
                            filename,"wb") as outfile:
                                outfile.write(r.content)
                    self.status_label.setText("추출 완료되었습니다.")
                    self.status_label.repaint()
                except:
                    self.status_label.setText("추출 실패입니다.")
                    self.status_label.repaint()

            elif site_option == 'pixels':
                try:
                    img_datas = images_pixels_api(key_idea, PIXELS_API,
                    maxImages)
                    pixels_datas = img_datas['photos']
```

```
                    for pixels_data in pixels_datas:
                        img_link = pixels_data['src']
                        r = requests.get(img_link['portrait'])
                        if img_option == "webp":
                            filename = str(pixels_data['id']) + ".webp"
                            with open(path + "/이미지 자료" + "/" +
                            filename,"wb") as outfile:
                                outfile.write(r.content)

                        elif img_option == "jpg":
                            filename = str(pixels_data['id']) + ".webp"
                            with open(path + "/이미지 자료" + "/" +
                            filename,"wb") as outfile:
                                outfile.write(r.content)

                    self.status_label.setText("추출 완료되었습니다.")
                    self.status_label.repaint()

                except:
                    self.status_label.setText("추출 실패입니다.")
                    self.status_label.repaint()

            else:
                self.status_label.setText("인증 키가 잘못되었습니다.")
                self.status_label.repaint()

QApplication.setStyle("fusion")
app = QApplication(sys.argv)
main_dialog = MainDialog()
main_dialog.show()
sys.exit(app.exec_())
```
[코드 3-26]

4장

자동 포스팅 프로그램

드디어 종착지에 다다랐다. 1장에서부터 3장까지 배운 지식을 모두 활용해볼 수 있는 과제이다. 물론 새롭게 추가되는 내용이 있지만, 그동안 학습한 내용을 잘 이해하였다면 새로 추가되는 내용을 받아들이는 데에도 문제가 없을 것이다.

주요 목표

사용자가 글감을 입력하면, 소제목 네 개와 그에 맞는 원고를 생성하여 워드프레스에 등록하는 자동 포스팅 프로그램을 제작해본다. 소제목은 프로그램 화면상에서 확인하도록 하고, 각 소제목에 적합한 글을 생성하기 위해 별도의 GPT 명령어를 사용자가 직접 입력할 수 있도록 한다. 포스팅 이미지는 썸네일용 한 개만 등록한다.

4.1 설계 순서 수립하기

블로그를 운영하는 사람이라면, 한 번쯤 글을 누군가 작성해주면 좋겠다고 생각할 것이다. 글 작성이 익숙해진 다음에는 조금 수월할 수 있지만, 초보 블로거라면 글을 쓰는 것조차 쉬운 일이 아니기 때문이다. 또한 한 땀씩 글을 쓴 노력만큼 비례해서 방문자가 늘어나면 가장 좋겠지만, 블로그 세계에서는 그렇지 않은 경우가 더 많다.

네이버 블로그의 경우에는 소제목(H 태그)이나 글의 짜임새가 중요한 편이 아니지만, 워드프레스나 티스토리의 경우 주 검색 노출 포털이 구글과 네이버 웹 사이트 탭이기 때문에 짜임새를 무시할 수 없다. 따라서 하나의 주제에 대한 글을 바로 생성하기보다는, 소제목별로 나누어서 각각 생성한다면 보다 정교하고 짜임새 있는 글을 작성할 수 있다. 프로그램 설계 시 소제목 생성, 글 생성까지 하나의 버튼을 누름으로써 일괄적으로 프로그램을 작동시킬 수도 있지만 파이썬 초보자는 이런 프로그램을 설계하기 어렵고, '단계별로 설계한다'라는 책의 목적과 반대되기 때문에 소제목 생성과 글 생성 부분을 분리해서 설계하겠다. 설계할 프로그램의 모습은 [그림 4-1]과 같다.

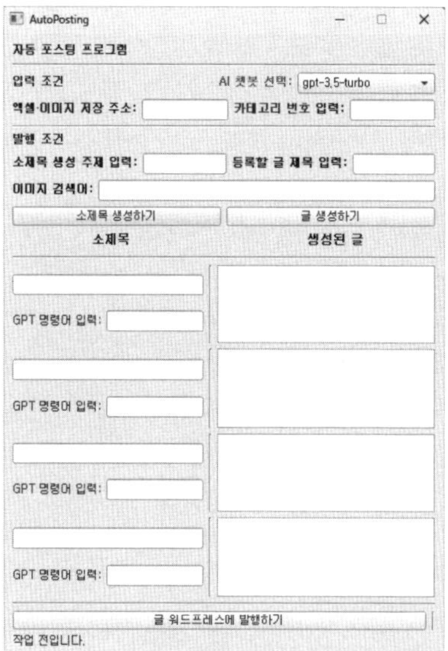

[그림 4-1]

프로그램을 동작시켜 포스팅을 완료한 모습은 **[그림 4-2]**와 같다.

[그림 4-2]

| 개요 |

1. GPT에 소제목 생성을 요청하고, 답변을 가공한 후 출력한다.
2. 출력한 소제목을 불러와 GPT에 글 생성을 요청한다.
3. 생성된 글을 등록한다.

| 생각해보기 |

1. 소제목 생성하기

소제목을 생성하기 위해 먼저 대주제를 입력받아 적절한 프롬프트와 함께 GPT에 요청해야 한다. 그런데 네 개의 소제목을 생성하기 위해 GPT에 "OO 주제에 관한 소제목 네 개를 생성해줘"라고 요청하면 하나의 문자열로 추출이 된다. 따라서 답변값을 적절히 분배하여 프로그램 화면에 출력할 수 있도록 해야 한다.

2. 글 생성하기

생성한 소제목을 불러와 다시 GPT에 글 생성을 요청한다. 이때 사용자가 입력한 별도의 GPT 프롬프트가 있다면 소제목과 함께 조합하여 GPT에 글 생성을 요청한다. 그리고 생성한 글을 프로그램 화면에 출력한다.

3. 생성된 글 등록하기

단계 1, 2를 통해서 생성한 소제목과 글, 사용자가 입력한 글 제목을 가져와 워드프레스에 등록한다. 그전에 썸네일에 등록할 이미지를 불러와야 하는데, 3장에서 배운 것과 같이 펙셀즈 API를 통해서 받아온다.

4.2 사전 지식 정리하기

사전 지식은 주로 워드프레스 서버와의 통신 방법을 다룰 것이다. 어떤 방법이 더 효율적일지 한 번씩 해보면서 비교하는 것이 좋다. 다만 필자의 경험상 XML-RPC(XML Remote Procedure Call) 방식은 오류가 많이 발생한다.

키 포인트 1 워드프레스

워드프레스란 일종의 홈페이지 빌더로서 사용자가 전문적인 지식이 없어도 홈페이지를 구축할 수 있도록 해주는 플랫폼이다. 다만 네이버 블로그나 티스토리처럼 서버가 제공되는 것은 아니기 때문에, 호스팅 서비스를 구매하여 별도의 서버를 활용해야 한다. 오프라인에서 장사를 하려면 장사를 할 장소를 빌려야 되는데, 그 개념이 호스팅이다. 서버는 온라인상에서 주어진 공간이라고 이해하면 쉽다. **[그림 4-3]**은 필자의 워드프레스 관리자 페이지이다. 사용자는 간단히 테마를 선택한 후, 글을 작성하면 된다.

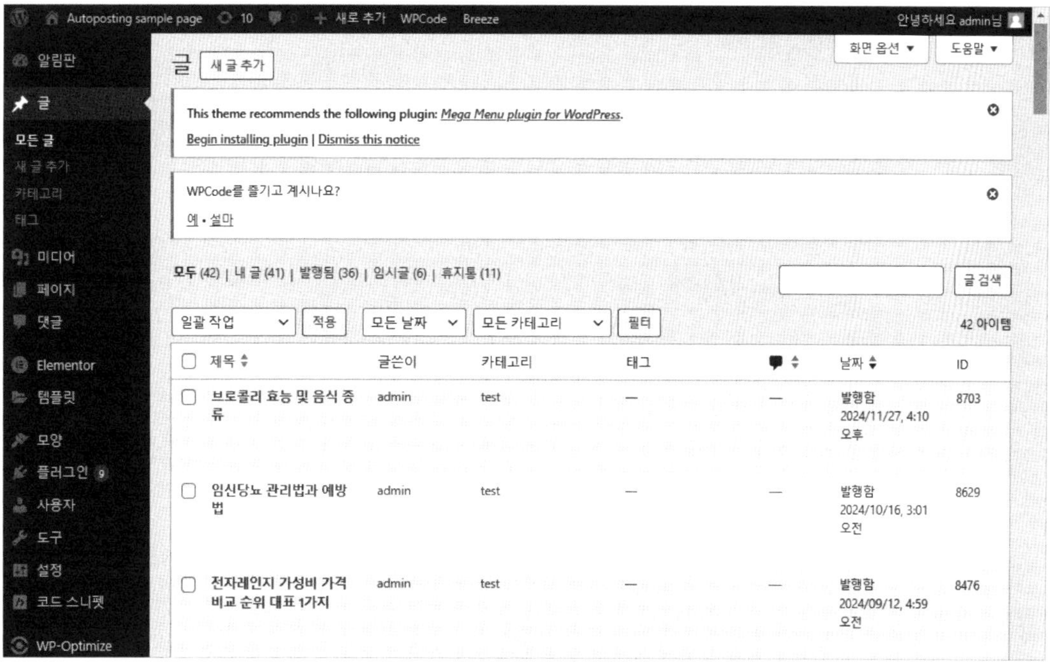

[그림 4-3]

키 포인트 2 프로그램으로 워드프레스에 접속하는 방법

워드프레스에 글을 자동으로 등록하려면, 개설한 워드프레스 사이트가 존재하는 서버에 접속해야 한다. 서버에 접속해 글 작성을 요청하고, 완료되었다는 응답을 받는 일종의 통신이 필요하다. 이 통신을 진행하는 방법으로는 두 가지가 있다. 하나는 XML-RPC로, 이는 통신 규칙 중 하나이다. XML-RPC는 확장성 생성 언어(eXtensible Markup Language, XML)를 데이터 형식으로 사용해 서버와 데이터를 주고받는다. 다른 하나는 REST API로, 이는 JSON, XML 또는 다른 다양한 데이터 형식을 사용해 통신할 수 있는 더 유연하고 현대적인 방법이다. 4장에서 REST API로 설계를 진행할 것이지만, XML-RPC도 참고로 알아두면 좋다. 먼저 XML-RPC에 대해 알아보겠다.

1. XML-RPC

다행히 XML-RPC를 손쉽게 사용할 수 있도록 하는 xml-rpc 모듈이 제공된다. 구체적인 사용 방법과 샘플 코드는 xml-rpc 공식 문서(python-wordpress-xmlrpc.readthedocs.io/en/latest)에서 제공된다. 공식 문서 메인 화면에서 [Overview-Installation] 메뉴를 클릭하면 모듈 설치 방법과 샘플 코드를 바로 확인할 수 있다. 설치 방법은 **[그림 4-4]**와 같이 단지 VS Code 터미널에서 'pip install python-wordpress-xmlrpc'라고 입력하면 된다.

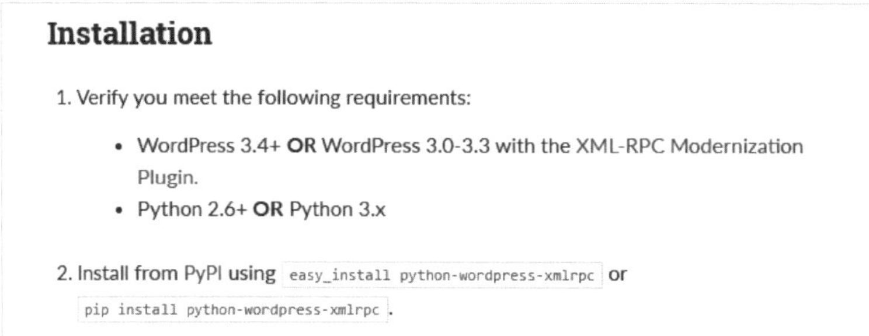

Installation

1. Verify you meet the following requirements:
   - WordPress 3.4+ **OR** WordPress 3.0-3.3 with the XML-RPC Modernization Plugin.
   - Python 2.6+ **OR** Python 3.x
2. Install from PyPI using `easy_install python-wordpress-xmlrpc` or `pip install python-wordpress-xmlrpc`.

[그림 4-4]

다음은 공식 문서에 기재되어 있는 샘플 코드 중에서 필요한 부분을 골라 일부 수정한 샘플 코드이다. 이 코드를 실행하면 제목은 'My new title', 내용은 '새 포스팅입니다.'가 작성된다. 이 부분을 이제 HTML, CSS 등을 활용하여 꾸며주면 된다.

```
from wordpress_xmlrpc import Client, WordPressPost
from wordpress_xmlrpc.methods import posts
```

```
wp = Client('http://mysite.wordpress.com/xmlrpc.php', 'username', 'password')

post = WordPressPost()
post.title = 'My new title'
post.content = '새 포스팅입니다.'
post.terms_names = {
'post_tag': ['test', 'firstpost'],}
post.post_status = "publish"
wp.call(posts.NewPost(post))
```
[코드 4-1]

2. REST API

XML-RPC의 문제점은 서버나 도메인 단위에서 방화벽 차단이 자주 일어난다는 것이다. 반면 REST API는 구조가 깔끔하다. 먼저 샘플 코드를 살펴보자. XML-RPC의 경우 카테고리명을 그대로 입력할 수 있지만, REST API의 경우에는 숫자로 입력해야 한다는 점을 유념하자. 카테고리 번호를 확인하는 방법은 **부록 3**에 추가하였다.

```
import requests
import json

URL = 'https://aabbcc.com/'  # 워드프레스 주소
domain_address = URL + "/wp-json/wp/v2/posts"
WORD_ID = input("워드프레스 계정 ID 입력")
WORD_PW = input("워드프레스 계정 PW 입력")

payload = {"status": "publish","slug": 'slug' ,"title": '제목 입력', "content": '
안녕하세요' ,"categories" : ['숫자 입력'],}

requests.post(domain_address, data=json.dumps(payload), headers={'Content-type':
"application/json"}, auth=(WORD_ID, WORD_PW))
```
[코드 4-2]

기본적으로 requests 모듈을 통해서 통신을 하는데, 지금껏 사용해왔던 get 메서드가 아닌 post 메서드를 사용한다. get은 해당 URL의 데이터를 요청하는 메서드인데 반해, post는 해당 URL의 정보를 변경할 수 있는 메서드이다. 기본적으로 json 형식으로 데이터를 주고받기에, 요청을 줄 정보를 딕셔너리 형태로 payload 변수에 저장한 후 json으로 변형해 requests 요청에 첨부한다. headers, auth 인자를 추가하는 방법도 requests 공식 문서를 통해서 확인할 수 있다.

```
>>> import json

>>> url = 'https://api.github.com/some/endpoint'
>>> payload = {'some': 'data'}

>>> r = requests.post(url, data=json.dumps(payload))
```

[그림 4-5]

참고로 auth는 Basic Authentication 설명(requests.readthedocs.io/en/latest/user/authentication)에 나와 있으며, **[그림 4-6]**에서 확인할 수 있다. 앞으로 **[코드 4-2]**를 사용할 것이기 때문에, 잘 숙지해두어야 한다.

Basic Authentication

Many web services that require authentication accept HTTP Basic Auth. This is the simplest kind, and Requests supports it straight out of the box.

Making requests with HTTP Basic Auth is very simple:

```
>>> from requests.auth import HTTPBasicAuth
>>> basic = HTTPBasicAuth('user', 'pass')
>>> requests.get('https://httpbin.org/basic-auth/user/pass', auth=basic)
<Response [200]>
```

[그림 4-6]

다음으로, **[코드 4-2]**에서 입력할 계정 정보(WORD_ID, WORD_PW)를 생성하는 방법에 대해서도 알아야 한다.

키 포인트 3 워드프레스 REST API 접속 계정 만드는 방법

워드프레스 개설 절차는 주된 주제가 아니기 때문에, 따로 언급하지 않겠다. 이미 워드프레스가 개설되었다고 가정해보겠다.

워드프레스 관리자 페이지(wp-admin)에 접속한다. 좌측 탭의 [사용자]에서 [새 사용자 추가] 항목을 클릭한다.

[그림 4-7]

계정을 생성하기 위해 [사용자명]과 [이메일]을 기재하고, [역할] 항목에서 [관리자]를 선택한다. 관리자 외의 옵션을 선택하면 REST API 통신이 불가능하다. 입력 후 하단에 <새 사용자 추가> 버튼을 클릭한다.

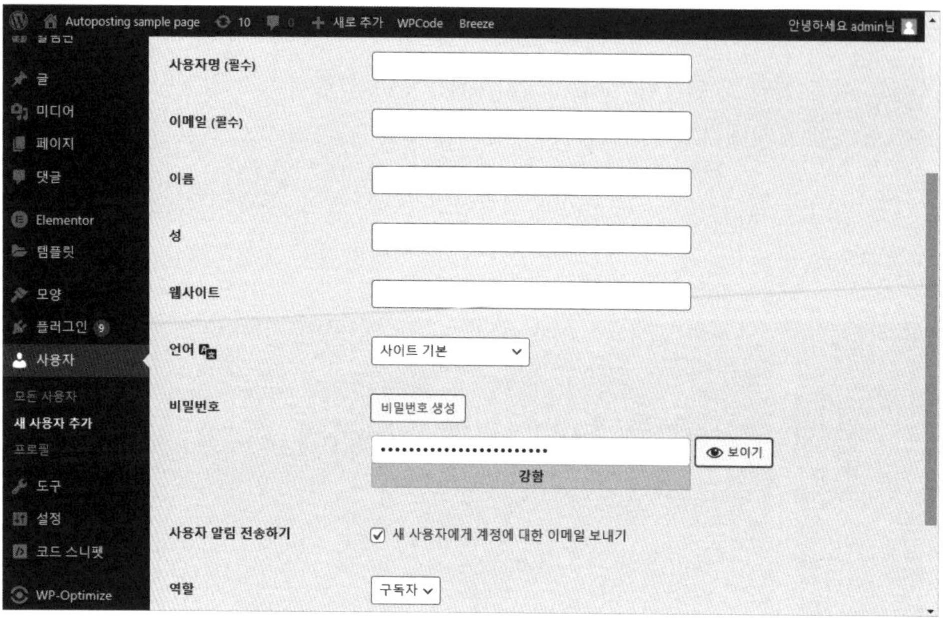

[그림 4-8]

계정 생성이 완료된 후 <편집>을 클릭하면, **[그림 4-9]**과 같이 [응용프로그램 비밀번호] 메뉴가 있다. 이곳에 임의의 이름을 입력하고, <새 응용 프로그램 비밀번호 추가>를 클릭하면 생성된 계정이 편집된다.

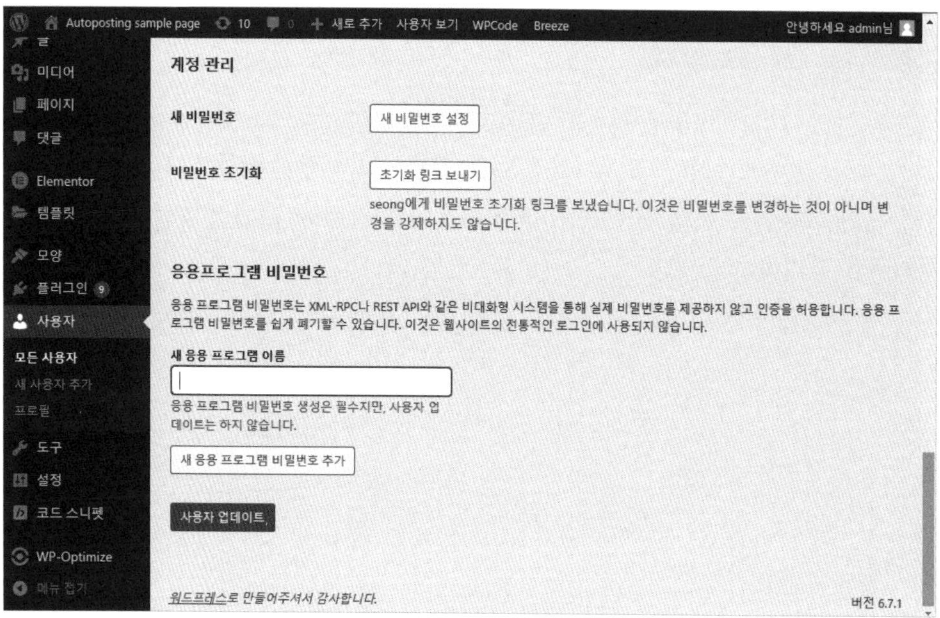

[그림 4-9]

네 개의 문자로 된 쌍이 여섯 개 나온다. 이것이 WORD_PW에 입력할 값이 된다. **[그림 4-9]**에서 입력한 이메일은 WORD_ID에 입력할 값이다.

[그림 4-10]

키 포인트 4 기본적인 HTML/CSS 지식

HTML은 페이지의 기본 뼈대를 구성하고, CSS는 뼈대 위의 디자인 요소를 채워준다고 보면 된다. 워드프레스도 결국 웹 페이지이기 때문에, HTML과 CSS를 사용해야 한다. HTML은 기본적으로, 다음과 같은 구조를 가진다.

```
<!DOCTYPE html>
<html lang="ko">
<head>
</head>
<body>
</body>
```

<head></head>는 웹 페이지에 직접적으로 표시되지는 않지만, 웹 페이지의 제목이나 설명 등의 정보를 담은 부분이다. <body></body>는 웹 페이지에 직접적으로 표시되는 부분으로 실제로 배치할 헤딩 태그(H2)나 문단(p), 단락 태그(div) 등을 배치한다. HTML/CSS에 관한 내용도 무척 방대하지만, 자동 포스팅에 활용할 간단한 지식만 알아두어도 충분하다. 본문에 표나 구분된 공간 등을 넣을 때, 문단을 하나로 엮을 때 필요한 div 태그 사용법과 각종 태그에 CSS 요소를 추가하는 방법 정도만 알아두면 된다. 여기서는 div 태그를 편집하는 과정을 통해 사용법을 이해해 볼 것이다.

먼저 가장 기본적인 div 태그를 하나 선언해보자. **[그림 4-11]**을 보면 결과 화면에 '영역 1'이라는 글자밖에 보이지 않지만 div 태그는 생성되었음을 주의하자. 여기서 CSS를 사용하여 요소의 테두리 색상과 두께를 디자인해야 한다. CSS란 웹 페이지의 디자인과 레이아웃을 담당하는 스타일 언어인 "style="이라는 속성으로 div 태그에 덧붙인다.

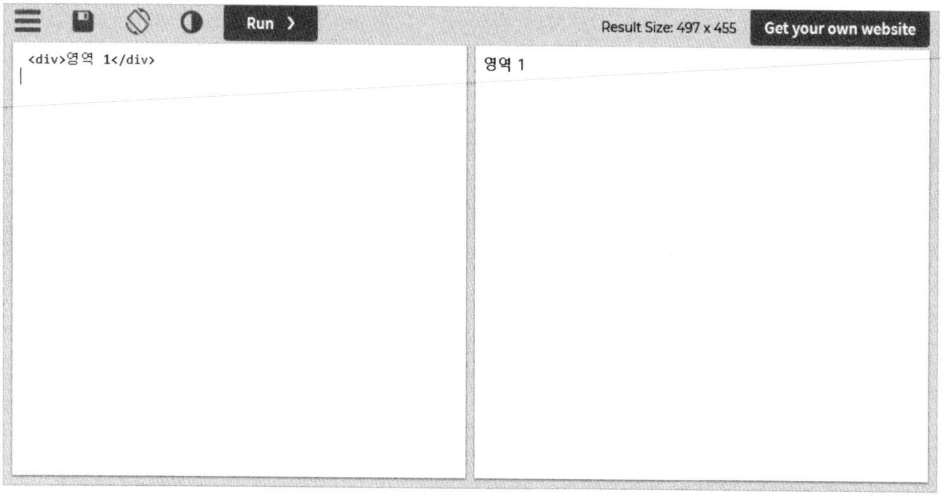

[그림 4-11]

영역의 배경색을 채우는 "background-color"라는 속성을 이용한 결과는 다음과 같다.

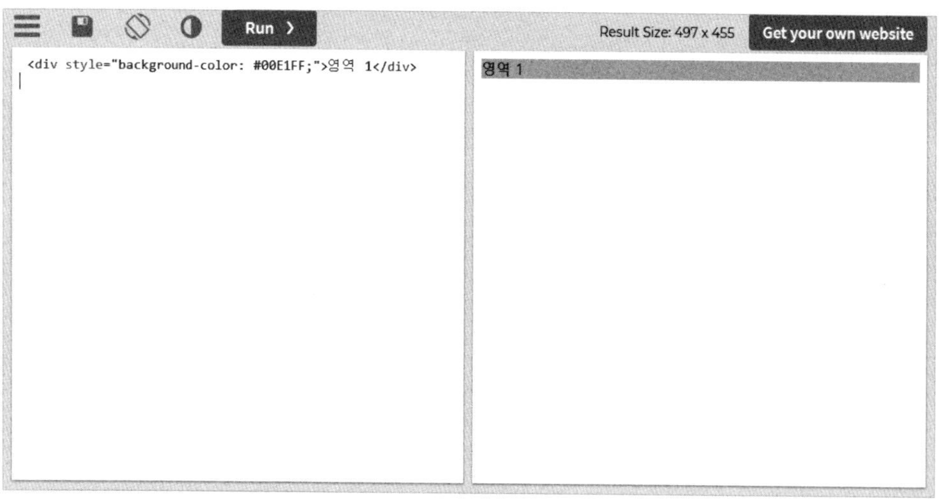

[그림 4-12]

이와 같은 방법으로, 하나의 div 태그 안에서 영역을 나누기 위해서는 “display: flex;”라는 속성을 정의한다. 영역을 나누겠다는 의미로 이해하면 된다. 추가로 가로 방향으로 영역을 나누려면, “flex-direction: row;”를 추가해준다. 그리고 div 태그 안에 각각의 영역을 나타내는 div 태그들을 넣어주면 **[그림 4-13]**처럼 된다.

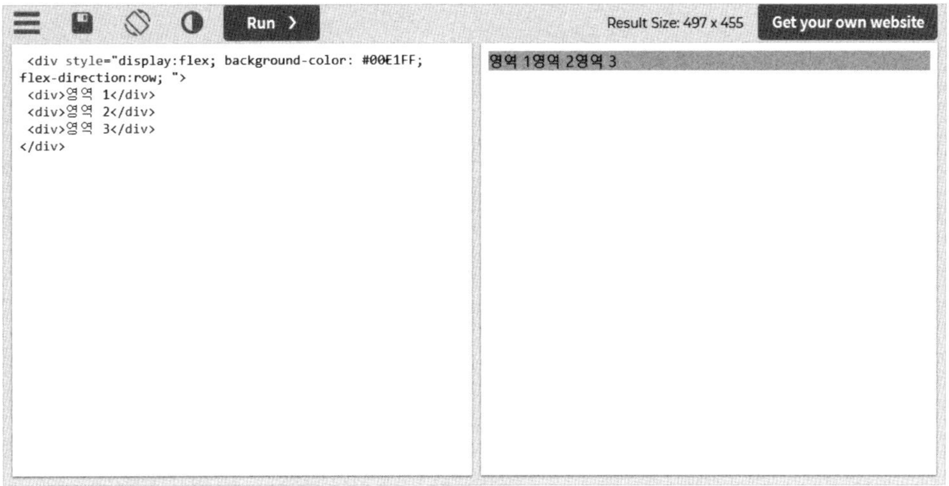

[그림 4-13]

가로축으로 영역이 나누어졌지만 영역의 비율이 좋지 않아 보인다. 이때 “flex: 1;” 속성으로 각 칸의 영역을 균등하게 만들 수 있다. 물론 1이 아니라 더 큰 숫자를 넣어도 된다. 그러면 **[그림 4-14]**처럼 영역이 균등해진다. 영역 1, 영역 2, 영역 3이라는 글씨도 가로축 정중앙에 배치할 수 있는데, “text-align: center;”라는 속성을 활용하면 된다.

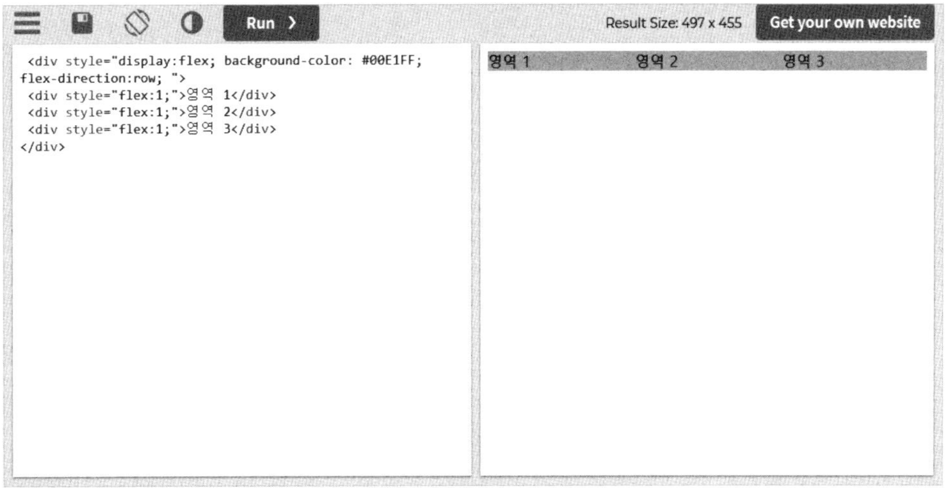

[그림 4-14]

세로로 배치할 때는 "flex-direction" 속성을 column으로 변경하고, 부모 div의 높이를 설정한다. **[그림 4-15]**에서는 "height: 100px;" 속성을 이용하여 전체 div 태그의 높이를 설정한다. flex 속성값도 다르게 주었고, text-align 속성을 이용해 '영역' 글자를 각 div 영역 중앙에 위치시킨다. 이 과정을 통해서 HTML 태그로 구조를 잡고, CSS 요소로 구체적인 디자인을 진행한다는 사실을 이해할 수 있다.

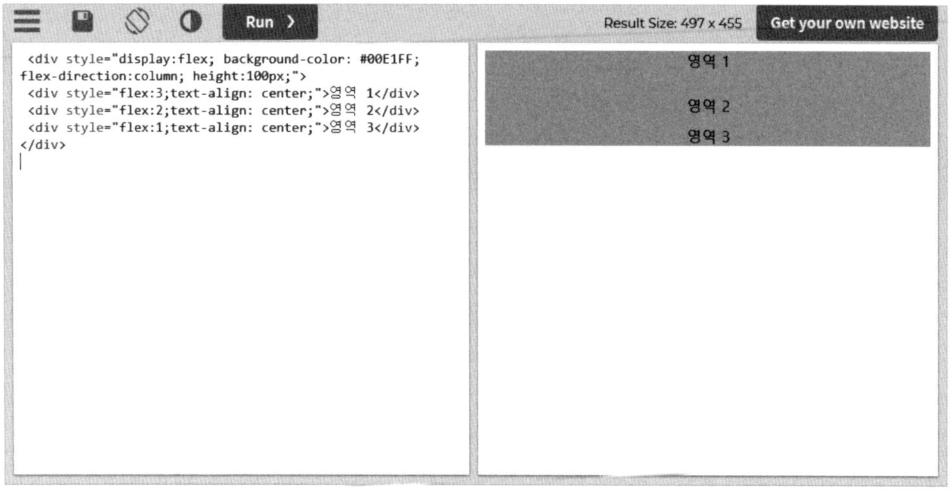

[그림 4-15]

4.3 코드로 구현하기

다른 장보다 코드 구현 과정이 복잡해 보일 수 있다. 이럴수록 단계를 더 세분화해서 설계하는 것이 바람직하다. 여기서는 세 단계로 나누었지만 단계를 더 나눌 수 있는 방법은 없는지 고민해보는 것도 좋다.

1. GPT에 소제목 생성을 요청하고, 답변을 가공한 후 출력한다.

프로그램을 설계하기 전에 우선 입력 정보를 저장할 엑셀 파일을 마련하면 매번 입력하는 수고를 덜어준다. 엑셀 파일명은 autogeneral_info.xlsx로 하겠다. 엑셀 파일에 기재할 항목들은 **[그림 4-16]**과 같이 입력 정보 탭에 구성한다. 물론 설계자에 따라 반복적으로 입력이 필요한 값을 더 넣어도 좋다. 소제목을 생성할 대주제 입력 칸은 프로그램 화면에서 직접 입력할 수 있도록 하는데, 이 값은 포스팅마다 변동되어야 하는 값이기 때문에 엑셀값에 저장하여 읽어오기보단 프로그램 화면에서 직접 입력하는 것이 더 편리하다. 이처럼 설계하는 과정에서 사용자가 사용하기 손쉬운 방향으로 구상하면 된다.

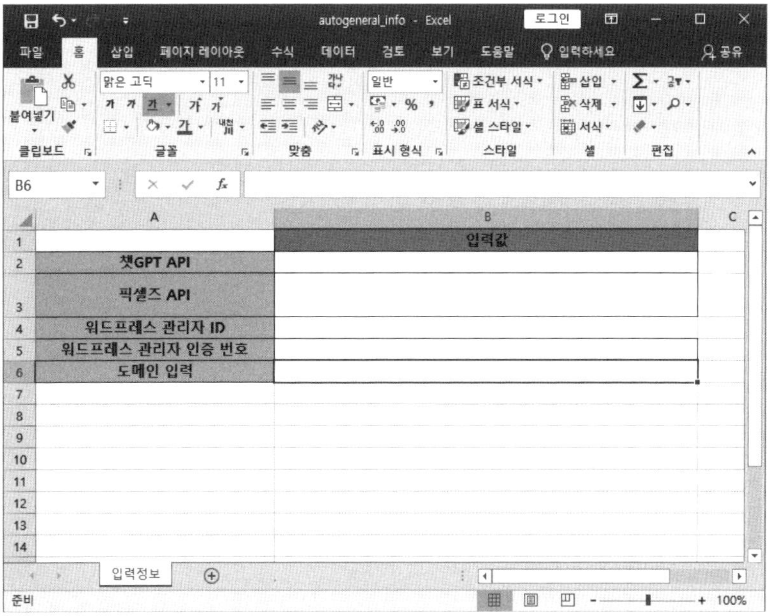

[그림 4-16]

엑셀 파일을 준비했으니, 이 파일에서 데이터를 읽어오는 코드부터 작성해보자. 소제목 생성에 필요한 값은 GPT API 키뿐이다. 1장부터 3장까지 엑셀 활용 방법을 배웠기 때문에, **[코드 4-3]**처럼 작성할 수 있다.

```
from openpyxl import load_workbook

wb = load_workbook(excel_add + '/autogeneral_info.xlsx')
active_sheet = wb['입력 정보']
openai_api_key = active_sheet['B2']
OPENAI_API_KEY = openai_api_key.value
```

[코드 4-3]

이제 소제목을 생성할 대주제를 입력받고, OPENAI_API_KEY를 바탕으로 GPT를 통해 소제목을 생성해야 한다. **[코드 4-4]**는 **[코드 4-3]**에 **[코드 1-1]**을 붙인 결과다.

```
from openpyxl import load_workbook
from openai import OpenAI
import os

subject = input('소제목을 생성할 주제를 입력하세요.')
excel_add = input('엑셀 파일이 저장된 주소 입력하세요.')

wb = load_workbook(excel_add + '/autogeneral_info.xlsx')
active_sheet = wb['입력 정보']
openai_api_key = active_sheet['B2']
OPENAI_API_KEY = openai_api_key.value
os.environ['OPENAI_API_KEY'] = 'API 키 입력'

client = OpenAI()

query = subject + "에 대한 소제목 네 개만 알려주고 각 소제목은 10자 내외로만 알려
줘. 글자 수는 표기하지 말고 소제목엔" + subject + "이 반드시 들어가도록 해."
select_option = 'GPT 유형 입력'
```

```
answer_p = client.chat.completions.create(model=select_option ,messages=[ {"role": "system", "content": "You are a helpful assistant."}, {"role": "user", "content": query}])

answer = answer_p.choices[0].message.content
```
[코드 4-4]

한 가지 관건은 GPT에 요청하는 프롬프트다. 막연히 '소제목 네 개를 생성해줘'라고 쓰면, 원하는 형태가 나오지 않는 경우가 있다. [그림 4-17]은 그 결과인데, 별표(*)나 넘버링, '이 소제목이 도움이 되기를 바랍니다!'처럼 불필요한 내용이 뜬다. 그래서 이 부분은 직접 설계하는 경우 스스로 테스트하면서 가장 좋은 프롬프트를 찾아야 한다.

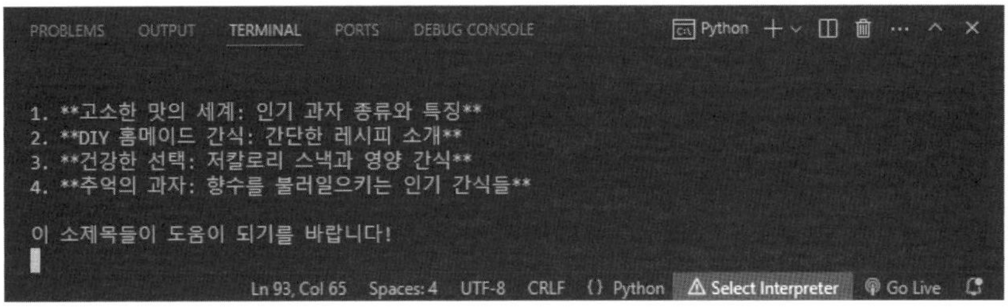

[그림 4-17]

'주제에 대한 소제목 네 개만 알려주고 각 소제목은 10자 내외로만 알려줘. 글자 수는 표기하지 말고 소제목엔 주제가 반드시 들어가도록 해.'라는 프롬프트를 넣으면 [그림 4-18]과 같이 나온다. 이를 [코드 4-4]에 표현했다.

[그림 4-18]

[그림 4-18]를 보면 마치 자동으로 네 개의 문자열로 나누어진 것처럼 보이지만, type 함수 등을 통해 확인해보면 모두 하나의 문자열이다. 줄 바꿈 기호로 연결이 되어 있는 것뿐이다. 처음 구상한 것과 같이 네 개의 소제목은 서로 다른 칸에 출력되어야 하므로, [코드 4-5]처럼 출력 결과 answer를 쪼개주어야 한다. 일단 print 함수로 표현하고 GUI 디자인을 진행한 후 각각 LineEdit에 업데이트하는 코드로 변경할 것이다.

```
answer_lists = answer.split("\n")


print(answer_lists[0])
print(answer_lists[1])
print(answer_lists[2])
print(answer_lists[3])
```
[코드 4-5]

단계 1의 결과를 최종 정리한 코드는 다음과 같다.

```
from openpyxl import load_workbook
import os
from openai import OpenAI



subject = input("소제목을 생성할 주제를 입력하세요.")
excel_add = input("엑셀 경로 주소를 입력하세요.")
select_option = input('GPT 유형 선택')



if subject == "" or excel_add == "":
    print("입력값을 모두 입력하세요.")
else:
    wb = load_workbook(excel_add + '/autogeneral_info.xlsx')
    active_sheet = wb['입력 정보']
    openai_api_key = active_sheet['B2']
    OPENAI_API_KEY = openai_api_key.value

            # openai API 키 인증
    os.environ["OPENAI_API_KEY"] = OPENAI_API_KEY



            # 모델 - GPT 3.5 Turbo 선택
```

```
    client = OpenAI()


    # 질문 작성하기
    query =  subject + "에 대한 소제목 네 개만 알려주고 각 소제목은 10자 내외로만
알려줘. 글자 수는 표기하지 말고 소제목엔" + subject + "이 반드시 들어가도록 해"

    answer_p = client.chat.completions.create(model=select_option,messages=[
                {"role": "system", "content": "You are a helpful assistant."},
                {"role": "user", "content": query}])
    answer = answer_p.choices[0].message.content
    answer_lists = answer.split("\n")

    print("소제목 생성 완료")

    answer_lists = answer.split("\n")

    print(answer_lists[0])
    print(answer_lists[1])
    print(answer_lists[2])
    print(answer_lists[3])
```
[코드 4-6]

2. 출력한 소제목을 불러와 GPT에 글 생성을 요청한다.

단계 1에서 생성한 소제목 네 개와 소제목에 해당되는 프롬프트 네 개를 가져와야 한다. 한편, 글을 생성하는 로직은 네 개의 소제목 모두 동일하다. 따라서 같은 행위가 반복되기 때문에 for 문을 사용하는 것이 더욱 깔끔하다. 그래서 가져올 소제목 네 개와 프롬프트 네 개는 리스트 데이터로 만들어야 한다. LineEdit에 적용하는 것은 GUI 디자인 이후에 적용하기 때문에, 우선 **[코드 4-7]**과 같이 input 함수로 표현한다.

```
sentence_1 = input("첫 번째 소제목")
sentence_2 = input("두 번째 소제목")
sentence_3 = input("세 번째 소제목")
sentence_4 = input("네 번째 소제목")
sentences = [sentence_1, sentence_2, sentence_3, sentence_4]

gpt_1 = input("첫 번째 소제목에 대한 GPT 명령어")
gpt_2 = input("두 번째 소제목에 대한 GPT 명령어")
gpt_3 = input("세 번째 소제목에 대한 GPT 명령어")
gpt_4 = input("네 번째 소제목에 대한 GPT 명령어")
gpt_lists = [gpt_1, gpt_2, gpt_3, gpt_4]
```

[코드 4-7]

이제 엑셀 파일 위치와 엑셀 안에 있는 OPEN AI API 값을 가져와서 GPT에 글 생성을 요청해야 한다. 엑셀 파일 내 B2 셀에 API 키가 있다. 그리고 경우의 수를 생각해야 한다. 물론 수십 차례 GPT를 작동하면 소제목이 생성되지만, 만약을 위해 경우의 수를 더 많이 고려한다면 프로그램의 완성도가 한층 높아진다. 총 네 가지 경우를 고려해 볼 수 있다. 소제목이 생성된 경우, 소제목이 생성되지 않은 경우가 있고 GPT 명령어를 넣는 경우, 넣지 않은 경우가 있다. 좀 더 알아보기 쉽게 도표로 그리면 **[그림 4-19]**과 같이 표현할 수 있다.

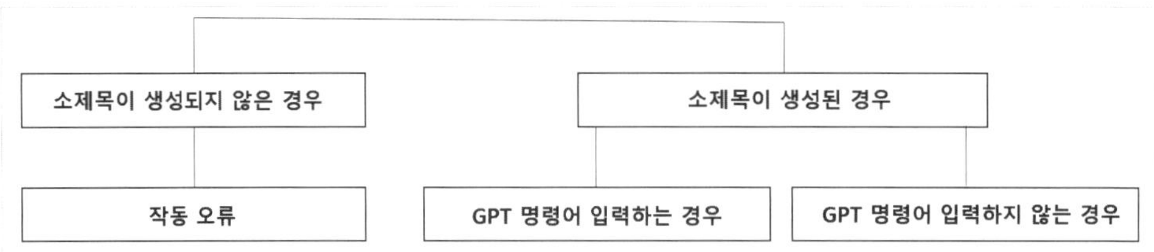

[그림 4-19]

이제 코드로 표현하면 다음과 같다. for 문은 생성할 글이 네 개이기 때문에 네 번 돌도록 만든다. 도표로 구조를 그려보고 그것을 코드로 옮겨보는 과정을 거치니 훨씬 이해가 쉽다.

```
for n in range(0, 4):
    if sentences[n] == "":
            (조건식 1)
    else:
        if gpt_lists[n] == "":
            (조건식 2)
        else:
            (조건식 3)
```

[코드 4-8]

각각의 조건에 따른 조건식을 작성해보자. 조건식 1은 소제목 생성이 안 된 경우이다. 소제목 자체가 생성이 안 되었다면 글 생성을 위한 GPT 요청문도 작성할 수 없다. 따라서 GPT에 요청할 것 없이, 생성 글이 표현되는 칸을 빈칸으로 만들어주면 된다. GUI 디자인을 진행한 후 골격 코드와 결합할 때 다루면 된다. 조건식 2는 소제목은 생성되었으나, 사용자가 별도의 GPT 프롬프트를 넣지 않은 경우는 프로그램 내에 프롬프트를 설계자가 지정해주면 된다. 따라서, 조건식 2는 **[코드 4-9]**처럼 정리할 수 있다. 프롬프트는 "에 대한 내용을 500자 미만으로 작성해줘"로 정한다. 소제목이 만약 '과자의 효능'이라고 생성된다면, GPT에 최종적으로 요청되는 프롬프트는 '과자의 효능에 대한 내용을 500자 미만으로 작성해줘'가 된다. 그렇게 받아온 답변으로 GUI 디자인을 진행한 후, textEdit에 최신화한다.

```
from openai import OpenAI

os.environ["OPENAI_API_KEY"] = OPENAI_API_KEY
client = OpenAI()
querys =  sentences[n] + "에 대한 내용을 500자 미만으로 작성해줘."

try:
   answer_p = client.chat.completions.create(model=select_option,messages=[
                                        {"role": "system", "content": "You are a
```

```
helpful assistant."},
                                          {"role": "user", "content": querys}])
    answer = answer_p.choices[0].message.content
```

[코드 4-9]

조건식 3은 조건식 2에서 임의로 정해준 프롬프트를 치환하여 표현한다.

```
querys =  sentences[n] + gpt_lists[n]
```

[코드 4-10]

최종적으로 정리하면 **[코드 4-11]**과 같다. 맨 하단의 print(txt_word_lists[n])은 GUI 디자인을 진행한 후, textEdit을 최신화하는 코드로 변경한다.

```
from openai import OpenAI
from openpyxl import load_workbook
import os

sentence_1 = input('소제목 1')
sentence_2 = input('소제목 2')
sentence_3 = input('소제목 3')
sentence_4 = input('소제목 4')
sentences = [sentence_1,sentence_2,sentence_3,sentence_4]
gpt_1 = input('소제목 1에 대한 GPT 프롬프트')
gpt_2 = input('소제목 2에 대한 GPT 프롬프트')
gpt_3 = input('소제목 3에 대한 GPT 프롬프트')
gpt_4 = input('소제목 4에 대한 GPT 프롬프트')
gpt_lists = [gpt_1, gpt_2, gpt_3, gpt_4]
excel_add = input('엑셀 경로 주소 입력')

select_option = input('gpt 유형 선택')
txt_word_lists = []
for n in range(0,4):
    if sentences[n] == "":
        txt_word_lists.append("")
```

```
else:
    wb = load_workbook(excel_add + '/autogeneral_info.xlsx')
    active_sheet = wb['입력 정보']
    openai_api_key = active_sheet['B2']
    OPENAI_API_KEY = openai_api_key.value
    os.environ["OPENAI_API_KEY"] = OPENAI_API_KEY
    if gpt_lists[n] = "":
        client = OpenAI()
        querys = sentences[n] + "에 대한 내용을 500자 미만으로 작성해줘."
        answer_p = client.chat.completions.create(model=select_
        option,messages=[ {"role": "system", "content": "You are a helpful
        assistant."}, {"role": "user", "content": querys}])
        answer = answer_p.choices[0].message.content
        txt_word_lists.append(answer)

    else:
        client = OpenAI()
        querys = sentences[n] + gpt_lists[n]
        answer_p = client.chat.completions.create(model=select_
        option,messages=[ {"role": "system", "content": "You are a helpful
        assistant."}, {"role": "user", "content": querys}])
        answer = answer_p.choices[0].message.content
        txt_word_lists.append(answer)



    print(txt_word_lists[0])
    print(txt_word_lists[1])
    print(txt_word_lists[2])
    print(txt_word_lists[3])
```
[코드 4-11]

3. 생성된 글을 등록한다.

어느덧 최종 단계이다. 단계 3의 내용이 많아서, 주요 부분별로 설명하고 최종적인 결과를 소개하겠다. 단계 3에서는 단계 1과 단계 2에서 생성한 소제목과 글을 프로그램 화면에서 다시 가져와 워드프레스에 등록해야 한다. 글만 등록할 수 있지만, 썸네일 이미지까지 같이 등록한다면, 사진을 생성하는 과정도 단계 3에 포함되어야 한다. 이때는 이미지를 먼저 검색하고 내려받고, 이후 워드프레스에 요청하여 등록한다.

이미지의 경우 무료 사이트에서 API를 통해서 정보를 가져온 후, PC에 내려받고 워드프레스에 올려야 한다. 무료 사이트는 펙셀즈를 이용하거나, **[코드 3-18]**의 images_pixels_api 함수를 가져오기도 한다. 다만, **[코드 3-18]**은 **[코드 4-12]**처럼 수정할 필요가 있다. 썸네일용 이미지 한 개만 추출하기 때문이다. 3장에서는 img_data 값이 다수이기 때문에, for 문을 돌려서 그 안의 portrait 값을 하나씩 꺼내야 했지만 이번에는 한 개밖에 없으므로 바로 키값을 이용해 이미지 URL을 추출하면 된다. **[코드 3-23]**을 참고하면 확인할 수 있다. get_images_from_pixels_api 함수는 전역적으로 활용되어야 하므로, 추후 정의될 GUI 클래스 상단에 배치한다.

```
import requests


def get_images_from_pixels_api(keyword, api_key, num_images):
    base_url = "https://api.pexels.com/v1/search"
    headers = {"Authorization": api_key}
    params = {"query": keyword, "per_page": num_images}

    response = requests.get(base_url, headers=headers, params=params)

    if response.status_code == 200:
        datas = response.json()
        pixels_datas = datas['photos']
        img_data = pixels_datas[0]['src']

        return img_data['portrait']
    else:
        print("이미지 추출 실패")
```
[코드 4-12]

이후, **[코드 4-13]**과 같이 get_images_from_pixels_api를 호출하여 이미지 URL을 가져오고, 해당 이미지를 PC에 저장한다.

```
import requests

q = input("이미지 검색어를 입력하세요.")
image_url = get_images_from_pixels_api(q, PIXELS_API_KEY, num_images)

r = requests.get(image_url)
filename = "썸네일.jpg"
with open(path + "/이미지 자료/" + filename,"wb") as outfile:
outfile.write(r.content)
```

[코드 4-13]

다음으로 PC에 저장한 이미지를 워드프레스에 업로드하고, 썸네일로 지정해야 한다. 업로드 방법은 **[코드 4-2]**의 구조와 동일하다. 서버에 전송할 데이터와 헤더를 구성한 후, requests.post 요청을 한다. **[코드 4-14]**처럼 requests.post 요청의 data 인자에는 이미지 정보를, headers 인자에는 헤더 정보를 제공하고, 헤더는 이미지 파일의 이름과 이미지 형식을 기재한다.

```
import requests

filename = "썸네일.jpg"
domain_name = input("도메인 주소를 입력하세요.")
path = input("엑셀 파일의 경로 주소 입력")

img_url = domain_name + 'wp-json/wp/v2/media/'
f = open(path + "/이미지 자료/" + filename, 'rb')
image_data = f.read()
filedata = bytes(filename, "utf-8").decode("unicode_escape")
headers = {'Content-Type': 'image/jpeg','Content-Disposition': 'attachment;
filename=%s' % filedata,}

response_total = requests.post(img_url,data=image_data,headers=headers,auth=(WORD_
```

```
ID,WORD_PW),)
attachment_id = response_total.json()['id']
```
[코드 4-14]

img_url은 이미지를 업로드할 워드프레스 주소를 말한다. "/wp-json/wp/v2/post"에서 post가 media로 바뀌었을 뿐이다. image_data는 PC에 저장된 이미지 파일을 열어서 데이터를 저장한 것에 불과하다. 문제는 파일명이다. 서버와의 통신을 위해선 한글이 아니라, 통신 규격이 요구하는 형식을 사용해야 한다. 그래서 가장 많이 이용되는 UTF-8 형식으로 인코딩하고, 다시 사람이 읽을 수 있도록 디코딩하여 워드프레스 서버가 이해할 수 있도록 한다.

헤더에는 서버에 전달하는 데이터의 타입(Content-Type)과 전송된 데이터가 서버에서 어떻게 처리(Content-Dispostion)할 방법에 관한 정보를 포함한다. Content-Type의 image/jpg는 JPG 형식의 이미지 파일을 의미하며, PNG 이미지면 image/png같이 입력한다는 것도 참고하자. 또한 Content-Disposition에 'attachment; filename=%s' % filedata라고 정의된 것은 filedata의 이미지를 워드프레스 서버로 업로드하라는 의미이다. 이로써 이미지 업로드까지 마무리하였다.

독특한 점은 본문이 아닌 썸네일 이미지는 어떤 이미지 링크나 직접적인 이미지 데이터로 업로드하는 것이 불가능하고, 워드프레스 내에서 이미지에 부여된 attachment_id라는 번호로 업로드가 가능하다는 것이다. requests.post의 답변인 response_total의 값을 보면 **[그림 4-20]**와 같다. 딕셔너리 안에 키값 'id'가 있는 것을 확인할 수 있는데, 이 값을 추출해서 최종 포스팅을 진행할 때 포함한다. 한편, response_total 값에 .json을 취해준 것은 response_total 값을 json으로 파싱해 딕셔너리 형태로 데이터를 받기 위함이다.

[그림 4-20]

소제목, 글, 이미지까지 모두 준비가 되었다. 소제목과 글을 HTML/CSS 요소를 사용해 정돈하고 등록해준다. 기본적인 HTML/CSS 지식에 대해서는 사전 지식 정리에서 다루었으니 참고하면 된다.

다음으로 생성한 소제목과 글을 결합하여 본문을 만들어 하나의 변수로 만든 후, HTML 형식에 따라 <body> 요소에 본문을 넣어준다. 최대 네 개의 소제목을 생성하지만, 일부 소제목이 생성되지 않을 수 있고 프로그램 사용자가 업로드를 희망하지 않는 소제목은 지울 수도 있다. 따라서, 프로그램 화면상에 소제목이 있다면 글과 조합하고, 그렇지 않다면 글도 조합하지 않도록 한다.

```
min_title_1 = input("첫 번째 소제목")
min_title_2 = input("두 번째 소제목")
min_title_3 = input("세 번째 소제목")
min_title_4 = input("네 번째 소제목")

min_title_lists = [min_title_1, min_title_2, min_title_3, min_title_4]

title_1_word = input("첫 번째 글")
title_2_word = input("두 번째 글")
title_3_word = input("세 번째 글")
title_4_word = input("네 번째 글")

title_word_lists = [title_1_word, title_2_word, title_3_word, title_4_word]

for i in range(0, 4):
    body_part = ""
    if min_title_lists[i] == "":
        body_part = ""
    else:
        body_part = f'''<h2 style="font-size: 20px; background: #0000FF; color: 
        white; border-radius: 10px 0px 0px 0px; padding: 10px 15px;">{min_title_
        lists[i]}</h2><div>{title_word_lists[i]}</div><br></br>'''
```

```
        body_main = body_main + body_part
```
[코드 4-15]

“min_title_1”, “min_title_2”, “min_title_3”, “min_title_4”는 프로그램 화면상에 생성된 소제목이고, “title_1_word”, “title_2_word”, “title_3_word”, “title_4_word”는 프로그램 화면상에 출력된 글이다. 역시 GUI 디자인을 진행한 후 해당 요소로부터 값을 불러오도록 변경해야 하므로 임시로 input 함수로 표기한다.

“body_main”은 최종적으로 body 영역에 들어갈 본문을 의미하는 변수이다. 그리고 “body_part”는 파트별 소제목과 글이 결합한 것을 의미한다. for 문은 총 네 번 돌게 되는데 소제목은 H2 태그 안에 표현되고, 글은 H2 태그 바로 밑에 위치된다. H2 태그에 사용된 속성은 다음과 같이 정리할 수 있다. 이렇게 하나씩 생성한 “body_part”를 “body_main”에 적층한다.

```
font-size 글씨 크기
background 배경
color 글씨 색
border-radius 테두리 굴곡
padding div태그 내 여백 설정(위아래 여백, 좌우 여백)
```

완성된 “body_main”을 이제 HTML 페이지로 만들면 된다. 사전 지식 정리에 나오듯이 **[코드 4-16]**과 같이 표현한다.

```
document = f'''<!DOCTYPE html><html><head></head><body>{body_main}<br></br></
body><html>'''
```
[코드 4-16]

HTML 페이지가 완성되었다면, 다시 워드프레스와 통신하여 등록해주면 된다. **[코드 4-14]**를 가져와서, **[코드 4-17]**과 같이 편집해준다. 참고로 slug는 포스팅 주소를 뜻한다. 예를 들어 ‘https://abc.com/파이썬’이라면 slug는 ‘파이썬’이다. 편의상 소제목 생성할 주제 키워드를 slug로 넣었다.

```
import requests
import json
```

```
title_name = input('포스팅 제목을 입력하세요.')
subjectword = input('소제목을 생성할 대주제를 입력하세요.')
domain_name = input('도메인 주소 입력') # 'https://aabbcc.com/' 형식으로 입력
document = "코드 4-16의 document"

domain_address = domain_name + "/wp-json/wp/v2/posts"
WORD_ID = input("워드프레스 계정 ID 입력")
WORD_PW = input("워드프레스 계정 PW 입력")

payload = {"status": "publish","slug": subjectword ,"title": title_name,
"content": document, "categories" : ['숫자 입력'],}
requests.post(domain_address, data=json.dumps(payload), headers={'Content-type':
"application/json"}, auth=(WORD_ID, WORD_PW))
```

[코드 4-17]

프로그램 화면에서 받을 입력값과 엑셀에서 가져올 값들을 정리하면 최종 결과는 [코드 4-18]과 같다.

```
from openpyxl import load_workbook
import requests
import json
import os

min_title_1 = input('첫 번째 소제목')
min_title_2 = input('두 번째 소제목')
min_title_3 = input('세 번째 소제목')
min_title_4 = input('네 번째 소제목')
min_title_lists = [min_title_1, min_title_2, min_title_3, min_title_4]

title_1_word = input('첫 번째 글')
title_2_word = input('두 번째 글')
```

```
title_3_word = input('세 번째 글')
title_4_word = input('네 번째 글')

title_word_lists = [title_1_word, title_2_word, title_3_word, title_4_word]
title_name = input("글 제목을 입력하세요.")
subjectword = input("소제목을 생성할 대주제를 입력하세요.")
excel_add = input("엑셀 주소를 입력하세요.")
q = input("이미지 검색어를 입력하세요.")
path = excel_add
body_main = ""
category = input("카테고리 번호를 입력하세요.") # openai API 키 인증

try:
    wb = load_workbook(excel_add + '/autogeneral_info.xlsx')
    active_sheet = wb['입력 정보']
    open_api_key = active_sheet['B2']
    DM_NAME = active_sheet['B6']
    word_id = active_sheet['B4']
    word_pw = active_sheet['B5']
    api_key = active_sheet['B3']
    PIXELS_API_KEY = api_key.value
    OPENAI_API_KEY = open_api_key.value
    domain_name = DM_NAME.value
    WORD_ID = word_id.value
    WORD_PW = word_pw.value

except:
    print("엑셀 저장 주소를 잘못 입력했습니다.")

else:
    os.environ["OPENAI_API_KEY"] = OPENAI_API_KEY
```

```
if not os.path.exists(path + "/이미지 자료"):
    os.makedirs(path + "/이미지 자료")

try:
    image_url = get_images_from_pixels_api(q, PIXELS_API_KEY, 1)
except:
    print("사진 추출 오류입니다.")

else:
    r = requests.get(image_url)
    filename = "썸네일.jpg"
    with open(path + "/이미지 자료/" + filename,"wb") as outfile:
        outfile.write(r.content)

    img_url = domain_name + 'wp-json/wp/v2/media/'
    f = open(path + "/이미지 자료" + "/" + filename, 'rb')
    image_data = f.read()
    filedata = bytes(filename, "utf-8").decode("unicode_escape")
    headers = {'Content-Type': 'image/jpeg','Content-Disposition':
    'attachment; filename=%s' % filedata,}
    response_total = requests.post(img_url,data=image_
    data,headers=headers,auth=(WORD_ID,WORD_PW),)
    attachment_id = response_total.json()['id']
    print("사진 업로드 완료")
    for i in range(0, 4):
        body_part = ""
        if min_title_lists[i] == "":
            body_part = ""
        else:
            body_part = f'''<h2 style="font-size: 20px; background: #0000FF;
```

```
        padding: 10px 15px; color: white;border-radius: 10px 0px 0px
        0px;">{min_title_lists[i]}</h2><div>{title_word_lists[i]}</
        div><br></br>'''
        body_main = body_main + body_part

    document = f'''<!DOCTYPE html><html><head></head> <body>{body_main}<br></
    br></body></html>'''

    payload = {"status": "publish", "slug": subjectword, "title": title_name,
    "content": document, "categories" : [int(category)],}

    if attachment_id:
        payload['featured_media'] = attachment_id

    requests.post((domain_name + "/wp-json/wp/v2/posts"), data=json.
    dumps(payload),headers={'Content-type': "application/json"},auth=(WORD_ID,
    WORD_PW))

    print("포스팅 완료입니다.")
```

[코드 4-18]

4.4 GUI로 구현하기

입력부와 출력부의 분리와 출력부를 소제목과 글 출력부로 분리하는 과정은 3장에서 연습하였다. 이번 GUI는 3장을 참고하여 응용해보자.

》 그래픽 디자인하기

이번에 디자인할 프로그램은 기능이 많아서 조금 복잡하게 느낄 수 있다. 하지만 1장부터 3장까지 해온 과정과 크게 다르지 않다. 분리하는 과정이 늘었다고 생각하면 된다. 완성할 디자인은 다음과 같다.

[그림 4-21]

Qt Designer를 실행하여, New Widget을 생성한 후, 가로 요소를 모두 만들고 수직으로 적층하면 된다. 좌측 메뉴의 [Layouts]의 [Horizontal Layout]을 클릭한 후, **[그림 4-22]**과 같이 수평 요소를 만든다.

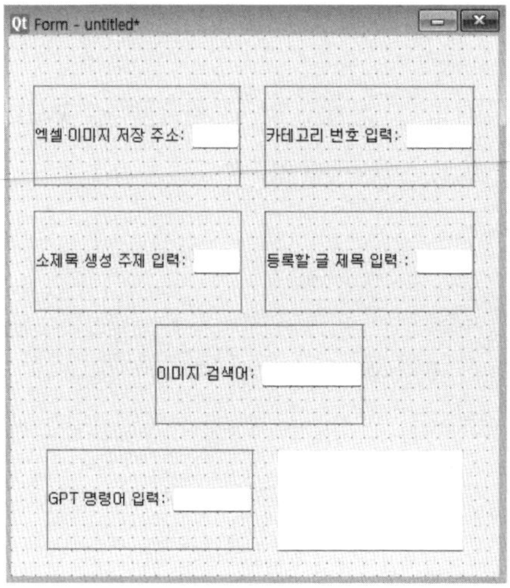

[그림 4-22]

다음으로 엑셀·이미지 저장 주소 칸과 카테고리 번호 입력 칸을 하나로 묶고, 소제목 생성 주제 입력 칸, 등록할 글 제목 입력 칸을 하나로 묶는다. 그리고 [Layouts]의 [Vertical Layout]으로 소제목이 생성되는 칸과 GPT 명령어 입력 칸을 묶은 후, 다시 [Layouts]의 [Horizontal Layout]으로 생성된 글이 출력되는 TextEdit과 묶는다. 참고로, TextEdit을 제외한 모든 입력 칸들은 [Input Widgets]의 Line Edit 요소를 사용한다. AI 챗봇 선택 옵션 칸도 만들어준다. [Input Widgets]의 [Combo Box]를 사용하고, [Layouts]의 Horizontal Layout 요소로 Label과 묶어준다.

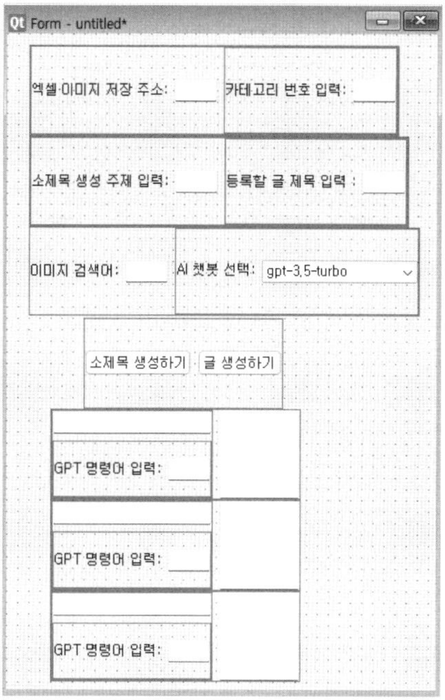

[그림 4-23]

Combo Box는 더블 클릭하여 옵션으로 기재할 GPT 유형을 넣는다. 마지막으로 <소제목 생성하기>, <글 생성하기> 버튼도 [Layouts]의 Horizontal Layout 요소로 묶는다.

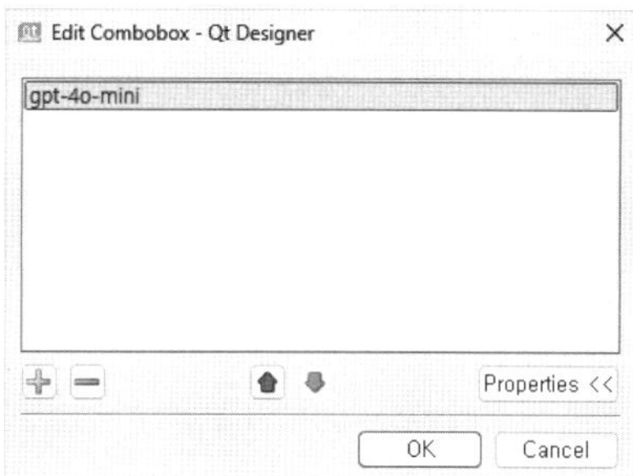

[그림 4-24]

[Layouts]의 Vertical Layout 요소를 깔고 지금까지 배치한 요소들을 적층한다.

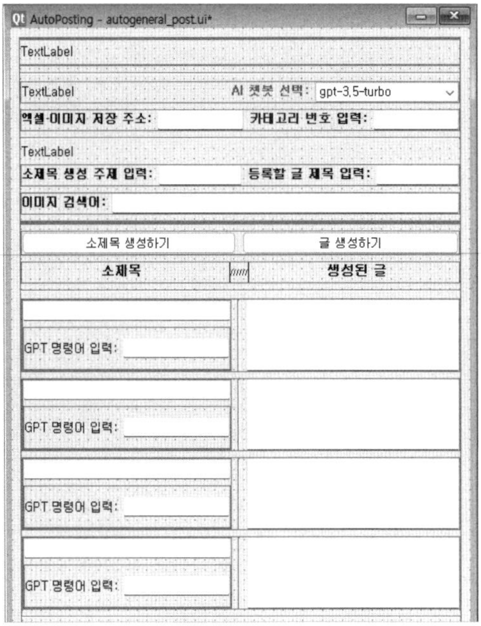

[그림 4-25]

TextLabel이라고 작성된 부분 수정과 함께 글씨 굵기, 색깔 등을 지정해주면 된다.

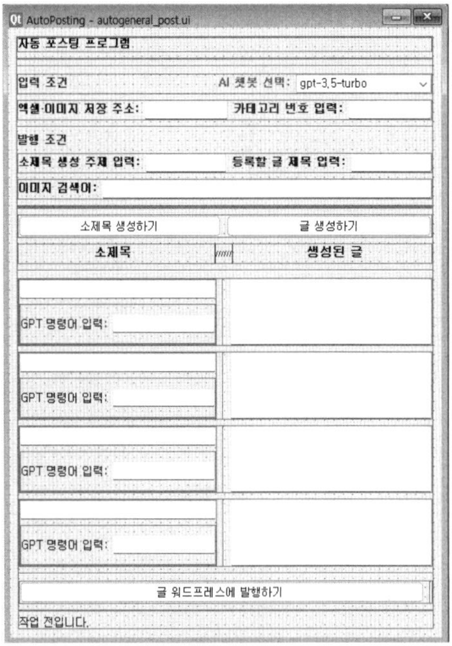

[그림 4-26]

이후 **[그림 1-29]**처럼 [Layout in a grid] 옵션을 선택해 준 후, <Ctrl> + <S>를 눌러 디자인 파일을 저장해 준다. 파일명은 autogeneral_post.ui로 하였다. 통제할 요소의 명칭은 다음과 같이 명명한다.

요소명	요소 역할	요소 이름
LineEdit	엑셀·이미지 저장 주소 입력 칸	exceladd
LineEdit	카테고리 번호 입력 칸	category_name
ComboBox	AI 챗봇 선택 박스	selectbox
LineEdit	소제목 생성 주제 입력 칸	subject_word
LineEdit	등록할 글 제목 입력 칸	title_word
LineEdit	이미지 검색어 입력 칸	imgsub
Button	소제목 생성하기 버튼	makeatitle
Button	글 생성하기 버튼	makeabook
LineEdit	첫 번째 소제목 출력 칸	sub_1
LineEdit	두 번째 소제목 출력 칸	sub_2
LineEdit	세 번째 소제목 출력 칸	sub_3
LineEdit	네 번째 소제목 출력 칸	sub_4
LineEdit	첫 번째 소제목 GPT 프롬프트 입력 칸	gpt1
LineEdit	두 번째 소제목 GPT 프롬프트 입력 칸	gpt2
LineEdit	세 번째 소제목 GPT 프롬프트 입력 칸	gpt3
LineEdit	네 번째 소제목 GPT 프롬프트 입력 칸	Gpt4
TextEdit	첫 번째 생성된 글 출력 칸	txt_1
TextEdit	두 번째 생성된 글 출력 칸	txt_2
TextEdit	세 번째 생성된 글 출력 칸	txt_3
TextEdit	네 번째 생성된 글 출력 칸	txt_4
Button	글 생성하기 버튼	Posting
Label	작업 상태 표시줄	status_label

〉결합하기

[코드 1-12]를 가져와서 <소제목 생성하기>, <글 생성하기>, <글 워드프레스에 발행하기> 버튼별로 함수를 정의하여 [코드 4-19]와 같이 정리한다. 또한 저장한 ui 파일명을 기재한다. 다시 한번 확인해야 할 것은, [코드 4-19]와 ui 파일의 위치가 동일해야 한다는 점이다.

```
import os
import sys
import requests
import json
from PIL import Image, ImageDraw, ImageFont
from PyQt5.QtWidgets import *
from PyQt5 import uic

BASE_DIR = os.path.dirname(os.path.abspath(__file__))
UI_PATH = "autogeneral_post.ui"


class MainDialog(QDialog):
    def __init__(self):
        QDialog.__init__(self, None)
        uic.loadUi(os.path.join(BASE_DIR, UI_PATH), self)
        self.makeatitle.clicked.connect(self.titlemake)
        self.makeabook.clicked.connect(self.bookmaking)
        self.posting.clicked.connect(self.autoposting)

    def titlemake(self):
        # 소제목 생성 코드

    def bookmaking(self):
        # 글 생성 코드

    def autoposting(self):
        # 워드프레스 등록 코드
```

```
QApplication.setStyle("fusion")
app = QApplication(sys.argv)
main_dialog = MainDialog()
main_dialog.show()

sys.exit(app.exec_())
```
[코드 4-19]

각각의 버튼으로 나누어서 정리해보자. 먼저 소제목 생성 기능의 titlemake다. 1장에서부터 이 과정을 여러 번 반복해왔기 때문에, 복잡한 설명 없이 결과를 **[코드 4-20]**으로 작성할 수 있다. **[코드 4-6]**을 함수 안에 붙여넣고 input 함수로 연결된 subject, excel_add 변수를 LineEdit에서 정보를 가져오는 코드 self.(요소명).text()로 대체한다. select_option은 Combo Box에서 정보를 가져오는 코드 self.(요소명).currentText()로 대체한다. 그리고 print 함수로 출력한 소제목 생성 결과(answer_lists[0]~answer_lists[3])를 textEdit에 출력하는 코드 self.(요소명).setText()로 대체한다. 동일한 원리로 상태 표시줄에 해당하는 요소 status_label도 적절하게 코드를 변경한다. try-except 문은 오류가 발생할 수 있는 곳에 배치한다.

```
import os
from openpyxl import load_workbook
form openai import OpenAI

def titlemake(self):
        subject = self.subject_word.text()
        excel_add = self.exceladd.text()
        select_option = self.selectbox.currentText()
        self.status_label.setText("소제목 생성 중입니다.")
        self.status_label.repaint()
        if subject == "" or excel_add == "":
            self.status_label.setText("빈칸이 없는지 다시 확인하세요.")
            self.status_label.repaint()
```

```
else:
    try:
        wb = load_workbook(excel_add + '/autogeneral_info.xlsx')
        active_sheet = wb['입력 정보']
        openai_api_key = active_sheet['B2']
        OPENAI_API_KEY = openai_api_key.value
    except:
        self.status_label.setText("엑셀 저장 주소를 잘못 입력하였습니다.")
        self.status_label.repaint()
        return 0
    else:
        os.environ["OPENAI_API_KEY"] = OPENAI_API_KEY
        client = OpenAI()
        query =  subject + "에 대한 소제목 네 개만 알려주고 각 소제목은 10자
        내외로만 알려줘. 글자 수는 표기하지 말고 소제목엔" + subject + "이
        반드시 들어가도록 해."
    try:
        self.sub_1.setText("")
        self.sub_2.setText("")
        self.sub_3.setText("")
        self.sub_4.setText("")
        answer_p = client.chat.completions.create(model=select_
        option,messages=[
            {"role": "system", "content": "You are a helpful assistant."},
            {"role": "user", "content": query}])
        answer = answer_p.choices[0].message.content
        answer_lists = answer.split("\n")

        self.sub_1.setText(answer_lists[0])
        self.sub_2.setText(answer_lists[1])
        self.sub_3.setText(answer_lists[2])
        self.sub_4.setText(answer_lists[3])
```

```
            self.status_label.setText("소제목 생성 완료")
            self.status_label.repaint()

        except:
            self.status_label.setText("챗GPT 키 오류 혹은 호출 제한(20초 대기 필요)")
            self.status_label.repaint()
```

[코드 4-20]

다음으로 글을 생성하는 bookmaking이다. [코드 4-21]이 그 결과다. [코드 4-20]을 작성한 것처럼 input 함수는 수정해주고, try-except 문을 적절하게 배치해준다. 참고로 기능별 함수 사이에는 변수 공유가 되지 않는다. 소제목 출력 결과를 먼저 프로그램에 표시한 후, 표시된 소제목을 다시 가져와서 글을 생성한다. 그래서 sentence_1, sentence_2, sentence_3, sentence_4가 프로그램 화면에 출력된 소제목을 다시 읽어오는 코드이다.

```
from openpyxl import load_workbook
from openai import OpenAI
import os

def bookmaking(self):   #글 생성 파트
    sentence_1 = self.sub_1.text()
    sentence_2 = self.sub_2.text()
    sentence_3 = self.sub_3.text()
    sentence_4 = self.sub_4.text()
    sentences = [sentence_1,sentence_2,sentence_3,sentence_4]

    gpt_1 = self.gpt1.text()
    gpt_2 = self.gpt2.text()
    gpt_3 = self.gpt3.text()
    gpt_4 = self.gpt4.text()
    gpt_lists = [gpt_1, gpt_2, gpt_3, gpt_4]

    excel_add = self.exceladd.text()
```

```
select_option = self.selectbox.currentText()
txt_word_lists = [] ## 본문 생성분 저장 리스트

if excel_add == "" or sentence_1 == "" and sentence_2 == "" and sentence_3 ==
"" and sentence_4 == "":
    self.status_label.setText("엑셀 주소 혹은 챗GPT API 키를 입력해주시고 소
    제목을 생성해주세요.")
    self.status_label.repaint()
    return 0

else:
    for n in range(0,4):
        if sentences[n] == "":
            txt_word_lists.append("")

        else:
            try:
                wb = load_workbook(excel_add + '/autogeneral_info.xlsx')
                active_sheet = wb['입력 정보']
                openai_api_key = active_sheet['B2']
                OPENAI_API_KEY = openai_api_key.value
            except:
                self.status_label.setText("엑셀 저장 주소를 잘못 입력하였습니다.")
                self.status_label.repaint()
                return 0
            else:
                os.environ["OPENAI_API_KEY"] = OPENAI_API_KEY
                self.status_label.setText("글 생성 중-조금만 기다려주세요.")
                self.status_label.repaint()

                if gpt_lists[n] == "":
                    client = OpenAI()
```

```
            querys =  sentences[n] + "에 대한 내용을 500자 미만으로 작
            성해줘."
            try:
                answer_p = client.chat.completions.
                create(model=select_option,messages=[
                {"role": "system", "content": "You are a helpful
                assistant."},
                     {"role": "user", "content": querys}])
                answer = answer_p.choices[0].message.content

                txt_word_lists.append(answer)
            except:
                txt_word_lists.append("응답 없음")

            else:
                client = OpenAI()
                querys =  sentences[n] + gpt_lists[n]
                try:
                  answer_p = client.chat.completions.
                  create(model=select_option,messages=[
                     {"role": "system", "content": "You are a
                     helpful assistant."},
                     {"role": "user", "content": querys}])
                  answer = answer_p.choices[0].message.content
                  txt_word_lists.append(answer)
            except:
                  txt_word_lists.append("챗GPT 응답 없음")

    self.txt_1.setPlainText(txt_word_lists[0])
    self.txt_2.setPlainText(txt_word_lists[1])
    self.txt_3.setPlainText(txt_word_lists[2])
    self.txt_4.setPlainText(txt_word_lists[3])
```

```
        self.status_label.setText("글 생성 완료되었습니다.")
        self.status_label.repaint()
```

[코드 4-21]

마지막으로 autoposting으로 **[코드 4-22]**이다. 소제목과 글 생성 결과가 프로그램 화면에 출력이 된 상태이다. 내용을 다시 가져와서, 워드프레스에 등록한다. min_title_lists가 네 개의 소제목을 가져온 결과를 저장한 리스트, title_1, title_2, title_3, title_4_word가 글 생성 결과를 저장한 리스트이다. **[코드 4-18]**에서 input 함수로 표현된 부분은 각 요소에 맞게 수정해주고, try-except 문 배치, 상태 표시줄 코드 작성 순으로 코드를 수정해주면 된다.

```
import requests
from openpyxl import load_workbook
import os
import json

def get_images_from_pixels_api(keyword, api_key, num_images):
    base_url = "https://api.pexels.com/v1/search"
    headers = {"Authorization": api_key}
    params = {"query": keyword, "per_page": num_images}

    response = requests.get(base_url, headers=headers, params=params)

    if response.status_code == 200:
        datas = response.json()
        pixels_datas = datas['photos']
        img_data = pixels_datas[0]['src']

        return img_data['portrait']
    else:
        print("이미지 추출 실패")

def autoposting(self):
```

```
self.status_label.setText("워드프레스에 글을 등록 중입니다.")
self.status_label.repaint()

min_title_1 = self.sub_1.text()
min_title_2 = self.sub_2.text()
min_title_3 = self.sub_3.text()
min_title_4 = self.sub_4.text()

min_title_lists = [min_title_1, min_title_2, min_title_3, min_title_4]

title_1_word = self.txt_1.toPlainText()
title_2_word = self.txt_2.toPlainText()
title_3_word = self.txt_3.toPlainText()
title_4_word = self.txt_4.toPlainText()

title_word_lists = [title_1_word, title_2_word, title_3_word, title_4_word]

title_name = self.title_word.text()
subjectword = self.subject_word.text()
excel_add = self.exceladd.text()
q = self.imgsub.text()
path = excel_add

body_main = ""

category = self.category_name.text()

if excel_add == "" or title_name == "" or path == "" or subjectword == "" or
category == "" or q == "":
    self.status_label.setText("입력값을 모두 잘 입력했는지 다시 확인해 주세요.")
    self.status_label.repaint()
```

```
else:
    try:
        wb = load_workbook(excel_add + '/autogeneral_info.xlsx')
        active_sheet = wb['입력 정보']
        open_api_key = active_sheet['B2']
        DM_NAME = active_sheet['B6']
        word_id = active_sheet['B4']
        word_pw = active_sheet['B5']
        api_key = active_sheet['B3']
        PIXELS_API_KEY = api_key.value

        OPENAI_API_KEY = open_api_key.value
        domain_name = DM_NAME.value
        WORD_ID = word_id.value
        WORD_PW = word_pw.value

    except:
        self.status_label.setText("엑셀 저장 주소를 잘못 입력하였습니다.")
        self.status_label.repaint()
        return 0
    else:
        os.environ["OPENAI_API_KEY"] = OPENAI_API_KEY

        if not os.path.exists(path + "/이미지 자료"):
            os.makedirs(path + "/이미지 자료")
          try:
                image_url = get_images_from_pixels_api(q, PIXELS_API_
                KEY, 1)
          except:
                self.status_label.setText("Pixels API 키 오류 혹은 사진 정보
                가 없습니다.")
              self.status_label.repaint()
```

```
            else:
                r = requests.get(image_url)
                filename = "썸네일.jpg"
                with open(path + "/이미지 자료/" + filename,"wb") as outfile:
                outfile.write(r.content)

                try:
                    img_url = domain_name + 'wp-json/wp/v2/media/'
                    f = open(path + "/이미지 자료" + "/" + filename, 'rb')
                    image_data = f.read()
                    filedata = bytes(filename, "utf-8").decode("unicode_
escape")
                    headers = {'Content-Type': 'image/jpg','Content-
                    Disposition': 'attachment; filename=%s' % filedata,}
                    response_total = requests.post(img_url,data=image_
                    data,headers=headers,auth=(WORD_ID,WORD_PW),)
                    print(response_total.json())
                    attachment_id = response_total.json()['id']

                    self.status_label.setText("사진을 업로드 완료.")
                    self.status_label.repaint()

                except:
                    self.status_label.setText("사진 업로드 오류. 워드프레스 접
                    속 상태 확인 요망.")
                    self.status_label.repaint()

                else:
                    self.status_label.setText("워드프레스에 글을 등록 중입니다.")
                    self.status_label.repaint()
```

```
for i in range(0, 4):
    body_part = ""
    if min_title_lists[i] == "":
        body_part = ""
    else:
        body_part = f'''<h2 style="font-size: 20px;
        background: #0000FF; padding: 10px 15px; color:
        white;border-radius: 10px 0px 0px 0px;">{min_
        title_lists[i]}</h2><div>{title_word_lists[i]}</
        div><br></br>'''

     body_main = body_main + body_part

try:
    document = f'''<!DOCTYPE html>
                <html>
                <head>
                </head>
                <body>
                {body_main}<br></br>
                </body>
                </html>
                '''

    payload = {"status": "publish",
              "slug": subjectword,
                 "title": title_name,
                 "content": document,
                 "categories" : [int(category)],
              }

    if attachment_id:
```

```
                payload['featured_media'] = attachment_id

            requests.post((domain_name + "/wp-json/wp/v2/posts"),
                data=json.dumps(payload),headers={'Content-type':
                "application/json"},auth=(WORD_ID, WORD_PW))
            self.status_label.setText("포스팅 완료입니다.")
            self.status_label.repaint()

        except:
            self.status_label.setText("포스팅 실패입니다.")
            self.status_label.repaint()
```
[코드 4-22]

과제

공공 API를 활용한 자동 포스팅 프로그램

지금껏 GPT를 통해서 원고를 생성했지만, 이번 과제에서는 공공데이터포털에서 가져온 데이터로 포스팅을 꾸려 볼 것이다. 과제에 국한되지 않고 자신의 아이디어에 따라 다양하게 구현해볼 수 있다.

주요 목표

공공 API를 활용하여 전국 약국 정보를 받아와서 워드프레스에 자동 포스팅을 하는 프로그램을 만든다.

설계 순서 수립하기

앞서 워드프레스 자동 포스팅 프로그램을 제작하였다. 소제목을 생성하고, 그것에 맞는 글을 생성해서 업로드를 진행했다. 물론 GPT를 활용해서도 훌륭한 포스팅을 올릴 수 있지만, 약국이나 부동산의 업체 정보 등 특정 목적이 있는 사람들을 타깃팅한 정보를 올리고 싶을 수 있다. 다행히 공공데이터포털(data.go.kr)에서 다양한 정보를 제공하고, API로 받을 수 있도록 제공하고 있다. 이번 과제에서도 반복적으로 필요한 입력값은 별도의 엑셀 파일을 만들어 저장하고, 프로그램을 실행할 때 엑셀 파일의 주소를 불러오는 방법으로 자동 포스팅 프로그램을 제작한다. 이 부분은 지금까지 공부하면서 여러 차례 다루었기 때문에, 다시 정리하지는 않겠다. 이미지 업로드도 제외하겠다.

먼저 포털에서 원하는 정보를 가져와야 한다. 가져온 정보는 딕셔너리와 같은 세트 형태의 데이터로 되어 있기 때문에, 불필요한 정보를 걸러내고 포스팅을 진행하고자 하는 정보만을 골라낸다. 포스팅에 사용하고자 하는 정보를 가져왔다면 그 정보를 포함하여 포스팅 본문을 HTML로 구성하고 CSS로 꾸며주어야 할 것이다. 그리고 구성된 분문을 하나의 변수에 저장한다. 마지막으로 워드프레스에 등록한다.

최종 프로그램 GUI 디자인은 다음과 같다.

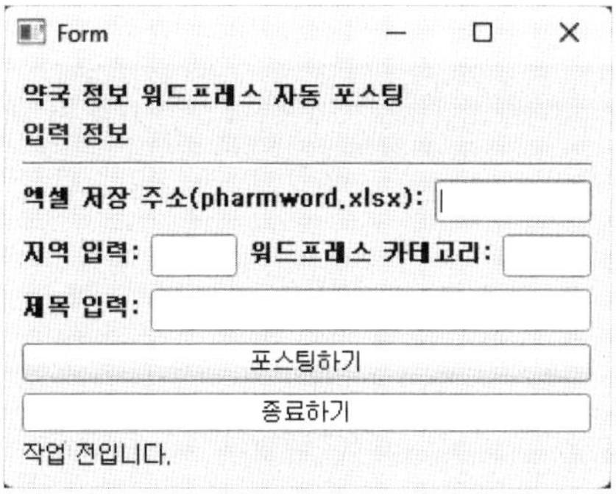

[그림 4-27]

포스팅 결과는 [그림 4-28]과 같다.

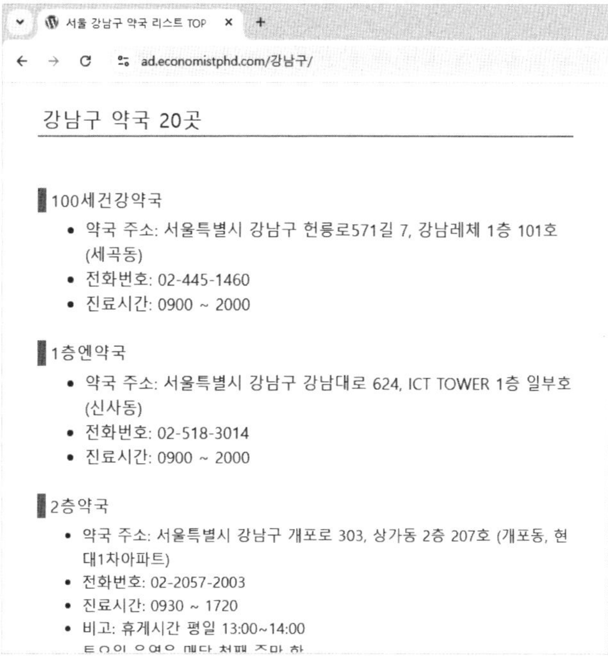

[그림 4-28]

| 개요 |

1. 공공 API에서 데이터를 가져온다.

2. 가져온 데이터를 바탕으로 본문을 꾸민다.

3. 워드프레스에 글을 등록한다.

사전 지식 정리하기

지금까지 배웠던 API, request 등의 내용을 응용하는 지식이다. API를 제공하는 사이트가 있다면, 이 장에서 소개하는 방법과 유사하게 데이터를 가져올 수 있을 것이다.

키 포인트 공공 API 활용

약국 정보 API 신청 방법

공공 API를 활용하려면, 우선 공공데이터포털에 가입해야 한다. 가입을 완료한 후, **[그림 4-29]** 와 같이 메인 화면에서 '국립중앙의료원'이라고 검색한다.

[그림 4-29]*

* [그림 4-29], [그림 4-30], [그림 4-31], [그림 4-32], [그림 4-33], [그림 4-34], [그림 4-36]은 공공데이터포털(data.go.kr)에서 자세하게 확인할 수 있다.

검색 결과에 나오는 정보 중 '국립중앙의료원_전국 약국 정보 조회 서비스'를 클릭한다.

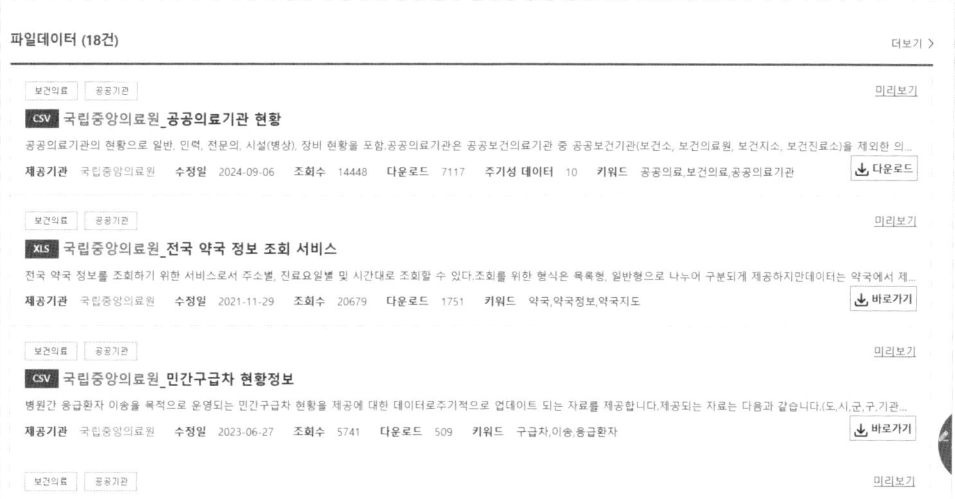

[그림 4-30]

클릭 후 나오는 화면에서 스크롤을 아래로 쭉 내려보면, **[그림 4-31]**과 같이 오픈 API라고 표기된 목록이 나온다.

[그림 4-31]

‘국립중앙의료원_전국 약국 정보 조회 서비스’ 클릭 후 오른쪽 상단에 있는 <활용신청>을 클릭한다. 승인되기까지 시간이 조금 걸리는데, 사용 승인이 완료되면 **[그림 4-32]**과 같이 나온다. [마이페이지]의 왼쪽 메뉴에 있는 [데이터 활용] - [OPEN API] - [활용신청 현황]에서 확인할 수 있다.

[그림 4-32]

약국 정보 API 파이썬 코딩하기

오픈 API 신청 완료 후 해당 제목으로 클릭하면, 활용 가이드가 나온다. 그런데 샘플 코드가 주어지는 것이 아니다. 파이썬을 처음 공부하고 있는 사람이라면 분명 당황할 것이다. 하지만 침착하게 몇 가지 요소만 살펴보면 된다. 지금까지 API 활용 방법에 대해서 많이 배웠기 때문이다.

API 활용 코드의 큰 틀을 다시 한번 상기하면, requests를 통해 서버에 인증 키와 얻고자 하는 정보를 제공하고, 그에 맞는 답변을 가져오는 구조이다. 1장 과제의 사전 지식 정리에서 GET과 POST의 차이에 대해 배웠다. 공공 데이터 서버에 저장된 정보를 단순히 가져오기 때문에, GET 방식을 사용해야 한다. **[코드 1-16]**을 참조하여 표현하면 **[코드 4-23]**과 같이 표현할 수 있다.

```
import requests

url = "요청주소"
params = "인증 키, 필요한 요청 정보"

response = requests.get(url, params=params)
```

[코드 4-23]

그렇다면 가이드에서 어떤 것을 봐야 하는지 금방 감을 잡을 수 있다. 먼저 서버에 요청할 URL을 찾아봐야 한다. **[그림 4-33]**과 같이 '서비스URL'은 기초가 되는 URL을 말한다. End Point라고 표현하기도 한다. 요청할 수 있는 정보의 종류가 많은데, 정보의 특성마다 저장된 공간이 다르다. 하지만 정보는 약국 정보라는 하나의 갈래로 묶인 개념이라고 이해하면 된다. 정보의 종류에 따라 '서비스URL' 뒤에 붙는 주소가 달라진다. 그래서 최종적으로 요청할 URL은 '요청주소'이다.

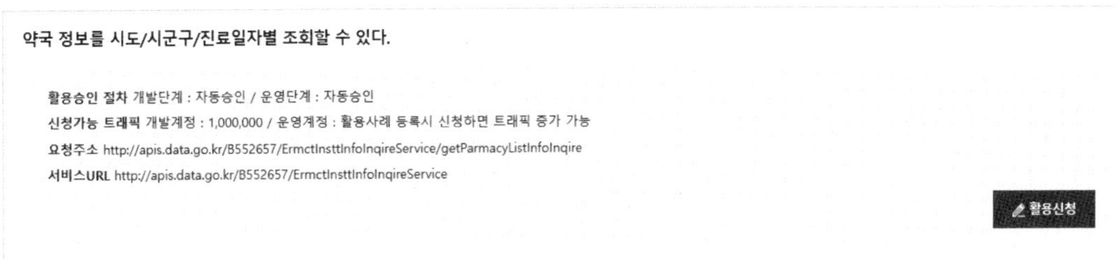

[그림 4-33]

다음으로 확인해야 할 부분은 인증 키와 요청변수이다. requests 모듈의 GET 방식을 이용하는 경우 기본 URL 뒤에 &serviceKey="aaa"와 같이 표기하는 것이 일반적인데, **[그림 4-34]**처럼 '활용신청 상세기능정보'를 통해서 확인해 볼 수 있다.

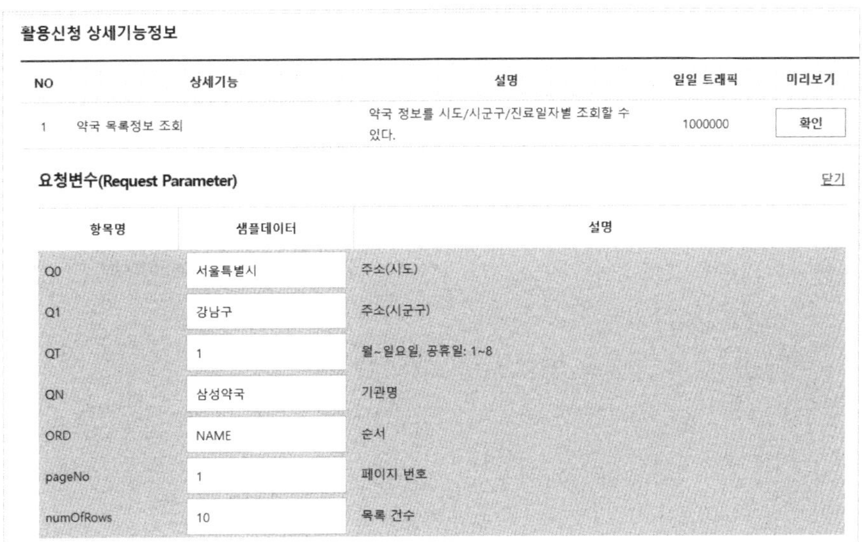

[그림 4-34]

미리보기에 있는 <확인> 버튼을 클릭하면 다음과 같은 화면이, 주소 창에는 'apis.data.go.kr/B552657/ErmctInsttInfoInqireService/getParmacyListInfoInqire?serviceKey=서비스키&Q0=서울특별시&Q1=강남구&QT=1&QN=삼성약국&ORD=NAME&pageNo=1&numOfRows=10'이 나온다.

[그림 4-35]

[그림 4-34]에서 넣은 변수들이 그대로 반영되었음을 확인할 수 있다. 이것은 딕셔너리 형태로 다시 만들 수 있고, **[코드 4-23]**은 **[코드 4-24]**로 다시 표현한다.

```
import requests

url = "https://apis.data.go.kr/B552657/ErmctInsttInfoInqireService/
getParmacyListInfoInqire"
params = {'serviceKey' : SERVICE_KEY, 'Q0': 서울특별시, 'Q1': '강남구', 'QT': 1,
'QN': '삼성 약국', 'ORD': 'NAME', 'pageNO': 1, 'numOfRows': 10}

response = requests.get(url, params=params)
```

[코드 4-24]

"SERVICE_KEY"는 API의 유효 여부를 판단하는 인증 키라고 할 수 있다. 인증 키 사용 승인이 되면, 마이페이지에서 **[그림 4-36]**와 같이 확인할 수 있다. 'Encoding KEY'를 사용하거나,

'Decoding KEY'를 사용하는 경우도 있다. 약국 정보 API는 'Decoding KEY'를 쓰면 통신이 가능하다.

서비스정보

참고문서	NIA-IFT-OpenAPI활용가이드-01.국립중앙의료원 전국약국정보조회서비스.hwp
데이터포맷	XML
End Point	http://apis.data.go.kr/B552657/ErmctInsttInfoInqireService
API 환경 또는 API 호출 조건에 따라 **인증키가 적용되는 방식이 다를 수 있습니다.** 포털에서 제공되는 **Encoding/Decoding** 된 인증키를 적용하면서 구동되는 키를 사용하시기 바랍니다. * 향후 포털에서 더 명확한 정보를 제공하기 위해 노력하겠습니다.	
일반 인증키 (Encoding)	j6lri0%2FLJM7JAdtT0QpikI7ShPKvA6IHFwrrPRzSTBVxkMFWaIpO0H4OGehTtfxL5lH%2BtisLDJI7himXp2rapQ%3D%3D
일반 인증키 (Decoding)	j6lri0/LJM7JAdtT0QpikI7ShPKvA6IHFwrrPRzSTBVxkMFWaIpO0H4OGehTtfxL5lH+tisLDJI7himXp2rapQ==

[그림 4-36]

XML 언어

공공데이터포털을 다시 보면 <header>와 <body> 부분으로 나누어진 데이터를 확인할 수 있다. 이와 같은 구성을 이룬 언어는 XML로, 일종의 태그를 이용하여 데이터를 표현한다. 공공데이터포털에서 API를 통해 제공받는 데이터는 XML 형식으로 구성된 경우가 많다. 따라서 이러한 XML 데이터를 파이썬에서 다룰 수 있는 데이터 유형으로 변환해야 데이터를 효율적으로 처리할 수 있다.

XML 데이터를 변환하기 위해서 xmltodict라는 모듈을 활용할 수 있다. XML 데이터를 딕셔너리로 바꾸는 역할을 한다. 설치는 간단하게 터미널에서 pip install xmltodict를 입력할 수 있는데, 만약 이 방법으로 설치가 되지 않는 경우 PyPI 사이트에서 파일을 받을 수 있다. 파일을 받은 뒤 경로를 지정한다. 용법은 **[코드 4-25]**와 같다. 'xmltodict.parse'라고 포털에 검색하면 용법에 관한 다양한 예제를 확인할 수 있다.

```
import xmltodict

data = XML_data #XML_data는 XML 데이터
data_trans = xmltodict.parse(data)  # data_trans는 딕셔너리 데이터
```
[코드 4-25]

코드로 구현하기

받아온 데이터의 분해와 조합이 중요한 포인트이다. 데이터 역시 형태를 잘게 쪼개 보는 것이 좋다.

1. 공공 API에서 데이터를 가져온다.

4장에서 진행했던 것처럼, 반복적으로 입력해야 할 정보는 엑셀 파일에 미리 양식을 만들어 저장하자. **[그림 4-37]**과 같이 포스팅할 워드프레스 도메인 주소, 워드프레스 관리자 계정 아이디, 비밀번호, 서비스 키를 입력한다. 워드프레스 도메인, 계정 정보를 입력하는 방법은 **4.2 사전 지식 정리하기** 서비스 키는 **[그림 4-36]**을 다시 참고하라. 엑셀 파일명은 pharmword.xlsx로 한다.

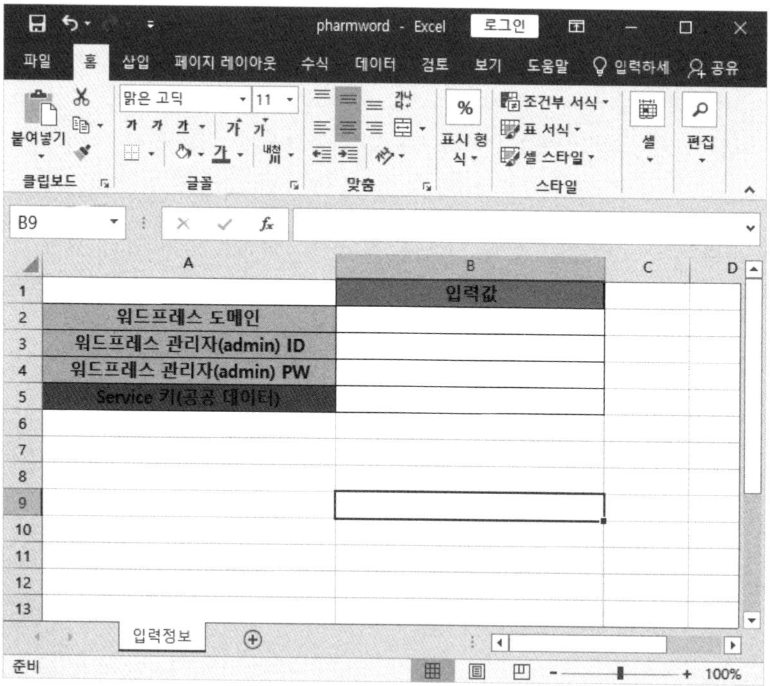

[그림 4-37]

코드는 다음과 같이 정리한다. 엑셀 파일(pharmword.xlsx) 경로 주소는 프로그램 화면에서 입력받는다. 4장에서 진행했던 것처럼 화면에서 입력받아야 하는 변수는 우선 input 함수로 표현한다.

```
from openpyxl import load_workbook

excel_add = input("엑셀 경로 주소 입력")

wb = load_workbook(excel_add + '/pharmword.xlsx')
active_sheet = wb['입력 정보']
wordpress_id = active_sheet['B3']
wordpress_pw = active_sheet['B4']
service_key = active_sheet['B5']

domain_name_value = active_sheet['B2']

WORD_PW = wordpress_pw.value
WORD_ID = wordpress_id.value
SERVICE_KEY = service_key.value
DOMAIN_NAME = domain_name_value.value
```

[코드 4-26]

입력 정보를 가져왔으니 이어서 정리했던 [코드 4-24]를 인용해 공공데이터포털의 데이터를 가져와야 한다. **4.5.2 사전 지식 정리하기**에서 알아본 것처럼 변수 response는 XML 데이터이고, 이것을 딕셔너리로 변환해야 하므로 [코드 4-25]와 결합하면 [코드 4-26]에 이어서 [코드 4-27]과 같이 정리할 수 있다. [그림 4-34]를 보면 params 변수에 들어갈 데이터 키값으로 Q0와 Q1이 있고 Q0는 시도, Q1은 시군구 주소임을 확인할 수 있다. 여기서 구 단위로 입력할 수 있는 Q0를 선택해 넣자. 그리고 최대 추출 개수를 의미하는 numOfRows 변숫값은 최대 20으로 한다.

```
import requests

country_name = input("지역명을 입력하세요.")
```

```
url = 'http://apis.data.go.kr/B552657/ErmctInsttInfoInqireService/
getParmacyListInfoInqire'
params ={'serviceKey' : SERVICE_KEY, 'Q0': country_name, 'numOfRows': 20}
response = requests.get(url, params=params)
content = response.content
dict = xmltodict.parse(content)
```

[코드 4-27]

이제 dict 변수에 저장된 딕셔너리 데이터를 분해해야 한다. **[그림 4-28]**에서 볼 수 있듯이 필요한 정보는 '약국 이름', '약국 주소', '전화번호', '진료 시간'이다. 우선 Q0에 강남구라는 키워드를 넣었을 때, dict 변수의 결괏값은 **[코드 4-28]**과 같이 출력된다.

```
{'response': {'header': {'resultCode': '00', 'resultMsg': 'NORMAL SERVICE.'},
'body': {'items': {'item': [{'dutyAddr': '서울특별시 강남구 헌릉로571길 7, 강남
레체 1층 101호 (세곡동)', 'dutyName': '100세건강약국', 'dutyTel1': '02-445-1460',
'dutyTime1c': '2000', 'dutyTime1s': '0900', 'dutyTime2c': '2000', 'dutyTime2s':
'0900', 'dutyTime3c': '2000', 'dutyTime3s': '0900', 'dutyTime4c': '2000',
'dutyTime4s': '0900', 'dutyTime5c': '2000', 'dutyTime5s': '0900', 'dutyTime6c':
'1900', 'dutyTime6s': '0900', 'hpid': 'C1109587', 'postCdn1':
'063', 'postCdn2': '76', 'rnum': '1', 'wgs84Lat': '37.4660448664795', 'wgs84Lon':
'127.101366881801'}, {'dutyAddr': ~~
```

[코드 4-28]

코드가 굉장히 복잡하다고 느낄 수 있다. 하지만 중첩된 딕셔너리 구조는 키값의 위치를 중심으로 분석하면 쉽다. 지난 과제부터 짚은 부분이다. 원하는 약국 관련 정보는 "item"이라는 키값의 밸류에 들어 있다. item 데이터를 뽑아내기 위해 첫 번째로 중첩된 딕셔너리에서 response를 선택하고, 그다음에는 차례로 body, items 키를 선택하여 밸류값을 추출해야 한다. 이에 따라 **[코드 4-27]**의 dict 변수를 'dict['response']['body']['items']['item']'와 같이 취하면, 결과 데이터는 **[코드 4-29]**와 같이 정리된다. 또한 이 결과는 add_lists라는 변수에 저장한다.

```
[{'dutyAddr': '서울특별시 강남구 헌릉로571길 7, 강남레체 1층 101호 (세곡동)',
'dutyName': '100세건강약국', 'dutyTel1': '02-445-1460', 'dutyTime1c': '2000',
'dutyTime1s': '0900', 'dutyTime2c': '2000', 'dutyTime2s': '0900', 'dutyTime3c':
```

```
'2000', 'dutyTime3s': '0900', 'dutyTime4c': '2000', 'dutyTime4s': '0900',
'dutyTime5c': '2000', 'dutyTime5s': '0900', 'dutyTime6c': '1900', 'dutyTime6s':
'0900', 'hpid': 'C1109587', 'postCdn1':
'063', 'postCdn2': '76', 'rnum': '1', 'wgs84Lat': '37.4660448664795', 'wgs84Lon':
'127.101366881801'}, {'dutyAddr': ~~
```

[코드 4-29]

이제 add_lists 리스트 변수 안에는 20여 개의 약국 정보가 각각 딕셔너리 형태로 담겨 있기 때문에, for 문이 필요하다. 딕셔너리를 하나씩 꺼내서 필요한 정보를 담고 있는 "'dutyAddr'", "'dutyName'", "'dutyTel1'", "'dutyTime1c'", "'dutyTime1s'"의 밸류값을 추출한다. 공공데이터포털에서 제공하는 오픈 API 활용 가이드에 보면 dutyAddr는 약국 주소, dutyTel1는 약국 전화번호, dutyTime1s 및 dutyTime1c는 각각 월요일(평일) 오픈 시간, 월요일(평일) 마감 시간이다. CSS 요소 없이 내용만 구성한다고 하면, 다음과 같이 간단히 나타낼 수 있다.

```
for add_list in add_lists:
   f'''<h3>{add_list['dutyName']}<h3><div>약국 주소: {add_list['dutyAddr']}, 전
화번호: {str(add_list['dutyTel1'])}, 진료 시간: {str(add_list['dutyTime1s'])} ~
{str(add_list['dutyTime1c'])}, 비고: {str(add_list['dutyEtc'])}
```

[코드 4-30]

단계 1을 총정리하면 다음과 같다.

```
from openpyxl import load_workbook
import requests
import xmltodict

excel_add = input("엑셀 경로 주소 입력")
country_name = input("지역명을 입력하세요.")

wb = load_workbook(excel_add + '/pharmword.xlsx')

active_sheet = wb['입력 정보']
wordpress_id = active_sheet['B3']
wordpress_pw = active_sheet['B4']
```

```
service_key = active_sheet['B5']

domain_name_value = active_sheet['B2']

WORD_PW = wordpress_pw.value
WORD_ID = wordpress_id.value
SERVICE_KEY = service_key.value
DOMAIN_NAME = domain_name_value.value

url = 'http://apis.data.go.kr/B552657/ErmctInsttInfoInqireService/
getParmacyListInfoInqire'
params ={'serviceKey' : SERVICE_KEY, 'Q0': country_name, 'numOfRows': 20}
response = requests.get(url, params=params)
content = response.content
dict = xmltodict.parse(content)
add_lists = dict['response']['body']['items']['item']
for add_list in add_lists:
    info_body = info_body + f'''<h3>{add_list['dutyName']}<h3><div>약국 주소:
    {add_list['dutyAddr']}, 전화번호: {str(add_list['dutyTel1'])}, 진료 시간:
    {str(add_list['dutyTime1s'])} ~ {str(add_list['dutyTime1c'])}, 비고: {str(add_
    list['dutyEtc'])}'''
```
[코드 4-31]

2. 가져온 데이터를 바탕으로 본문을 꾸민다.

[그림 4-28]과 같이 CSS 요소를 덧붙인다. '강남구 약국 20곳'이라고 표현한 곳은 H2 태그, 약국 이름은 H3 태그로 표시하고, 약국 주소와 전화번호, 진료 시간은 목록 태그를 이용해서 일목요연하게 나타내야 한다. 2장에서도 잠깐 언급했지만, HTML/CSS 코드를 작성할 때는 w3school의 HTML/CSS 테스트 사이트(w3schools.com/css/tryit.asp?filename=trycss_default)를 활용하면 좋다.

먼저 H3태그를 고려해보자. **[그림 4-28]**에서 나타난 H3 태그의 구조는 **[그림 4-38]**와 같다. <h3></h3>를 쓰는 순간 아래와 같은 박스가 생겼다고 보면 된다. border 왼쪽 측면만 교차선

무늬로 되어 있고, 나머지 border 부분은 무늬가 없다. 그리고 H3 태그를 감싼 padding은 상하좌우는 일정한 간격으로 border 안에 들어가 있다.

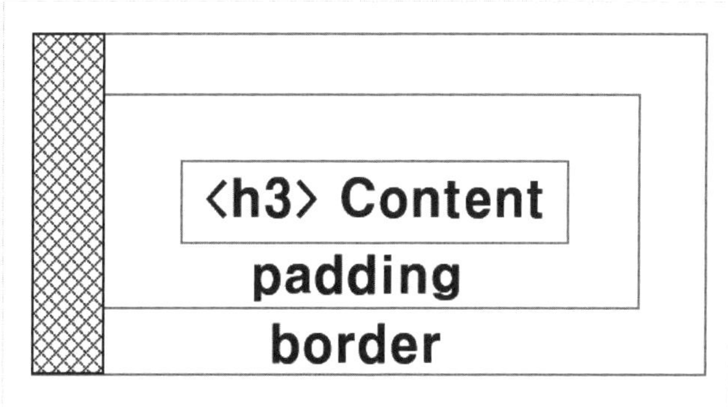

[그림 4-38]

도식을 코드로 옮긴다면, 다음과 같이 표현할 수 있다.

```
<h3 style=" font-size: 18px; border-left: #FF1493 10px solid; padding: 3px 5px 3px 5px;">{add_list['dutyName']}</h3>
```

[코드 4-32]

다음으로 목록 태그는 기본적으로 <ul></ul>로 영역을 지정하고, 그 안에 들어갈 목록을 <li></li>로 작성하면 된다. 기본 용법은 다음과 같다.

```
<ul>
    <li>첫 번째 항목</li>
    <li>두 번째 항목</li>
    <li>세 번째 항목</li>
</ul>
```

[코드 4-33]

약국 정보를 넣은 코드는 다음과 같다.

```
# 폰트 크기 미적용


<ul>
   <li>약국 주소: {add_list['dutyAddr']}</li>
   <li>전화번호: {str(add_list['dutyTel1'])}</li>
```

```
    <li>진료 시간: {str(add_list['dutyTime1s'])}~{str(add_list['dutyTime1c'])}</li>
</ul>

# 폰트 크기 적용
<div style="font-size: 18px;">
    <ul>
        <li>약국 주소: {add_list['dutyAddr']}</li>
        <li>전화번호: {str(add_list['dutyTel1'])}</li>
        <li>진료 시간: {str(add_list['dutyTime1s'])}~{str(add_
list['dutyTime1c'])}</li>
    </ul>
</div>
```

[코드 4-34]

지금까지의 내용을 종합한 단계 2의 결과는 **[코드 4-35]**와 같다. 변수 info_body는 약국 한 곳의 정보를 담는 변수이다. for 문을 통해서 20여 곳의 약국 정보가 계속 축적되어야 하므로, for 문 안에서 info_body라는 빈 변수에 다음 약국 정보가 계속 추가되도록 설계한다.

```
info_body = ""

for add_list in add_lists:
    info_body = info_body + f'''<h3 style=" font-size: 18px; border-left: #FF1493
    10px solid; padding: 3px 5px 3px 5px;">{add_list['dutyName']}</h3>
     <div>
        <ul>
            <li>약국 주소: {add_list['dutyAddr']}</li>
            <li>전화번호: {str(add_list['dutyTel1'])}</li>
            <li>진료 시간: {str(add_list['dutyTime1s'])}~{str(add_
            list['dutyTime1c'])}</li>
            <li>비고: {str(add_list['dutyEtc'])}</li>
        </ul>
     </div>'''
```

[코드 4-35]

마지막으로 작성한 본문을 감쌀 H2 태그를 꾸며야 한다. **[그림 4-28]**에서는 '강남구 약국 20곳'이라고 표현된 부분이다. H2 태그 부분을 도식화하면 다음과 같다.

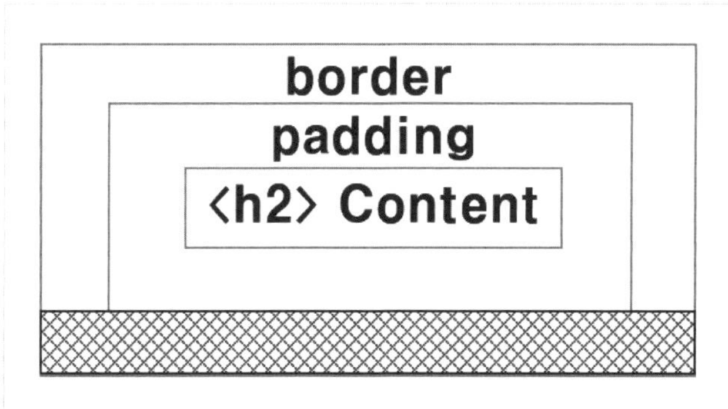

[그림 4-39]

[그림 4-39]의 내용도 **[코드 4-36]**처럼 나타낼 수 있다. 변수 country_name은 사용자가 어떤 지역의 약국 정보인지 알아볼 수 있도록 지역명을 직접 넣게 할 계획이다. 우선 input 함수로 표현한다. 그리고 이 H2 태그 밑에 아까 만들었던 본문인 info_body가 나온다. 가독성을 위해 줄을 띄우는
</br>태그를 넣었다.

```
country_name = input("지역명을 입력하세요.")

<h2 style="font-size: 22px; border-bottom: #FF1493 2px solid; padding: 3px 5px 3px 5px;">{country_name} 약국 20곳</h2><br></br>{info_body}<br></br><br></br>{info_body}<br></br>
```

[코드 4-36]

단계 2까지의 코드를 정리하면 다음과 같다. H2 영역과 H3 영역을 모두 포괄하는 변수는 content로 정리한다. 한 가지 체크해야 할 점은, **[코드 4-35]**의 비고 항목의 "'dutyETC'"는 있을 수도 있고 없을 수도 있다. 따라서 try-except 문으로 있는 경우와 없는 경우를 따로 작성해야 한다.

```
from openpyxl import load_workbook
import requests
import xmltodict
```

```
excel_add = input("엑셀 경로 주소 입력")
country_name = input("지역명을 입력하세요.")

wb = load_workbook(excel_add + '/pharmword.xlsx')

active_sheet = wb['입력 정보']
wordpress_id = active_sheet['B3']
wordpress_pw = active_sheet['B4']
service_key = active_sheet['B5']

domain_name_value = active_sheet['B2']

WORD_PW = wordpress_pw.value
WORD_ID = wordpress_id.value
SERVICE_KEY = service_key.value
DOMAIN_NAME = domain_name_value.value

url = 'http://apis.data.go.kr/B552657/ErmctInsttInfoInqireService/
getParmacyListInfoInqire'
params ={'serviceKey' : SERVICE_KEY, 'Q0': country_name, 'numOfRows': 20}
response = requests.get(url, params=params)
content = response.content
dict = xmltodict.parse(content)
add_lists = dict['response']['body']['items']['item']
for add_list in add_lists:
    try:
        info_body = info_body + f'''<h3 style=" font-size: 18px; border-left:
        #FF1493 10px solid; padding: 3px 5px 3px 5px;"><span style="font-family:
        'Noto sans Demilight', 'Noto Sans kr';">{add_list['dutyName']}</h3>
        <div><ul><li>약국 주소: {add_list['dutyAddr']}</li>
        <li>전화번호: {str(add_list['dutyTel1'])}</li>
        <li>진료 시간: {str(add_list['dutyTime1s'])}~{str(add_
```

```
        list['dutyTime1c'])}</li>
        <li>비고: {str(add_list['dutyEtc'])}</li>
        </ul></div>'''

    except:
        info_body = info_body + f'''<h3 style=" font-size: 18px; border-left: 
        #FF1493 10px solid; padding: 3px 5px 3px 5px;"><span style="font-family: 
        'Noto sans Demilight', 'Noto Sans kr';"><bold>{add_list['dutyName']}</
        bold></h3>
        <div style="font-size: 18px;"><ul><li>약국 주소: {add_list['dutyAddr']}</
        li>
        <li>전화번호: {str(add_list['dutyTel1'])}</li>
        <li>진료 시간: {str(add_list['dutyTime1s'])}~{str(add_
        list['dutyTime1c'])}</li>
        </ul></div>'''

content = f'''<h2 style="font-size: 22px; box-sizing: border-box; border-right-
width: 0px; border-bottom: #FF1493 2px solid; margin: 5px 0px; letter-spacing: 
1px; border-top-width: 0px; padding: 3px 5px 3px 5px;"><span style="font-family: 
'Noto sans Demilight', 'Noto Sans kr';"><bold>{country_name} 약국 20곳</bold></
span></h2><br></br>{info_body}<br></br>'''
```

[코드 4-37]

3. 워드프레스에 글을 등록한다.

이제 코드를 거의 다 작성하였다. 정리된 내용을 워드프레스에 등록하면 된다. **[코드 4-2]**를 **[코드 4-38]**로 정리해보았다. **[코드 4-2]**에서는 본문을 의미하는 키값 "content"의 value값으로써 "안녕하세요"가 샘플로 들어가 있지만, 본문을 구성하였기 때문에 본문의 내용을 의미하는 content 변수를 넣어준다. 또한 등록을 진행할 때는 HTML 문서 규칙에 따라 반드시 구성해야 하므로 별도의 html_document라는 변수에 정리한다. 이 점은 **4.2 사전 지식 정리하기**의 **키 포인트 4**에서 다루었다. slug는 입력한 지역 이름 변수로, title은 사용자가 직접 입력한 제목 문자열로 대체한다. 카테고리 번호도 사용자가 따로 입력하도록 지정할 수 있는데, 카테고리는 int형으로 입력하여, 입력한 숫자값(str)을 int형으로 형 변환한다.

```
import requests
import json

content = "코드 4-38 참조"
country_name = input("지역명을 입력하세요.")
DOMAIN_NAME = "코드 4-38 참조"
WORD_PW = "코드 4-38 참조"
WORD _ID = "코드 4-38 참조"

category = input("카테고리 번호를 입력하세요.")
titlename = input("제목을 입력하세요.")

html_document = f'''<!DOCTYPE html>
                                        <html>
                                        <head>
                                        </head>
                                        <body>
                                        {content}<br></br>
                                        </body>
                                        </html>
                                        '''

payload = {"status": "publish","slug": country_name,"title": titlename,"content":
html_document,"categories": [int(category)], }
requests.post((DOMAIN_NAME + "/wp-json/wp/v2/posts"),data=json.
dumps(payload),headers={'Content-type': "application/json"},auth=(WORD_ID, WORD_
PW))
```

[코드 4-38]

단계 1부터 단계 3까지 모두 정리하면 다음과 같다.

```
from openpyxl import load_workbook
import requests
```

```
import xmltodict
import json

excel_add = input("엑셀 경로 주소 입력")
country_name = input("지역명을 입력하세요.")
titlename = input("제목을 입력하세요.")
category = input("카테고리 번호를 입력하세요.")

wb = load_workbook(excel_add + '/pharmword.xlsx')

active_sheet = wb['입력 정보']
wordpress_id = active_sheet['B3']
wordpress_pw = active_sheet['B4']
service_key = active_sheet['B5']

domain_name_value = active_sheet['B2']

WORD_PW = wordpress_pw.value
WORD_ID = wordpress_id.value
SERVICE_KEY = service_key.value
DOMAIN_NAME = domain_name_value.value

url = 'http://apis.data.go.kr/B552657/ErmctInsttInfoInqireService/
getParmacyListInfoInqire'
params ={'serviceKey' : SERVICE_KEY, 'Q0': country_name, 'numOfRows': 20}
response = requests.get(url, params=params)
content = response.content
dict = xmltodict.parse(content)
add_lists = dict['response']['body']['items']['item']
print(add_lists)
info_body = ""
for add_list in add_lists:
```

```
    try:
        info_body = info_body + f'''<h3 style=" font-size: 18px; border-left:
        #FF1493 10px solid; padding: 3px 5px 3px 5px;"><span style="font-family:
        'Noto sans Demilight', 'Noto Sans kr';">{add_list['dutyName']}</h3>
        <div><ul><li>약국 주소: {add_list['dutyAddr']}</li>
        <li>전화번호: {str(add_list['dutyTel1'])}</li>
        <li>진료 시간: {str(add_list['dutyTime1s'])}~{str(add_
        list['dutyTime1c'])}</li>
        <li>비고: {str(add_list['dutyEtc'])}</li>
        </ul></div>'''

    except:
        info_body = info_body + f'''<h3 style=" font-size: 18px; border-left:
        #FF1493 10px solid; padding: 3px 5px 3px 5px;"><span style="font-family:
        'Noto sans Demilight', 'Noto Sans kr';"><bold>{add_list['dutyName']}</
        bold></h3>
        <div style="font-size: 18px;"><ul><li>약국 주소: {add_list['dutyAddr']}</li>
        <li>전화번호: {str(add_list['dutyTel1'])}</li>
        <li>진료 시간: {str(add_list['dutyTime1s'])}~{str(add_
        list['dutyTime1c'])}</li>
        </ul></div>'''

content = f'''<h2 style="font-size: 22px; box-sizing: border-box; border-right-
width: 0px; border-bottom: #FF1493 2px solid; margin: 5px 0px; letter-spacing:
1px; border-top-width: 0px; padding: 3px 5px 3px 5px;"><span style="font-family:
'Noto sans Demilight', 'Noto Sans kr';"><bold>{country_name} 약국 20곳</bold></
span></h2><br></br>{info_body}<br></br>'''

html_document = f'''<!DOCTYPE html><html><head></head>
                    <body>{content}<br></br></body></html>'''
```

```
payload = {"status": "publish","slug": country_name,"title": titlename,"content":
html_document,"categories" : [int(category)],}

requests.post((DOMAIN_NAME + "/wp-json/wp/v2/posts"),data=json.
  dumps(payload),headers={'Content-type': "application/json"},auth=(WORD_ID, WORD_
  PW))
```
[코드 4-39]

GUI로 구현하기

4장과 달리 과제에서는 소제목과 포스팅 형식이 정해져 있기 때문에, GUI 형태는 비교적 간단하게 구성할 수 있다. 어떤 차이가 있는지 유의하면서 디자인을 해보기 바란다.

》그래픽 디자인하기

이번 단계는 간략하게 디자인하겠다. 완성하면 그림은 [그림 4-40]과 같다.

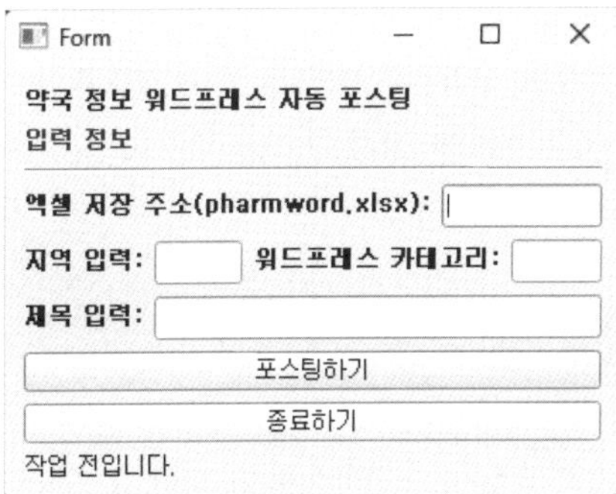

[그림 4-40]

Qt Designer를 실행한 뒤 New Widget을 생성한 후, **[그림 4-41]**과 같이 가로 요소를 먼저 만든다. 가로 요소는 Horizontal Layout을 선택한 다음 필요한 요소들을 이동시키면 된다. 지역 입력 칸과 워드프레스 카테고리 칸은 Horizontal Layout으로 한 번 더 묶는다.

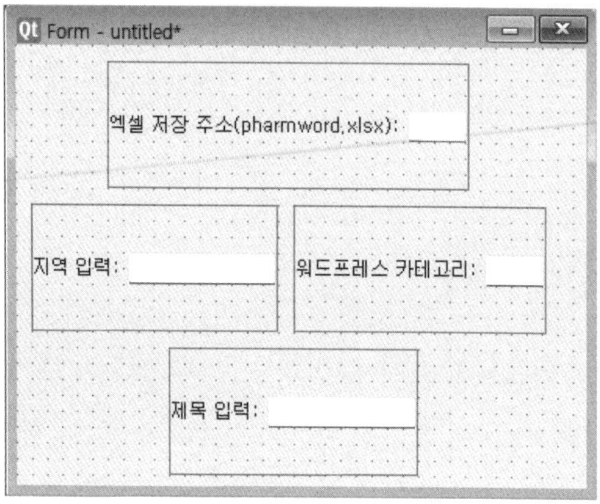

[그림 4-41]

다음으로 Vertical Layout 요소를 배치하고, 단일 요소와 함께 만들었던 요소들을 모두 적층한다. 프로그램명이나 버튼 등의 요소도 같이 적층하면 된다. [Layout] 메뉴에서 [Lay Out in a Grid]를 클릭하여 전체 요소의 크기를 맞추고, pharm.ui로 파일명을 저장한 입력 창은 다음과 같다.

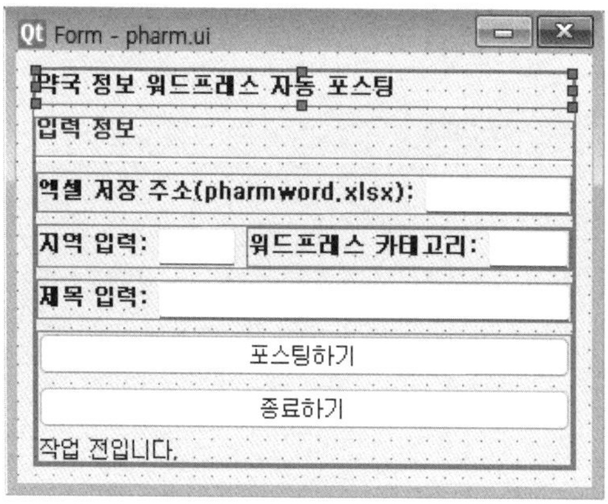

[그림 4-42]

통제 요소는 아래 표를 참고하면 된다.

요소명	요소 역할	요소 이름
LineEdit	엑셀 저장 주소 입력 칸	exceladd
LineEdit	지역 입력 칸	country
LineEdit	워드프레스 카테고리 번호 입력 칸	category_name
LineEdit	제목 입력 칸	title_name
Button	포스팅하기 버튼	word_publish
Button	종료하기 버튼	quit

》결합하기

[코드 1-12]를 가져와서 <포스팅하기> 버튼과 <종료하기> 버튼 위주로 함수를 구성한다. 그리고 ui 파일명을 pharm.ui로 변경한다. 물론 ui 파일은 .py 파일이 실행되는 경로 위치에 있어야 하므로 파일을 이동시킨다. 이번에도 창 최대화, 최소화가 가능하게 해주는 setWindowFlags를 추가한다. 그러면 **[코드 4-40]**과 같이 골격을 만들 수 있다.

```
from PyQt5.QtWidgets import *
from PyQt5.QtGui import *
from PyQt5 import uic
from PyQt5.QtCore import *
import sys
import os
from openpyxl import load_workbook
import requests
import json
import xmltodict

BASE_DIR = os.path.dirname(os.path.abspath(__file__))
UI_PATH = "pharm.ui"


class MainDialog(QDialog):
    def __init__(self):
```

```
        QDialog.__init__(self, None)
        uic.loadUi(os.path.join(BASE_DIR, UI_PATH), self)
        self.setWindowFlags(Qt.WindowCloseButtonHint | Qt.WindowMaximizeButtonHint
| Qt.WindowMinimizeButtonHint)
        self.word_publish.clicked.connect(self.word_publish_function)
        self.quit.clicked.connect(self.quit_function)

    def quit_function(self):
        # 종료하기 코드

    def word_publish_function(self):
        # 워드프레스 등록 / 데이터 추출 코드

QApplication.setStyle("fusion")
app = QApplication(sys.argv)
main_dialog = MainDialog()
main_dialog.show()

sys.exit(app.exec_())
```

[코드 4-40]

앞서 설계하였던 코드를 붙여넣어야 한다. quit_function은 버튼을 누르면 단순히 프로그램이 꺼지도록 동작하는 함수이므로 sys.exit()으로 나타낸다. word_publish_function은 단계 1에서 단계 3까지 설계한 코드를 붙여넣되, input 함수로 표현한 부분은 LineEdit 관련 코드로 변경한다.

프로그램 입력값을 모두 입력하지 않은 채 버튼을 누르면 프로그램이 꺼지기 때문에 if-else 문을 넣는다. 모든 입력값이 입력된 후에 비로소 코드가 실행된다. 하나라도 값이 입력되지 않을 때는 값을 입력하라는 오류 메시지가 출력되도록 한다. 오류 발생이 예상되는 지점에 try-except 문을 지정할 수도 있다. 단계 1에서 단계 3까지 설계한 try-except 문 외에 두 곳이 추가되었다. 하나는 공공데이터포털에서 데이터를 받아오는 데 실패할 경우를 대비하고, 또 하나는 워드프레스에 글을 등록하는 데 실패할 경우를 대비한다. 이 외에도 재량껏 넣어줄 수 있다. 상태 표시줄 메시지까지 표기하면 마무리된다. 최종 코드는 **[코드 4-41]**와 같다.

```
from PyQt5.QtWidgets import *
from PyQt5.QtGui import *
from PyQt5 import uic
from PyQt5.QtCore import *
import sys
import os
from openpyxl import load_workbook
import requests
import json
import xmltodict

BASE_DIR = os.path.dirname(os.path.abspath(__file__))
UI_PATH = "pharm.ui"

class MainDialog(QDialog):
    def __init__(self):
        QDialog.__init__(self, None)
        uic.loadUi(os.path.join(BASE_DIR, UI_PATH), self)
        self.setWindowFlags(Qt.WindowCloseButtonHint | Qt.WindowMaximizeButtonHint
        | Qt.WindowMinimizeButtonHint)
        self.word_publish.clicked.connect(self.word_publish_function)
        self.quit.clicked.connect(self.quit_function)

    def quit_function(self):
        sys.exit()

    def word_publish_function(self):
        self.status_label.setText("정보 추출 중입니다.")
        excel_add = self.exceladd.text()
        country_name = self.country.text()
        category = self.category_name.text()
        titlename = self.title_name.text()
```

```
info_body = ""  # 약국 정보 취합 변수

if excel_add == "" or country_name == "" or category == "" or titlename == "":
    self.status_label.setText("엑셀 주소 및 입력값을 모두 입력하세요.")

else:
    wb = load_workbook(excel_add + '/pharmword.xlsx')
    active_sheet = wb['입력 정보']
    wordpress_id = active_sheet['B3']
    wordpress_pw = active_sheet['B4']
    service_key = active_sheet['B5']

    domain_name_value = active_sheet['B2']

    WORD_PW = wordpress_pw.value
    WORD_ID = wordpress_id.value
    SERVICE_KEY = service_key.value
    DOMAIN_NAME = domain_name_value.value
    content = ""

    self.status_label.setText("본문 작성 중입니다.")
    try:
        url = 'http://apis.data.go.kr/B552657/ErmctInsttInfoInqireService/
        getParmacyListInfoInqire'
        params ={'serviceKey' : SERVICE_KEY, 'Q0': country_name,
        'numOfRows': 20}
        response = requests.get(url, params=params)
        content = response.content
        dict = xmltodict.parse(content)
        print(dict)
        add_lists = dict['response']['body']['items']['item']
```

```
        print(add_lists)
        for add_list in add_lists:
            try:
                info_body = info_body + f'''<h3 style=" font-size: 18px;
                border-left: #FF1493 10px solid; padding: 3px 5px 3px
                5px;">{add_list['dutyName']}</h3>
                <div><ul><li>약국 주소: {add_list['dutyAddr']}</li>
                <li>전화번호: {str(add_list['dutyTel1'])}</li>
                <li>진료 시간: {str(add_list['dutyTime1s'])}~{str(add_
                list['dutyTime1c'])}</li>
                <li>비고: {str(add_list['dutyEtc'])}</li>
                </ul></div>'''

            except:
                info_body = info_body + f'''<h3 style=" font-size:
                18px; border-left: #FF1493 10px solid; padding: 3px 5px
                3px 5px;">{add_list['dutyName']}</h3><div style="font-
                size: 18px;"><ul><li>약국 주소: {add_list['dutyAddr']}</
                li><li>전화번호: {str(add_list['dutyTel1'])}</li><li>
                진료 시간: {str(add_list['dutyTime1s'])}~{str(add_
                list['dutyTime1c'])}</li></ul></div>'''

    except:
        self.status_label.setText("약국(공공) 정보를 불러올 수 없습니다.
        공공 API 정상 접속 여부를 확인하세요.")

    else:
        content = f'''<h2 style="font-size: 22px; border-bottom: #FF1493
        2px solid; margin: 5px 0px; padding: 3px 5px 3px 5px;">{country_
        name} 약국 20곳</h2><br></br>{info_body}<br></br>'''

        try:
```

```
                document = f'''<!DOCTYPE html><html><head></
                head><body>{content}<br></br></body></html>'''

                payload = {"status": "publish","slug": country_name,"title":
                titlename,"content": document,"categories" : [int(category)],}

                requests.post((DOMAIN_NAME + "/wp-json/wp/v2/posts"),
                    data=json.dumps(payload),headers={'Content-type':
                    "application/json"},auth=(WORD_ID, WORD_PW))

                self.status_label.setText("포스팅 작성 완료입니다.")

            except:
                self.status_label.setText("워드프레스 접속 오류입니다. ID/PW
                혹은 XMLRPC 조건 확인하세요.")

QApplication.setStyle("fusion")
app = QApplication(sys.argv)
main_dialog = MainDialog()
main_dialog.show()

sys.exit(app.exec_())
```
[코드 4-41]

부록

1. exe 파일 빌드 방법
2. 파이썬 오류 해결법
3. 워드프레스 카테고리 확인 방법

1 exe 파일 빌드 방법

지금까지 1장부터 4장까지 다양한 프로그램을 만들어보았다. 하지만 VS Code가 아닌 완성형 파일로 만드는 방법은 언급하지 않았다. 공통적인 부분이 있기 때문이다. 먼저 GUI 디자인과 결합한 최종 .py 코드를 VS Code에서 실행한 후, 터미널에 다음 명령어를 입력한다.

```
pyinstaller -w -F (완성GUI코드 파일명).py
```

참고로 이 명령어로 프로그램을 빌드하면 아래 **[그림 1]**과 같은 아이콘이 생성된다.

[그림 1]

그런데 아이콘도 만들어 넣을 수 있다. 포토샵을 이용하든, 무료 디자인 사이트를 이용하든 제작한 아이콘은 PNG 파일 형식으로 만든다. 그런 다음 ICO로 변환하면 되는데, **[그림 2]**와 같이 구글에 검색하면 손쉽게 ICO 변환 사이트(convertio.co/kr)를 활용할 수 있다.

[그림 2]

제작한 ICO 파일은 .py 파일이 있는 위치로 옮긴 후 터미널에 아래 명령어를 쓰면 된다.

```
pyinstaller -w -F --icon=./(파일명).ico (완성GUI코드 파일명).py
```

실제 VS Code에 입력한 예시 화면은 **[그림 3]**과 같다.

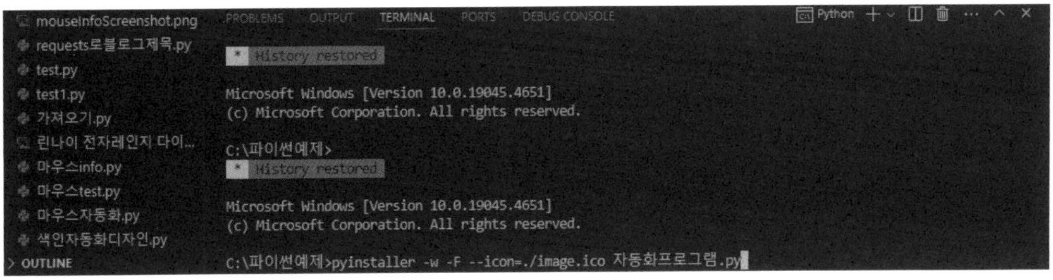

[그림 3]

명령어를 입력한 후 실행하면, **[그림 4]**와 같이 .py 파일이 있는 곳에 .spec 확장자를 가진 파일이 생성된다.

[그림 4]

파일을 선택하고 우측 코드 입력 화면을 살펴보면 **[그림 5]**와 같다. a = Analysis() 안에 있는 요소 중에서, datas에 설계한 GUI 파일명을 datas=[('UI파일명.ui','.')]같이 넣어주고, 다시 터미널에 pyinstaller (.spec파일명).spec이라고 입력하여 실행한다. 이렇게 두 번 빌드하면 최종적으로 실행할 수 있는 exe 파일이 생성된다.

키워드검색량분류.spec
a = Analysis(
['키워드검색량분류.py'],
pathex=[],
binaries=[],
datas=[('image.ui','.')],
hiddenimports=[],
hookspath=[],
hooksconfig={},
runtime_hooks=[],
excludes=[],
noarchive=False,
)
pyz = PYZ(a.pure)
exe = EXE(
pyz,
a.scripts,
a.binaries,
a.datas,
[],
Microsoft Windows [Version 10.0.19045.4651]
(c) Microsoft Corporation. All rights reserved.
C:\파이썬예제>pyinstaller 키워드검색량분류.spec

[그림 5]

2 파이썬 오류 해결 방법

파이썬 오류를 잘 해결하기 위해선 가장 먼저 오류난 지점을 잘 파악해야 한다. 물론 오류가 발생하면 몇 번째 줄에서 오류가 발생하였다고 터미널에 표시되지만, 해당한 줄에서는 표면적으로 발생하는 것이고 이전의 코드에 기반하여 발생하는 오류일 수도 있기 때문이다. 이를 위해 print 함수를 이용할 수 있다. 파이썬은 코드를 순차적으로 읽고 실행하므로, 오류가 예상되는 지점 전후로 print 함수를 깔아놓으면 오류 지점을 정확히 파악할 수 있다. **[그림 6]**은 4장 과제를 통해서 설계했던 약국 정보 워드프레스 자동 포스팅 프로그램을 설계하던 중 발생한 오류의 예시이다.

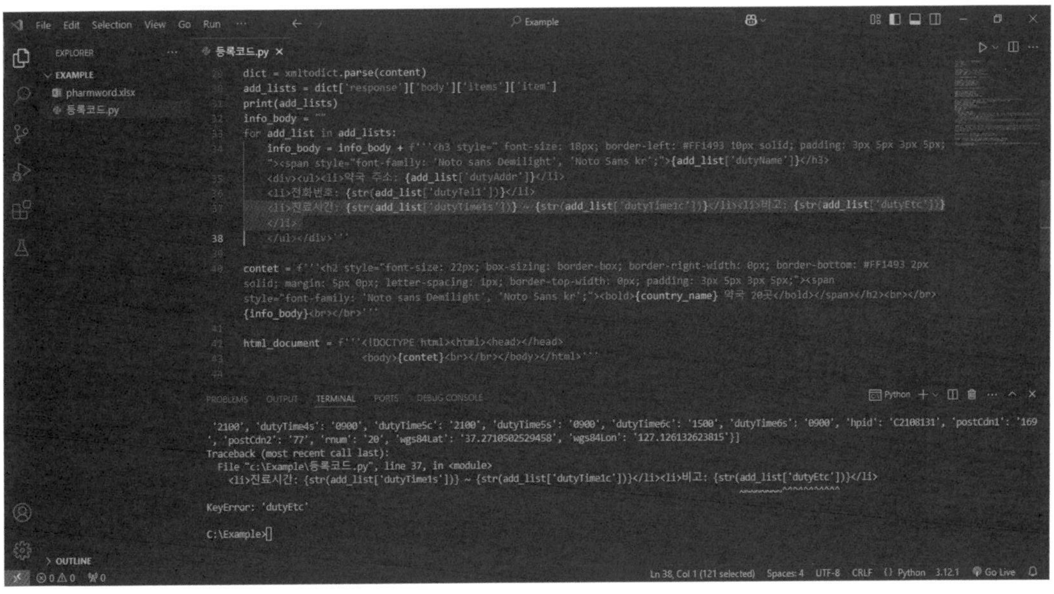

[그림 6]

터미널 창에 KeyError: 'dutyEtc'라는 메시지를 확인할 수 있다. 또한 그 위의 Traceback (most recent call last): File "c:₩Example₩등록 코드.py", line 37, in <module>이라는 메시지로부터 37번째 줄에서 오류가 발생한 점을 알 수 있다. **[코드 4-29]**에서 볼 수 있듯이 add_list라는 변수에는 딕셔너리 형태의 데이터가 들어 있기 때문에, 딕셔너리의 키값에 문제가 있음을 유추할 수 있다. 하지만 좀 더 정확히 오류의 내용을 파악하기 위해 add_list의 실제 형태가 어떠한지 확인해야 한다. 그래서 info_body 변수가 나오기 전에 **[그림 7]**처럼 print(add_list)를 배치하여 info_body로 본문을 생성하기 전의 add_list의 모습을 출력해 볼 수 있다.

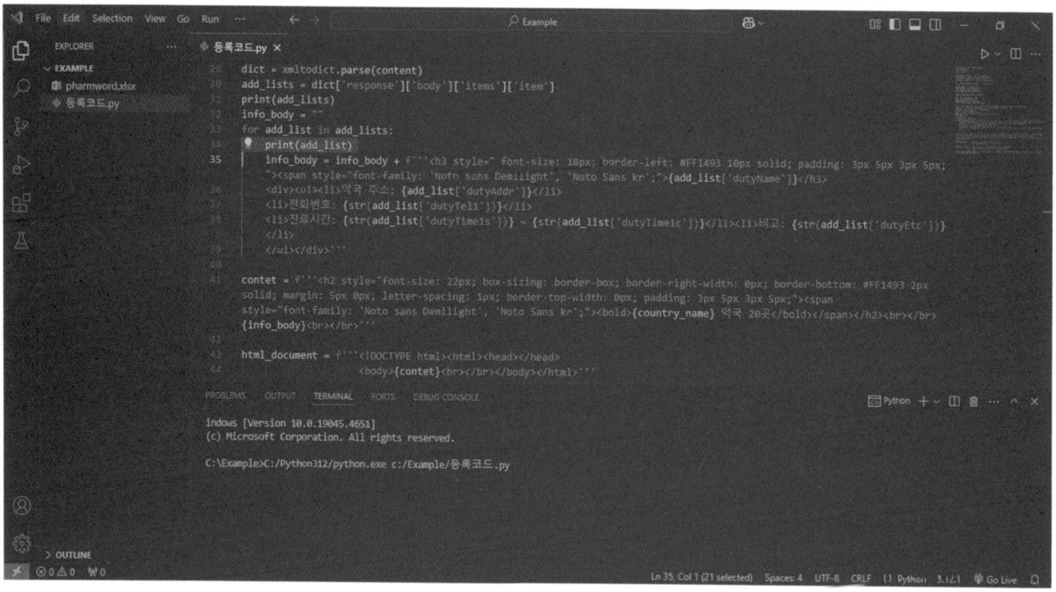

[그림 7]

코드를 실행하면 **[그림 8]**과 같이 첫 번째 딕셔너리에서는 방금 오류 메시지에서 확인한 dutyEtc 키가 없음을 확인할 수 있다. 또한 첫 번째 이후의 딕셔너리 데이터를 살펴보면 dutyEtc 키의 여부를 알 수 있다.

[그림 8]

이 두 가지 경우를 모두 포괄하기 위해 try-except 문을 활용할 수 있다. 딕셔너리 키값에 dutyEtc가 있다면 try 문을 활용하고, 없다면 except 문을 활용한다. 최종적으로 **[코드 4-37]**과 같이 적용할 수 있다. 이처럼 적절한 위치에 print 문을 배치하면 문제 해결의 실마리를 더 쉽게 얻을 수 있다.

3 워드프레스 카테고리 확인 방법

워드프레스 카테고리 번호는 플러그인(plugin)을 통해서 쉽게 확인할 수 있다. 플러그인이란 워드프레스 운영을 도와주는 각종 도구이다. 워드프레스 관리자 페이지(wp-admin) 좌측 메뉴에서 [플러그인] 탭에서 [새 플러그인 추가] 항목을 클릭하면 우측에 플러그인을 검색할 수 있는 공간이 나온다.

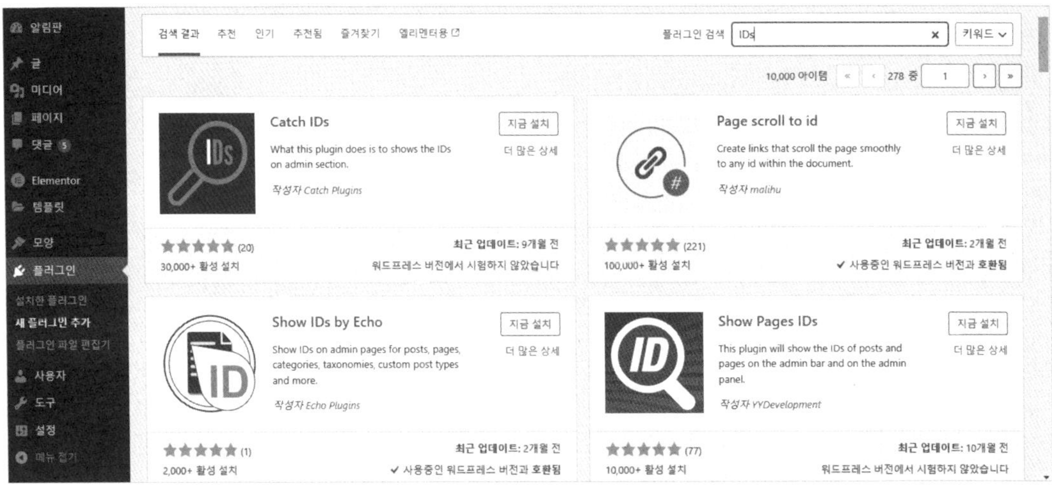

[그림 9]

검색창에 'ID' 등을 검색한 후, 적절한 플러그인을 설치하면 된다. 여기서는 'Show IDs by DraftPress'를 설치해보겠다.

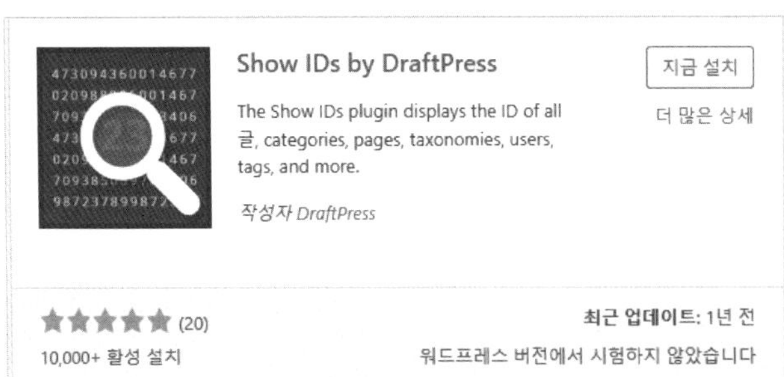

[그림 10]

설치 후 활성화한 뒤 [글] 탭의 [카테고리] 항목으로 이동하면 **[그림 11]**과 같이 우측에서 ID를 확인할 수 있다.

[그림 11]

만들면서 배우는 파이썬 프로젝트

8가지 실습으로 완성하는 블로그 자동화

발행일 2026년 1월 14일

지은이 윤성필
펴낸이 김범준
기획·책임편집 박지현
편집디자인 나은경
표지디자인 김준희

발행처 (주)비제이퍼블릭
출판신고 2009년 05월 01일 제300-2009-38호
주 소 서울시 중구 청계천로 100 시그니쳐타워 서관 9층 924호
주문/문의 02-739-0739 팩스 02-6442-0739
홈페이지 http://bjpublic.co.kr 이메일 bjpublic@bjpublic.co.kr

가 격 24,000원
ISBN 979-11-6592-251-1 (93000)